韓国における社会政策のあり方 II

——韓国における少子化、格差、葛藤の現状

まえがき

　本書は、2021年に出版された拙著『韓国における社会政策のあり方 ─雇用・社会保障の現状とこれからの課題』（旬報社）の続編に位置づけられる。

　本文では、政治的不安定が高く、低成長・高齢化時代に直面している韓国における少子化、労働政策、世代間の格差と対立、働き型の多様化と分配政策、若者世代の男女間の対立、韓国政府の新型コロナウイルス対策、外国人受け入れ対策等についてデータに基づいて現状や課題を説明している。また、韓国の社会政策に大きな影響を与えている日本の制度と比較するために一部の制度に関しては日韓比較を行った。

　本書が出版されるまで多くの方々のご指導やご助力に依るところが多く、ここに謹んで謝意を表せていただきたい。まず、長い間コラムを執筆する機会をくださった東洋経済日報の金時文様と浮ヶ谷一憲様、時事通信社『厚生福祉』の三浦一紀様、韓国人事管理協会『月刊人事管理』のグボンヒ様、Insight Korea（株）『月刊人財経営』のゾンソンヨル様にこの場を借りて感謝申し上げたい。また、原稿の内容を丁寧にチェックしていただいた横浜市立大学の矢野瑚晃奈様と妻ヘスクにも感謝の意を表したい。

　そして、今回の執筆の機会を与えてくださった、松田健二氏を始めとする社会評論社の皆様には、この場を借りて感謝申し上げる。

　何より日本での生活を常に支えてくれる愛する妻ヘスクと家族（テフン、ドフン、ロラ）に感謝したい。ハンサン コマウォ（いつもありがとう）。最後に、韓国でいつも応援してくれる義理の両親と、厳しい生活の中でも私を育ててくださった天国の亡き父と亡き母にこの本をささげたい。

2024年1月

雑司ヶ谷にて　金　明中

韓国における社会政策のあり方 II

―韓国における少子化、格差、葛藤の現状―　目次

まえがき

第1章　韓国は消滅してしまうだろうか

1. 韓国における少子化の現状

　韓国の合計特殊出生率（以下、出生率）の低下が止まらない。韓国の2022年の合計特殊出生率は0.78となり、2021年の0.81を下回り2015年の1.24を記録して以降、7年連続で過去最低を更新した（図表1-1）。日本の1.26（2022年）やOECD平均1.58（2021年）を大きく下回る数値だ（図表1-2）。

図表1-1 韓国における合計特殊出生率の推移

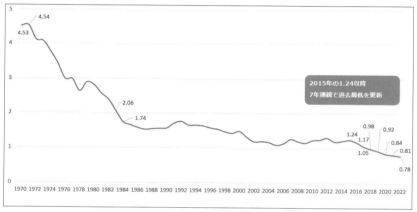

出所：統計庁「人口動向調査」、統計庁「2022年出生統計」より筆者作成、最終利用日2023年5月28日

　特に、2015年以降出生率が急に低下しているが、その理由としては、2015年以降に出産をした女性の多くが1980年代中盤以降にうまれた点を挙げられる。つまり、韓国政府が実施してきた産児制限政策が1980年代からそれまでの「二人を産んでよく育てよう」から「一人だけ産んでよく育てよう」に代わり、産まれる子どもの数が減り始めたことが2015年以降の出生率低下に影響を与えたと考えられる。

図表 1-2　OECD 加盟国の合計特殊出生率

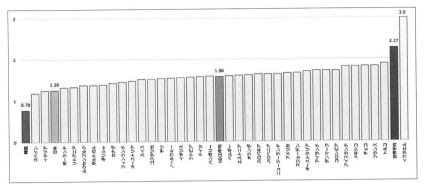

注）韓国と日本は 2022 年（暫定）、他の国と OECD 平均、世界平均は 2021 年
出所 :THE WORLD BANK, Fertility rate, total（births per woman）、統計庁「2022 年
出生統計」より筆者作成、最終利用日 2023 年 6 月 6 日

　また、2000 年代に平均 5％であった経済成長率が 2012 年に 2％台に
低下してから回復されず、それ以降も 2％前後という今まで韓国経済
が経験していなかった低成長が続いたことも若者の失業率や非正規労働
者の割合を引き上げたことにもつながり、出生率にマイナスの影響を与
えただろう。
　韓国の国会立法調査処は、2014 年 8 月に出生率が 1.19（2013 年の出生率）
のままで少子化が改善されない場合、「韓国は 2750 年には消滅する」と
いう推計結果を発表した。しかし、状況はより深刻になり、出生率は 0.78
まで低下している。このままだと韓国が地球上から消滅する日はより早
まるだろう。
　さらに、ソウル市を含む大都市の出生率低下が続いている。韓国の 4
大都市の出生率はソウル市が 0.59、釜山市が 0.72、仁川市が 0.75、大邱
市が 0.76 で下位 1 位から 4 位を占めた。2021 年と比べて出生率が上昇
したのは大田市のみで、出生率が 1 を超えたのは世宗市が唯一であった
（図表 1-3）。特に、ソウル市の中でも冠岳区（クァナクく、0.42）、広津区
（クァンジンく、0.46）、鍾路区（チョンノく、0.47）、江南区（カンナムく、0.49）
の出生率は 0.5 を下回った。
　韓国の 2022 年の出生児数は 24 万 9,000 人となり、2012 年の 48 万 5,000

第
1
章
韓
国
は
消
滅
し
て
し
ま
う
だ
ろ
う
か

人と比べて約半分にまで減少している。一方、2022年の死亡者数は37万2,800人で前年の31万7,700人より17.4％増加した。出生数と死亡数の差である人口の自然減は、12万3,800人（2020年3万3,000人、2021年5万7,300人）となり、3年連続の人口減少となった。

　出生児数の大幅減少は将来の労働力不足のみならず、大学を含む高等教育機関（特に地方大学）の経営にもマイナスの影響を与えることが確かである。2022年時点で短大を含む大学の定員は約58万人に至っているものの、地方大学を中心に定員割れが広がっている。2022年の大学入試の定時募集[1]（毎年11月に行われる大学修学能力試験（日本の大学入試共通テストに相当）、を受け、主としてその試験点数に基づき翌年2月頃合格発表がなされて大学に入る方式）では地方の16大学の26学科で志願者が0人であった。2022年の出生児数が25万人を下回ったことを考慮すると、特段の措置を講じないと今後大学の半分以上が廃校される可能性が高い。

図表 1-3　韓国における地域別合計特殊出生率（2021年と2022年（暫定））

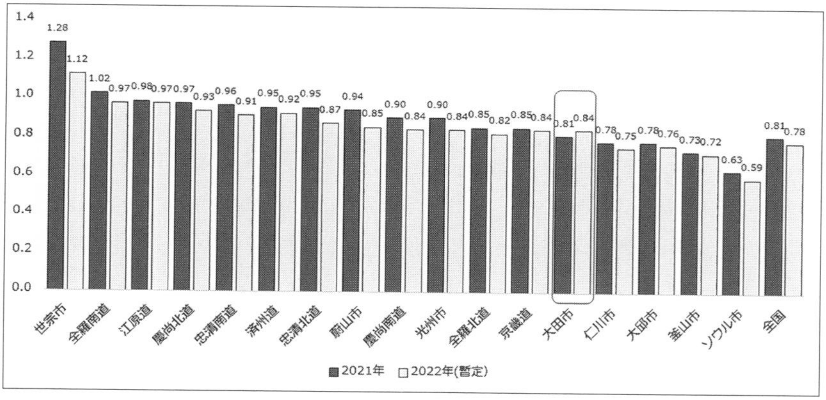

出所：統計庁「2020年出生統計」、「2021年出生統計」、「2022年出生統計」より筆者作成、最終利用日2023年5月28日

1　定時募集は、毎年11月に行われる大学修学能力試験を受け、主としてその試験点数に基づき翌年2月頃合格発表がなされて大学に入る方式である。

　そこで、韓国教育部は、学齢人口の減少に対応するために、大学自ら
が構造調整を行うように助成金を提示し、計96大学が2025年までに入
学定員を減らすことを決めている。入学定員の削減規模は計1万6197
人だ。地域別では非首都圏[2]が74大学で全体削減規模の88％に当たる
1万4244人を減らすことになっている。

2. 韓国の出生率が低い理由は？

　なぜ韓国では少子化がここまで深刻になってしまったのだろうか。韓
国における少子化の主な原因としては、若者がおかれている経済的状況
が良くないこと、若者の結婚及び出産に関する意識が変化したこと、育
児政策が子育て世代に偏っていること、男女差別がまだ残存しているこ
と、子育ての経済的負担感が重いこと等が考えられる。

（1）若者のおかれている経済的状況が良くない

　韓国ではまだ儒教的な考えが根強く残っており、結婚してから出産す
るケースが多い。しかしながら、多くの若者は安定的な仕事を得ておら
ず、結婚という「贅沢」を選択できない立場に置かれている。韓国にお
ける20～29歳の若者の失業率は2020年の9.0％から2022年には6.4％
に改善した。しかし、これは新型コロナウイルスのパンデミックによる
落ち込みからの反動増の側面が強く、政府の財政支出が雇用を押し上げ
ていること、人口構造的に若者人口が減少していること等が失業率改善
の主な理由である。
　しかしながら、2022年の若者の失業率は全体失業率2.9％より 2.2倍
以上も高く、同時点の日本の 20～24歳と 25～29歳の失業率である
4.8％と 3.8％を大きく上回っている。さらに、15～29歳の若者の「拡

2　非首都圏は、首都圏（ソウル特別市、仁川広域市、京畿道31市郡を含む地域）
　を除いた地域である。

張失業率」は 2022 年時点で 19.0％（15 〜 29 歳の失業率は 6.4％）に達している（図表 1-4）。「拡張失業率」とは、国が発表する失業者に、潜在失業者（就労を希望しつつも、様々な事情から求職活動をしていないので失業者としてカウントされない失業者）や不完全就業者（週 18 時間未満働いている者）を加えて失業率を再計算したものである。

図表 1-4　失業率、若者（15〜29歳）の失業率・拡張失業率の推移

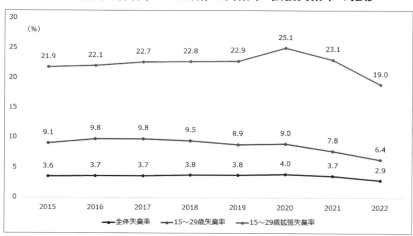

出所：統計庁「経済活動人口調査」より筆者作成

　韓国で若者の失業率が高い理由としては、大学進学者が多く卒業後の就職における需要と供給のミスマッチが発生していることに加え、サムスン電子、現代自動車などの大企業（一次労働市場）と中小企業（二次労働市場）の間の賃金格差が大きい等、労働市場の二極化が進んでいること等が挙げられる[3]。そこで、多くの若者は就職浪人をしてまで大企業に入ろうとするが、採用されるのは一部の人に過ぎない。

3　韓国における労働市場は、一次労働市場と二次労働市場に区分することができる。一次労働市場は、相対的に高い賃金、良い労働環境、高い雇用の安定性、労働組合による保護、制度化された労使関係、長期的な雇用契約、内部労働市場による労働力の補充などが特徴づけられることに比べて、第二次労働市場は、相対的に低い賃金、劣悪な労働環境、不安定な雇用、制度化されていない労使関係、外部労働市場による労働力の補充などが特徴づけられる。

　一次労働市場に入れなかった若者の多くは「公務員」になるために公務員試験の準備をしている（志願者の平均年齢は29.4歳で、全志願者に占める20代の割合は60.9％）。しかしながら、公務員になることは簡単ではない。志願倍率は年々下がっているものの、2022年には5,672人を採用する9級国家公務員採用試験に165,524人が志願し、志願倍率は34.3倍[4]に達した。

　また、高い不動産価格も未婚化・晩婚化の一因になっている。韓国では結婚前に男性側が家を用意する慣習があるものの、近年の不動産価格の高騰は男性にとって結婚のハードルを高め、婚姻件数の減少にもつながっている。最近は、韓国銀行（中央銀行）の急速な利上げに伴う金利の上昇等で全国のマンション価格は下落しているものの、住宅ローンの金利は上がっており、若者にとってマイホームの夢は実現が難しいままである。

（2）若者の結婚及び出産に関する意識の変化

　若者の結婚及び出産に関する意識も変化している。昔は「ある程度の年齢までには結婚する」、「結婚しないことは親不孝である」と考える人が多かった。何より韓国では「家を継ぐ」という意識が強く、従来の夫婦は男の子が一人でも産まれるまで出産の努力を続けた。しかし、最近の若者は「家を継ぐ」という意識は弱まり、結婚しないことが親不孝だと考える若者も多くない。安定した仕事に就くまで、あるいは家を用意するためのお金がある程度貯まるまでは結婚をしようとしない。また、子どもよりも、自分の仕事や生活を重視する傾向が強くなった。

　統計庁が2022年に実施した「2022社会意識調査結果」[5]によると、結婚すべきだと思う（「必ずすべきだ」と「した方が良い」の合計）人の割合は50.1％で、1998年の73.5％より23.4ポイントも低下した（図表1-5）。男女別には男性が55.8％で女性の44.3％を上回った[6]。

4　筆記試験を受けた人に対する倍率は29.2倍

5　調査対象：満13歳以上の世帯員36,000人

6　韓国開発研究院（KDI）のチェスルギ教授が2022年6月に24〜49歳の未婚男女を対象に実施した調査結果でも、結婚意向は男性が65.7％で女性の47.3％を大きく上回った。

図表1-5　結婚すべきだと思う人の割合

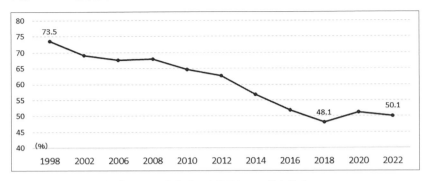

出所：統計庁（2023）「2022 社会意識調査結果」より筆者作成

　結婚しない理由を尋ねたところ、未婚男性の場合は、「結婚資金が足りないから」（35.4％）、「結婚の必要性を感じないから」（15.2％）、「雇用状態が不安だから」（13.4％）が上位3位を占めたことに対して、未婚女性は「結婚の必要性を感じないから」（23.3％）、「結婚資金が足りないから」（22.0％）、「出産と養育が負担になるから」（12.5％）が上位3位を占めており、男女の間に結婚しない理由に差があることが明らかになった（図表1-6）。

結婚資

図表1-6　未婚男女の結婚しない理由

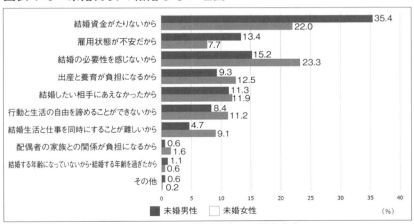

出所：統計庁（2023）「2022 社会意識調査結果」より筆者作成

（3）育児政策が子育て世代に偏っている

　韓国における少子化の原因は、子育て世帯の経済的負担の問題だけではなく、未婚化や晩婚化の影響も受けている。韓国の30代の未婚率は2015年の36.3％から2020年には42.5％に6.2ポイントも増加した。特に30代男性の未婚率は50.8％で初めて50％を超えた（30代女性は33.6％、図表1-7）。[7] また、男性と女性の平均初婚年齢は、それぞれ1990年の27.8歳と24.8歳から2021年には33.4歳と31.1歳まで上昇した。これは同時期の日本の男性31.0歳、女性29.5歳よりも高い。

　このように未婚化や晩婚化が進んでいるにも関わらず、韓国政府の今までの少子化対策は、出産奨励金や保育費の支援、児童手当の導入や教育インフラの構築など主に子育て世帯に対する所得支援政策に偏っていた。2020年12月に確定された「第4次少子（低出産）・高齢社会基本計画」[8] も子育て世帯に対する支援策が大部分を占めている。

図表1-7　30代の未婚率

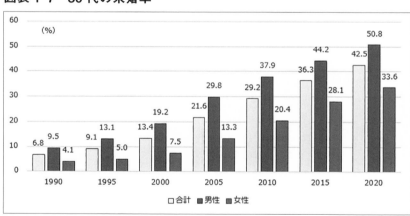

出所：統計庁（2021）「2020年人口住宅総調査」

7　統計庁（2021）「2020年人口住宅総調査」
8　韓国では2005年に「少子（低出産）・高齢社会基本法」が成立・制定され、大統領直属の「少子（低出産）・高齢社会委員会」が設置された。5年ごとに基本計画を策定することが法律で定められ、2006〜2010年に第1次計画、2011〜2015年に第2次計画、2016〜2020年に第3次計画が実施された。

図表1-8を見ると「第4次低出産・高齢社会基本計画」の2021年施行計画の予算のうち、若者の雇用や住居などを支援する割合はそれぞれ4.3％と13.1％で多くの予算が子育て世代に集中していることが分かる。

図表1-8　2021年施行計画のプロジェクト数及び予算

推進戦略	推進目標	推進課題	プロジェクト数	予算	割合
共に働いて共に世話をする社会	皆が共有するワーク・ライフ・バランス	育児休業	14	1,605,902	3.3%
		ワーク・ライフ・バランス	12	286,764	0.6%
	男女が平等に働ける社会	雇用における男女平等	10	1,375	0.0%
		性差別・セクシュアル・ハラスメントの被害者救済	7	966	0.0%
		「ドルボム」注1）仕事の質向上	7	34,326	0.1%
	「ドルボム」の社会的責任を強化	繊細で質の高い「ドルボム」システムの構築	9	10,607,297	21.9%
		小学生に対する「ドルボム」拡大及び統合的運営	9	655,493	1.4%
	児童基本権の普遍的保障	子育て世代に対する所得保障	7	4,127,134	8.5%
		子育て世代に対する住居支援	6	18,321,106	37.9%
		子供の均衡的発達と成長	10	107,860	0.2%
		児童・青少年に対するセーフティーネットの強化	7	185,855	0.4%
	生涯にわたる性及び出産と関連した行動を包括的に保障	性及び出産と関連したすべての行動を包括的に保障	7	14,000	0.0%
		生涯にわたる生殖健康管理及び疾患予防	12	26,326	0.1%
		健康で安全な妊娠・出産保障	12	246,049	0.5%
		小計	129	36,220,193	74.9%
すべての力量が発揮される社会	潜在能力のある創意的人材を育成	教育の公共性強化と格差解消、未来社会に備えた教育革新、専門人材に成長できるように成長経路を構築	18	796,125	1.6%
	若者の生活に対する支援を強化	若者が安定に生活できるように雇用支援	14	2,090,099	4.3%
		若者の住居安定、安定した生活の設計、社会参加基盤を確立	10	6,314,239	13.1%
	女性の経歴維持及び成長基盤を強化	女性の経歴維持を支援、経歴断絶女性の就業及び創業支援、未来の女性人材を養成する基盤を構築	16	89,363	0.2%
		小計	58	9,289,826	19.2%
人口構造の変化に対する適応	多様な家族を受け入れるための制度的基盤確立	多様な家族を受け入れるための制度的基盤確立、多様な家族の児童養育支援強化、多様で平等な家族文化拡散	17	734,605	1.5%
	全国民のセーフティーネット強化	多様な労働を包容するセーフティーネットの強化、個人単位の所得保障のための制度を強化、中小企業・非正規職および多様な労働に対する保護を強化	14	1,434,283	3.0%
	社会対話に基づいた地域計画	若者の地域自立支援、生活圏中心の社会対話に基づいた地域計画を設定、人口減少地域に対する選別的支援強化	9	668,337	1.4%
	人口構造の変化に基づいた分野別社会システムの需給調整	社会システムの需給調整、財政の安定性と持続可能性	8	予算なし	
		小計	48	2,837,225	5.9%
		合計	235	48,347,244	

注1）「ドルボム」とは、「面倒をみる」．「保護する」．「見守る」などの意味の韓国語

出所：国会人権調査処（2022）「「第4次低出産・高齢社会基本計画」の問題点と改善方向」2022.05.17

（4）男女差別がまだ残存する

　また、男女差別がまだ残存していることも少子化の原因として考えられる。韓国では女性の大学進学率が男性を上回っているにもかかわらず、大卒女性の就業率は男性を下回っている。韓国の教育部と韓国教育開発院が発表した「2020年高等教育機関卒業者就業統計」によると、大卒以上の者の就業率は65.1％で2011年以降最低値を記録した。女性の就業率は63.1％で男性の67.1％より4.0ポイントも低く、2016年以降その差が少しずつ広がっている（女性大卒者の就業率は男性と比べて2016年2.6ポイント、2017年3.0ポイント、2018年3.6ポイント、2019年3.8ポイント低い）。

　大卒女性の就業率が男性に比べて低い理由としては、統計的差別がまだ残存していることが考えられる。統計的差別とは、差別を行う意図がなくても、過去の統計データに基づいた合理的判断から結果的に生じる差別をいう。つまり、まだ韓国の一部の企業は、「〇割の女性が出産を機に仕事を辞める、女性の〇割は専業主婦になることを望んでいる」といった統計データに基づいて採用を行っており、統計的差別が発生している。また、女性は産休や育休を取得するケースが多いことや、結婚や出産により退職する場合もある、という統計を見て採用を躊躇する企業もある。

　他方、大学進学の目的が、就職よりも将来の結婚相手を見つけるため、という女性が一部にいることも、大卒女性の就業率が男性より低くなっている理由の一つであろう。2021年現在の韓国の就業率を他のOECD諸国と比較すると、38か国中、男性は75.2％で19位であるが、女性は57.7％で31位となっている。日本の男性84.1％、女性71.5％と比べても大きな差があり、特に女性の方が差が大きい。さらに、韓国はOECD加盟国の中で男女間の賃金格差が最も大きい国である。2021年の男性の賃金水準は女性と比べて31.1％高く、日本の22.1％やOECD平均12.0％を大きく上回る（図表1-9）。

　統計的差別や賃金格差がなくなり、女性が男性と同等に労働市場で働くことになると女性は男性に経済的に頼らなくなり、性別役割分担意識もなくなる。そして、子育てに対する経済的負担が減り一人でも子育てができるという自信ができ、出産を肯定的に考えることになるだろう。

図表 1-9　OECD 加盟国の男女別賃金格差（男性の賃金が女性よりどのぐらい高いのか）

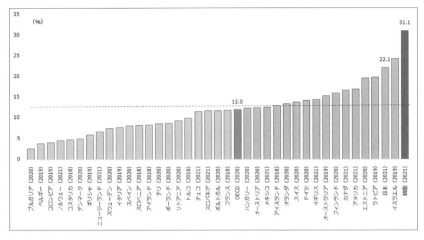

出所 :OECD Data"Gender wage gap"より筆者作成、最終利用日 2022 年 10 月 21 日

（5）子育ての経済的負担感が重い

　子育ての経済的負担感が重いことも少子化の一因になっている。特に韓国では私的教育費の負担が大きい。韓国における小学生から高校生までの私教育費は 2020 年の約 19.4 兆ウォン（2 兆円）[9]から 2021 年には23 兆 4 千億ウォン（2.4 兆円）に 21.0% 増加した。また、全学生のうち、私教育を受けている学生の割合も同期間に 67.1％から 75.5% に 12.4％上昇した。新型コロナウイルスのパンデミックによる落ち込みからの反動増の側面が強い。私教育を受けている学生の一人当たり一カ月平均私教育費は 48.5 万ウォン（5.1 万円）で、高校生が 64.9 万ウォン（6.8 万円）で最も高かった（小学生 40 万ウォン（4.2 万円）、中学生 53.5 万ウォン（5.6 万円））[10]。

9　2023 年 2 月の平均為替レート（TTS と TTB の中間の相場である公表仲値（TTM）を利用）1 円 = 9.579 ウォンを適用。

10　結婚情報会社 DUO が 2022 年に未婚男女 1000 人を対象に実施した調査結果によると、少子化の原因は「育児に対する経済的負担」が 32.4% で最も高く、次いで、「社会、将来に対する漠然として不安」（19.8%）、「実効性のない政府の出産政策」（16.3%）、「ワーク・ライフ・バランスの難しさ」（14.8%）、

　しかしながら、この金額はあくまでも平均であり、地域や所得階層間で私教育にかける費用には大きな格差がある。特に、ソウル市の江南区、その中でも有名塾が集まっている大峙洞（テチドン）で使われている私教育費は想像を絶する。例えば、大峙洞（テチドン）の有名塾に子供を通わせる場合、学生生活記録簿（以下、生活記録簿）の管理を専門の入試コーディネーターに頼むだけで年間 2,000 万ウォン（209 万円）の費用がかかる。生活記録簿には高校 1 年から 3 年までの成績はもちろん、学内や学外の受賞歴、資格証の取得状況、語学試験の結果、課外活動、ボランティア活動、クラブ活動など、進路希望などが書かれており、日本の「内申書」にあたるものである。では、なぜ生活記録簿の作成・管理にここまで大金をかけているのだろうか。

　韓国の大学入試は大きく「随時募集（日本の推薦入学に相当）」と「定時募集（大学入試共通テストに相当）」に区分することができる。「随時募集」は高校の学校生活記録簿、自己紹介書、教師推薦書、面接などが選別に反映されることに対して、「定時募集」では大学修学能力試験（以下、「修能」）の点数を中心に選別する。

　韓国の大学入試と言えば「定時募集」を思い浮かべる方が多いと思うが、最近は「随時募集」の割合が年々高くなっている。例えば、2000 年に 3.4％に過ぎなかった「随時募集」の割合は 2023 年には 78.0％まで上昇した（全国の大学基準）。しかしながら、首都圏[11] 大学の「随時募集」の割合は 64.7％で全国の大学基準と差を見せている。多くの大学は「修能」が採択している五肢択一の問題を解いた点数だけでは、問題を見つける能力、批判的思考、創意的思考、表現力を測定することが難しいと判断し、大学の基準に適合した学生を選別するために「定時募集」より「随時募集」の割合を上げているのだ。

　従って、「インソウル」、つまり、ソウルにある大学に入るためには、生活記録簿が何より重要であり、そのために大峙洞（テチドン）等の有

　「晩婚化と結婚をしようとしない意識」（5.8％）、「個人の価値観」（5.6％）の順であった。一方、結婚後に希望する子供の数は 1.8 人で、2022 年の出生率 0.81 を大きく上回った。DUO（2022）「出産認識報告書」。

11　韓国における首都圏とは、ソウル特別市、仁川広域市全域と京畿道 31 市郡を含む地域である。

名塾に子供を通わせているのである。もちろん、他の学生と差別化された生活記録簿を作成するためには高校での成績なども大事だ。だから、生活記録簿の管理を依頼することとは別に塾に通いながら英語、数学等科目ごとのプライベートレッスンを受ける。プライベートレッスンの費用は科目当たり1カ月に数十万ウォン以上かかる。特に毎年11月に行われる「修能」直前の7月～10月には1カ月に1000万ウォン（104.4万円）以上する有名講師の特別プライベートレッスンを子どもに受けさせる親も多い。ある有名塾の有名講師は個人が運営する YouTube チャンネルで2014年以降本人の年収が100億ウォン（10.4億円）以下に下がったことがないと発表し世間を驚かせた。

　韓国の受験戦争をテーマに、上級階級の人々のサスペンスストーリーや社会問題を映し出した韓国ドラマ『SKY キャッスル～上流階級の妻たち～』[12] の内容が現実でもある程度確認されたので驚きを隠すことができない。

　子供たちは1日に数カ所の塾に移動しなければならないので、鞄の代わりに旅行用のキャリーバッグに教科書などを入れて移動する。塾の授業が終わって次の塾の授業が始まるまでの残り時間はスタディ（Study）塾[13] に移動して宿題などをする。もちろん、そこにも宿題などを指導してくれる専門の講師がおり、塾の費用とは別のお金がかかる。塾の授業が一斉に終わる時間帯には塾が密集している「ウンマ交差点」をはじめとした大峙洞（カンナムグ・テチドン）一帯の道路は駐車場に変わる。母親たちが子供たちを乗せるために車の中で待機しているからだ。そして、子どもたちは家に帰ってもすぐに寝ることはできない。復習や宿題が終わると寝る時間は夜中3時から4時…、銃声の聞こえない「入試」という戦場で子供たちは孤独に戦っているのだ。

　このような教育熱は高校生だけに限らない。多くの親が幼稚園時代から子供に私教育をさせている。英語を基本言語として使う英語幼稚園の費用は1カ月150万ウォン（15.7万円）もする。また、それ以外にも水

12　韓国では2018年に放送され大ブレイクした。日本でも2020年4月1日から5月13日まで BS フジで放送された。
13　日本の有料自習室に相当。時間貸しや1日プランなど様々なプランがある。コーヒーなどの飲料や Wifi も利用できる。

泳、ピアノ、テコンドー、バレー、サッカーなどを学ばせる。小学生になると塾に通わせながら英語や数学などのプライベートレッスンを受けさせる。すると子ども一人当たりの私教育費用は１カ月200万（20.9万円）〜 300万ウォン（31.3万円）もかかっており、それ以上を支出する世帯も少なくない。

　世代の収入より子供の教育費に対する支出が多い、いわゆるエデュプアが多く発生していると言える。エデュプアとは、英語のエデュケーションプアの略語で、家計が赤字で負債があるにも関わらず平均以上の教育費を支出したために、貧困な状態で生活する世帯、いわゆる「教育貧困層」である。韓国の民間シンクタンクである現代経済研究院の推計結果（2011年基準）によると、都市部の２人以上世帯のうち、子どもの教育費に平均教育費以上を支出する世帯は288.7万世帯で、このうち負債があり、家計が赤字状態である世帯、いわゆるエデュプアは82.4万世帯に達した。つまり、子どもの教育費を支出する世帯（632.6万世帯）のうち、13.0％はエデュプアであるという結果であり、調査から10年以上経った現在はより多くの世帯がエデュプアになっている可能性が高い[14]。

3. 保守・進歩政権ともに少子化対策を実施

　韓国政府は少子化の問題を解決するために、2006年から「セロマジ[15]プラン」、「アイサラン[16]・プラン」等の少子化対策を実施している。韓国における少子化対策がより積極的に推進されたのは、進歩政権の盧武鉉政権（2003年２月25日〜2008年２月24日）時代である。盧武鉉政権は子育て世帯を支援するために、2004年６月に第１次育児支援政策を、そして2005年５月に第２次育児支援政策を発表した。

14　金 明中（2012）「ハネムーンプア、エデュプア、そしてハウスプア、その次は？ ─ 終わらない貧困の連鎖 ─」研究員の眼、2012年10月31日から引用。
15　セロマジは、新しく迎えるという意味。
16　アイサランは、子どもを愛するという意味。

第1次育児支援政策では、未来の人材を育成すると共に女性の経済活動参加を奨励するために、出生率の引き上げ、優秀な児童の育成、育児費用に対する負担緩和、女性の就業率引き上げ、雇用創出等を目標として設定した。第1次育児支援政策の特徴は政策の内容を児童の年齢別に設定したことである。例えば、満0歳の児童を養育している子育て世帯に対しては、家庭で子育てができるように育児環境の整備を支援する政策と養育能力が十分ではない親のための支援システムを構築する政策を主に実施した。一方、満1〜5歳の児童を養育している子育て世帯に対しては保育と幼児教育の充実とサービス利用機会の拡大を主な政策目標として設定した。また、小学校の遊休施設を活用し、放課後教室（日本の学童保育に当たる）を拡大するという基本プランを提示した。

　第2次育児支援政策では、第1次育児支援政策の内容をより具体化し、育児支援施設の利用機会の拡大、育児費用に対する家計の負担軽減、育児サービスの質向上を目指し、政策を推進した。特に、2004年に初めて実施した全国保育実態調査により、地域別の保育に対する需要と供給の実態が把握されることになったので、その情報に基づき保育施設を追加的に供給する必要がある地域を選定すると共に、民間の保育施設のサービス向上のための支援対策を実施した。その代表的な政策が2006年5月に実施された「セサック[17]・プラン」である。セサック・プランは韓国政府や女性家族部[18]が実施した保育に対する初めての中長期計画という点で意義がある。

　本プランでは、保育の公共性強化と良質の保育サービスの提供を目標として設定し、5つの政策分野にわたる20項目の政策課題を提示した。その内容には「国公立保育施設を2010年までに現在の2倍水準まで増やし、利用児童の30％が国公立保育施設を利用できるようにする」、「保育料に対する助成を拡大する」、「基本補助金の導入と保育施設運営の透明化を推進する」、「サービスの質を管理するための評価認定システムを拡大する」等の内容が盛り込まれており、多くの項目が少子高齢化社会

17　セサックとは、日本語で「若葉」という意味である。
18　女性の地位向上のために金大中政府が2001年に新設した行政機関。盧武鉉政府時代の2005年6月に名称が女性部から女性家族部に変更される。

の基本計画である「セロマジプラン 2000」[19] に反映された。

　その後、保守政権の李明博政権（2008 年 2 月 25 日〜 2013 年 2 月 25 日）時代には、2009 年からは養育手当制度が導入され、2011 年には養育手当制度の対象をすべての子どもに拡大した。アイサラン・プランでは基本的には保育に対する国の責任を強化すると共に、需要者中心の保育政策を実施することを目標にしており、子どもと親が幸せな国を作るための 3 大推進戦略と 6 大課題を挙げた。3 大推進戦略としては、嬰幼児保育、国家責任制の拡大、信頼回復を、そして、6 大課題としては、親の費用負担軽減、需要者に合わせたサービスの提供、サービスの質向上、保育を担当する人材の専門性向上、指示伝達体系の効率化、保育事業の支援体制確立を設定した。

　さらに、同じ保守政権の朴槿恵政権（2013 年 2 月 25 日〜 2017 年 3 月 10 日）時代には、第 2 次中長期保育計画の実施により、2013 年 3 月から満 0 〜 5 歳のすべての児童に対して養育手当が支給され無償保育が実現された。また、2014 年 10 月からは男性の育児休業取得を奨励し、少子化問題を改善するために「パパ育児休業ボーナス制度」を実施した。

　そして、革新（進歩）政権の文在寅政権（2017 年 5 月 10 日〜）は 2018 年 9 月から児童手当（子ども一人当たり 1 カ月 10 万ウォン（約 10,449 円[20]）を支給）を導入し、2019 年 10 月からはその支給対象を満 7 歳未満まで拡大した。合計特殊出生率が低下する中で韓国の歴代政権は、保守政権でも進歩政権でも保育などの子育て関連政策には積極的な立場を表明していると言える。

　一方、2022 年 5 月に発足した尹錫悦政権は、2022 年 7 月に「人口危機対応タスクフォース（TF）」を設け、少子化対策に対する議論を始めた。また、2023 年からは満 0 〜 1 歳の子どもを養育する世帯に月 35 万〜 70 万ウォンの「親給与」が支給されている。韓国における主な保育関連支援政策は次の通りである。

19　「セロマジ」とは、「新しさ（セロウム）」と「最後（マジマック）」という
　　韓国語を合成した新造語であり、「新しく希望に満ちる出産から老後生活の
　　最後まで美しく幸せに住む社会」という意味がある。
20　2023 年 2 月 2 日の為替レート 1 円＝ 9.57 ウォンを適用。

4. 主な保育関連支援政策

（1）無償保育

　韓国では、1991 年に「嬰幼児保育法」が制定されてから、保育への関心が高まり、1992 〜 2003 年には、満 0 〜 5 歳の児童を養育する子育て世帯に対して所得を基準とする「差等保育料」が支給された。その後、2004 年からは支援対象が都市労働者世帯の平均所得の 50％以下の世帯まで、そして、2006 年からは都市労働者世帯の平均所得の 70％以下の世帯まで拡大された。さらに、2011 年からは、満 0 〜 5 歳の児童を養育する所得下位階層 70％の以下まで支給対象が拡大され、ついに 2013 年からはすべての所得階層に保育料を支給する無償保育が実現されることになった。

図表 1-10　施設保育料の支援基準拡大の内容

	満 0 〜 2 歳	満 3 〜 4 歳	満 5 歳
1999 年	・法定低所得階層（全額） ・平均所得が都市労働者世帯平均所得の 50％（40％）		
2000 年	・法定低所得階層（全額） ・平均所得が都市労働者世帯平均所得の 46.7％ である世帯（40％）		・法定低所得階層（全額） ・農漁村地域の低所得層層（全額）
2001 年	・法定低所得階層（全額） ・所得水準別に差等支援（40％）		・法定低所得階層（全額） ・その他の低所得階層（全額）
2002 年〜 2003 年	・法定低所得階層（全額） ・所得水準別に差等支援（40％）		・法定低所得階層（全額） ・農漁村地域の低所得層層（全額） ・国庫補助施設（72％） ・民間保育施設（84％）
2004 年	・法定低所得階層（全額） ・所得認定額が最低生計費の 120％ 水準である世帯（60％） ・所得認定額が最低生計費の 150％ 水準である世帯（40％）		・法定低所得階層（全額） ・農漁村地域（全額） ・国庫補助施設（72％） ・民間保育施設（84％）
2005 年	・法定低所得階層（全額） ・所得認定額が最低生計費の 120％ 水準である世帯（80％） ・所得認定額が最低生計費の 50％ 水準である世帯（60％） ・所得認定額が最低生計費の 60％ 水準である世帯（30％）		・平均所得が都市労働者世帯平均所得の 80％ である世帯（全額）
2006 年	・法定低所得階層（全額） ・所得認定額が最低生計費の 120％ 水準である世帯（全額） ・所得認定額が最低生計費の 50％ 水準である世帯（70％） ・所得認定額が最低生計費の 70％ 水準である世帯（40％）		・平均所得が都市労働者世帯平均所得の 90％ である世帯（全額） ・農漁村地域（全額） ・平均所得が都市労働者世帯平均所得の 100％ である世帯（全額）

21　オリニジップは、子供の家という意味で、日本の保育所に近い施設である。

2007 年	・法定低所得階層（全額） ・所得認定額が最低生計費の 120％ 水準である世帯（全額） ・所得認定額が最低生計費の 50％ 水準である世帯（80％） ・所得認定額が最低生計費の 70％ 水準である世帯（50％） ・所得認定額が最低生計費の 100％ 水準である世帯（20％）	・平均所得が都市労働者世帯 平均所得の 50％ である世帯 100％（全額）
2008 年	・法定低所得階層（全額） ・所得認定額が最低生計費の 120％ 水準である世帯（全額） ・所得認定額が最低生計費の 50％ 水準である世帯（80％） ・所得認定額が最低生計費の 70％ 水準である世帯（60％） ・所得認定額が最低生計費の 100％ 水準である世帯（30％）	・平均所得が都市労働者世帯 平均所得の 50％ である世帯 100％（全額）
2009 年～ 2010 年	・所得下位 50％ 階層（全額）、所得下位 50％ 階層（60％）、所得下位 70％ 階層（30％）	・所得下位 70％ 階層（全額）
2011 年	・所得下位 70％ 以下の所得階層（全額）	
2012 年	・すべての所得階層に全額支援	・所得下位 70％ 以下の所得階層（全額）　・すべての所得階層に全額支援
2013 年～ 2016 年	・すべての所得階層に全額支援	

出所：キム ウンゾン・イ ヘスック（2016）「嬰幼児保育支援の政策評価と政策課題」
韓国保健社会研究院

（2）保育料支援と養育手当

　子育て世帯に対する韓国政府の財政的支援は大きく「保育料支援」と
「養育手当」に区分することができる。「保育料支援」は、オリニジップ[21]
を利用する満０～５歳の児童がいる子育て世帯に支給される仕組みであ
り、「養育手当」はオリニジップや幼稚園を利用していない就学前の児
童を育てる子育て世帯に支給される助成金である（図表1-11）。

図表 1-11　子育て世帯に支給される韓国政府の助成金

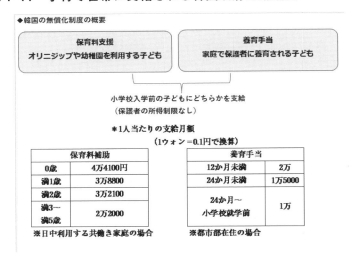

満０歳〜５歳の子どもをオリニジップや幼稚園に預ける親は所得に関係なく「保育料支援」を利用できる。子育て世帯が自ら銀行に登録・発行した電子カード（アイヘンボックカード）に保育料が振り込まれると、親は「アイヘンボック[22]カード[23]」から直接保育料を決済するシステムである。

　オリニジップは、国公立オリニジップのように保育教師などに対する人件費を支援している「政府支援施設」と、民間や家庭が運営しているオリニジップのように人件費を支援していない「政府未支援施設」に区分される。「政府支援施設」の場合は、基本的に人件費を助成しており、例えば院長や満０〜２歳の児童を担当する教師に対しては人件費の80％が、また、満３〜５歳の児童を担当する教師に対しては人件費の30％が国から支給される。

　2023年１月からの年齢別「保育料支援額」（月額）は、「基本保育料」の場合、満０歳が514,000ウォン（53,659円）、満１歳が452,000ウォン（47,187円）、満２歳が375,000ウォン（39,148円）、満３〜５歳が280,000ウォン（29,230円）に設定されている（図表1-12）。

図表1-12　保育料の支援金額（2023年基準）

単位：ウォン

年齢	支援単価		
	基本保育料	夜間	休日
満０歳	514,000	514,000	771,000
満１歳	452,000	452,000	678,000
満２歳	375,000	375,000	562,500
満３歳	280,000	280,000	420,000
満４歳	280,000	280,000	420,000
満５歳	280,000	280,000	420,000

出所：韓国保健福祉部のホームページから筆者作成

22　子ども幸福という意味の韓国語
23　2014年まではオリニジップの保育料の支払いには「アイサランカード」、幼稚園の幼児学費の支払いには「アイジェルゴウン・カード」が使われていたものの、2015年の１日からは２つのカードをまとめた「アイヘンボックカード」でオリニジップと幼稚園の保育料をはらうことになった。2014年までに２枚のカードを別々にはっこうしなければならなかった理由としては、オリニジップは政府の保健福祉部が、幼稚園は教育部が担当しているからである。

オリニジップを利用している児童の数は、1998 年の 55.6 万人から 2014 年には 149.7 万人まで増えたものの、その後は出生率の低下で新生児数が減少することによりオリニジップを利用している児童の数は毎年減少傾向にある。

一方、養育手当の助成金（月額）は、児童が 12 カ月未満の場合は 200,000 ウォン（20,879 円）が、12 カ月以上～24 カ月未満の場合は 150,000 ウォン（15,659 円）が、そして、24 カ月以上～86 カ月未満の場合は 100,000 ウォン（10,440 円）が支給される（農漁村養育手当や障がい児童養育手当は別途設定、養育手当は保育手当と比べて金額が小さい、図表 1-13）。

図表 1-13 養育手当の支援金額（2023 年基準）

単位：ウォン

年齢	養育手当	年齢	農漁村養育手当	障がい児童養育手当
12 カ月未満	200,000	12 カ月未満	200,000	200,000
12 カ月以上～24 カ月未満	150,000	12 カ月以上～24 カ月未満	177,000	200,000
24 カ月以上～36 カ月未満	100,000	24 カ月以上～36 カ月未満	156,000	36 カ月未満
24 カ月以上～36 カ月未満	100,000	36 カ月以上～48 カ月未満	129,000	100,000
36 カ月以上～86 カ月未満	100,000	48 カ月以上～86 カ月未満	100,000	36 カ月以上～86 カ月未満

出所：保健福祉部「2023 年度保育事業案内」

（3）パパ育児休業ボーナス制度実施以降男性の育児休業取得者数が増加

少子化対策の効果はまだ現れていないものの、近年韓国では男性の育児休業取得者数が大きく増加しているのでその点に注目したい。

韓国における育児休業制度は 1987 年に「男女雇用平等法」が制定されて導入された（施行は 1988 年から）。当初は女性労働者のみが対象であったものの、1995 年に法律が改正されることにより、男性も育児休業が取れるようになった。しかしながら、当時は男性と女性が同時に育児休業を取得することはできず、男性が育児休業を取得できたのは女性が育児休業を取得しなかったときのみであった。男性が女性の育児休業取得有無と関係なく育児休業が取得できるようになったのは 2001 年から

ある。育児休業の対象になる子どもの年齢は、「満8歳以下又は小学校2年生以下の子ども」で、育児休業期間は、子ども1人当たり「1年以内」で、両親共に同じ子に対してそれぞれ1年以内の育児休業を取得することができる。

　韓国における2002年の男性育児休業取得者数は78人で、全育児休業取得者数（男女合計）に占める割合はわずか2.1％にすぎなかった。しかし、2022年には3万7885人が育児休業を取得し、全育児休業取得者に占める割合も28.9％まで上昇した（図表1-14）。

　韓国で男性の育児休業取得者が増えた理由として、女性の労働市場参加の増加や育児に対する男性の意識変化などの要因も考えられるが、最も大きな要因としては2014年から「パパ育児休業ボーナス制度」が施行された点が挙げられる。

　韓国では基本的に育児休業給付金として1年間通常賃金[24]の80％が支給されており、その詳細は次の通りである（上限150万ウォン）。

● 給付対象：8歳以下又は小学校2年生までの子を養育する親（取得期間は子供一人に対して男女ともに最大1年ずつ）
● 給付金：育児休業を取得している期間に通常賃金の80％を支給
　（月額給付上限は150万ウォン≒156,593円）
　（月額給付下限は70万ウォン≒73,077円）
● 但し、育児休業給付金の25％は職場復帰してから6カ月後に一時金として支給

　一方、「パパ育児休業ボーナス制度」は、同じ子どもを対象に2回目に育児休業を取得する親に、最初の3カ月間について育児休業給付金として通常賃金の100％が支給される。1回目の育児休業は母親、2回目は父親が取得することが多い（90％）ので、通称「パパ育児休業ボーナス制度」と呼ばれている。

　さらに「パパ育児休業ボーナス制度」では、最初の3カ月間の支給上限額が1カ月250万ウォン（約26万1233円）に設定されており、それは

24　労働者に定期的・一律的に勤労の代価として支給する事と定めた金額で、基本給と諸手当の一部が含まれる。

1回目に育児休業を取得する際に支給される育児休業給付金の上限額（1カ月150万ウォン（約15万6740円））よりも高い。

このように、育児休業を取得しても高い給与が支払われるので、中小企業で働いている子育て男性労働者を中心に「パパ育児休業ボーナス制度」を利用して育児休業を取得した人が増加したと考えられる。

実際、2020年における育児休業取得者数の対前年比増加率は、従業員数30人以上100人未満企業が13.1％で最も高い（従業員数10人以上30人未満企業は8.5％、従業員数300人以上企業は3.5％）。

※パパ育児休業ボーナス制度

- 給付対象：育休取得をした誕生後12カ月以降の子どもについて、2回目の育休を取得する親
- 給付金：最初の3カ月は通常賃金の100％（月額給付上限は250万ウォン ≒ 26万1233円）
  続く4〜12カ月は、通常賃金の80％（月額給付上限は150万ウォン ≒ 15万6740円）

韓国政府は2022年から、育児休業制度の特例として「3+3親育児休業制度」を施行した。「3+3親育児休業制度」とは、育児休業を取得する親の中でも、生まれてから12カ月以内の子供を養育するために同時に育児休業を取得した父母に対して、最初の3カ月間について育児休業給付金として父母両方に通常賃金の100％を支給する制度だ。

この制度の導入に伴い、「パパ育児休業ボーナス制度」が改正され、適用対象が「産まれてから12カ月以降の子供」に変更され、父母が順次的に（必ず母親と父親の取得期間がつながる必要はない）育児休業を取得した際に適用されることになった。また、以前は父母が両方とも2回目の育休を取得した場合、先に2回目の育休を取得した方は80％の通常賃金を支給されていたが、改正後は父母ともに2回目の育休時の最初の3カ月は100％の通常賃金が支給されることになった（図表1-15）。

※「3+3親育児休業制度」

- 給付対象：誕生後12カ月以内の子どもを養育するために、同時に育休を取得する父母

- 給付金：最初の3カ月は通常賃金の100％を支給
  - →母3カ月＋父3カ月：月額給付上限はそれぞれ300万ウォン≒31万3480円）
  - →母2カ月＋父2カ月：月額給付上限はそれぞれ250万ウォン≒26万1233円）
  - →母1カ月＋父1カ月：月額給付上限はそれぞれ200万ウォン≒20万8986円）

図表 1-14　男女別育児休業取得者と全育児休業取得者のうち男性が占める割合

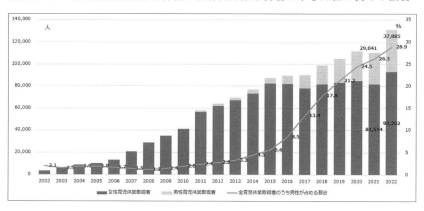

出所：雇用労働部（雇用保険 DB 資料）から筆者作成

図表 1-15　韓国における育児休業給付金の概要

	給付対象	育児休業給付金
育児休業制度	8歳以下又は小学校2年生までの子を養育する親（取得期間は1年）	・育児休業を取得している期間に通常賃金の80％を支給 　（月額給付上限は150万ウォン≒157,950円） 　（月額給付下限は70万ウォン≒73,710円） ・但し、育児休業給付金の25％は職場復帰してから6カ月後に一時金として支給
3＋3親育児休業制度（育児休業制度の特例、2022年度〜）	誕生後12カ月以内の子どもを養育するために、同時に育休を取得する父母	・最初の3カ月は通常賃金の100％を支給 →母3カ月＋父3カ月：月額給付上限はそれぞれ300万ウォン≒315,900円） →母2カ月＋父2カ月：月額給付上限はそれぞれ250万ウォン≒263,250円） →母1カ月＋父1カ月：月額給付上限はそれぞれ200万ウォン≒210,600円）

パパ育児休業ボーナス制度	（～ 2021 年度） 育休取得をした子どもについて、2 回目の育休を取得する親 "	・ 最初の3カ月は通常賃金の100% 　（月額給付上限は 250 万ウォン≒263,250 円） 　※父母の両方が育児休業を取得した場合は、 　　先に取得した方は通常賃金の 80% が支給 ・ 続く 4 ～ 12 月は、通常賃金の 50% 　（月額給付上限は 120 万ウォン≒126,360 円）
	（2022 年度～） 育休取得をした誕生後 12 カ月以降の子どもについて、2 回目の育休を取得する親 "	・ 最初の3カ月は通常賃金の100% 　（月額給付上限は 250 万ウォン≒263,250 円） ・ 続く 4 ～ 12 カ月は、通常賃金の 80% 　（月額給付上限は 150 万ウォン≒157,950 円）

（4）児童手当や「親給与」も支給

　韓国政府は 2018 年 9 月に、満 6 歳未満の子どもに 1 人あたり月 10 万ウォン（約 1 万 300 円）を支給する児童手当を導入した（所得上位１０％の世帯は対象から除外）。児童手当の導入は文在寅前大統領の選挙公約の一つであり、基本所得を普遍的福祉に基づいて保障し、育児に対する経済的負担を減らすことが主な目的である。

　同年 12 月には満 6 歳未満のすべての子どもに児童手当が支給されるように「児童保護法」を改正し所得制限を撤廃した。さらに、児童手当の支給対象年齢を 2019 年 9 月からは満 7 歳未満に、また、2020 年 4 月からは満 8 歳未満に拡大した（子どもが韓国国籍である場合のみ支給）。

　さらに、2023 年から満 0 ～ 1 歳の子どもを養育する世帯に月 35 万～ 70 万ウォン（36,538 円～ 73,077 円）の「親給与」が支給されている。

　※満 0 歳の子どもを育てる家庭には月 70 万ウォン（73,077 円））、満 1 歳の子どもを育てる家庭には月 35 万ウォン（36,538 円）の親給与を支給

　※親給与の新設は尹錫悦（ユン・ソクヨル）政権の 110 大国政課題の一つで、保健福祉部は当初の計画通り 2024 年からは親給与を月 50 ～ 100 万ウォン（52,198 円～ 104,395 円）にまで増額する予定である。

5．日本における少子化の現状と最近の対策、今後の課題

（1）日本における少子化の現状

　2022年の日本の合計特殊出生率は1.26となり、過去最低だった2005年に並ぶ過去最低の水準となった（図表1-16）。韓国の0.78よりは高い、OECD平均1.58（2020年）を大きく下回る数値だ。

図表1-16　日本における合計特殊出生率の推移

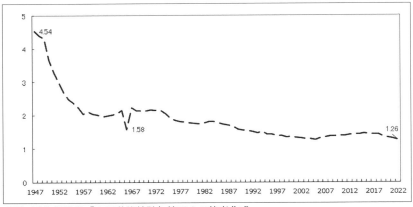

出所：厚生労働省「人口動態統計」等により筆者作成

　では、なぜ日本では少子化が進んでいるだろうか。最初の原因として考えられるのが「未婚化や晩婚化の進展」だ。日本の場合も韓国と同じく、男女が結婚してから出産をするケースが多い。従って、未婚化や晩婚化が進むと、生まれる子どもの数に影響を与えることになる。25 ～ 29歳と30 ～ 34歳の男性の未婚率は1960年の46.1％と9.9％から、2020年には72.9％ 47.4％に上昇した（図表1-17）。また、25 ～ 29歳と30 ～ 34歳の女性の同期間の未婚率も21.7％と9.4％から62.4％と35.2％まで大きく上がった（図表1-18）。国立社会保障・人口問題研究所が公開している『人口統計資料集（2022）』によると、50歳になった時点で一度も結婚したことがない人の割合を示す生涯未婚率は2000年の男性12.6％、女性5.8％から、2020年には男性28.3％、女性17.1％に、男性は約2.2倍、

女性は約 3.1 倍も増加した。

　平均初婚年齢も夫、妻ともに上昇を続け、晩婚化が進んでいる。1975
年に夫 27.0 歳、妻 24.7 歳であった平均初婚年齢は 2020 年には夫 31. 0 歳、
妻 29.4 歳まで上昇した。

図表 1-17　男性の年齢階級別未婚率の推移

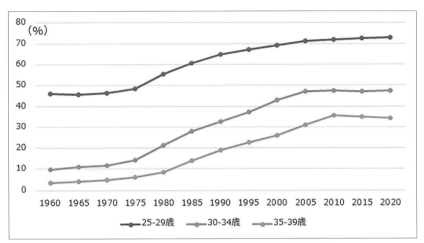

出所：総務省「国勢調査」により筆者作成。

図表 1- 18 女性の年齢階級別未婚率の推移

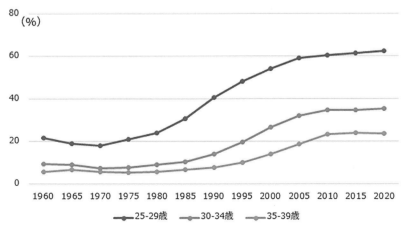

出所：総務省「国勢調査」により筆者作成。

少子化の２つ目の原因としては、若者の結婚及び出産に関する意識が変化している点が上がられる。国立社会保障・人口問題研究所が５年ごとに実施している「出生動向基本調査」によると、18〜34歳の未婚者のうち「いずれ結婚するつもり」と回答した割合は1982年で男性95.9％、女性94.2％から、2021年には男性81.4％、女性84.3％に低下した。また、結婚相手紹介サービスを提供する株式会社オーネットが成人式を迎える新成人を対象に毎年実施している「恋愛・結婚に関する意識調査」でも、「結婚したい」と回答した新成人の割合は、ピークであった1997年の89.5％から2023年には78.6％まで低下していることが明らかになった（図表1-19）。

図表 1-19　「結婚したい」新成人の割合

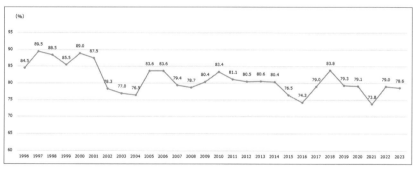

出所：株式会社オーネット「2023年「新成人の恋愛・結婚に関する意識調査」」

　また、同調査では結婚したら「子供が欲しい」かを聞いているが、「子供が欲しい」と回答した割合は2019年の69.3％から2023年には64.1％に低下している。両調査から若者の結婚及び出産に関する意識が変化していることが分かる。
　では、なぜ「結婚したい」若者は減少しているだろうか。国立社会保障・人口問題研究所の「出生動向基本調査」では、結婚意思のある未婚者に、現在独身でいる理由をたずねており、その結果をみると、25〜34歳では、「適当な相手にまだめぐり会わないから」と回答した割合が男性43.3％、女性48.1％で最も高いという結果が得られた。次いで、「独身の自由さや気楽さを失いたくないから」（男性26.6％、女性31.0％）、「結

婚する必要性をまだ感じないから」（男性25.8％、女性29.3％）の順だった。

　財務省総合政策研究所が2015年に実施した調査では、「現在交際している人と（あるいは理想的な相手が見つかった場合）一年以内に結婚するとしたら、なにか障害になることがあると思いますか」をたずねており、男性も女性も「結婚資金（挙式や新生活の準備のための費用）」を最大の障害として、「結婚生活のための住居」を第二番目の障害として挙げた。

　少子化の3つ目の原因としては、出産に対する経済的負担が大きいことが挙げられる。

　特に、子どもの教育費が子育ての負担になっている。文部科学省の「平成30年度学校基本統計（学校基本調査報告書）」によると、小学校から大学まで、1人にかかる教育費は、幼稚園から大学まですべて公立校に通った場合は約8百万円、すべて私立校なら約2千3百万円もかかる（文部科学省「結果の概要 - 令和3年度子供の学習費調査」、「令和3年度　私立大学入学者に係る初年度学生納付金平均額（定員1人当たり）の調査結果について」から計算）。

　内閣府が2021年に発表した「少子化社会に関する国際意識調査」（調査期間：2020年10月〜2021年1月、調査対象：子どもがいる20〜49歳の男女））によると、2020年時点で子育てにかかる経済的負担として大きなもの（複数回答）は、「学習塾など学校以外の教育費」（59.2％）、「学習塾以外の習い事費用」（42.8％）、「保育にかかる費用」（39.0％）が上位3位を占めた。特に、「学習塾など学校以外の教育費」と「学習塾以外の習い事費用」と回答した割合は2010年の調査と比べてそれぞれ22.7ポイントと22.9ポイントも増加した。

　また、韓国のように男女差別がまだ残存していること、育児政策が子育て世代に偏っていることなども少子化の原因であると言える。

（2）最近の対策と今後の課題

　厚生労働省の「雇用均等基本調査」によると、2021年における民間企業に勤める日本の男性の育児休業取得率は13.97％で過去最高を更新したものの、女性の85.1％とはまだ大きな差を見せている。

　日本政府は男性の育児休業取得率を2025年までに30％に引き上げるという目標を掲げており、それを達成するために、2021年6月、男性の育児休業取得促進を含む育児・介護休業法等改正法案を衆議院本会議

において全会一致で可決・成立させた。その結果、2022年10月には「出生時育児休業（産後パパ育休）」が新たに創設されることになった。

「出生時育児休業（産後パパ育休）」とは、男性労働者が子どもの出生後8週間以内に4週間までの休業を取得できる制度であり、原則として休業2週間前までの申し出により休暇取得が可能になった（既存の育休制度では原則1ヵ月前までの申し出が必要）。

また、育児休業4週間を分割して2回取得することと、労使協定を締結している場合に限り、労働者と事業主で事前に調整して合意した範囲内で就業することもできるようになった。既存の制度では原則禁止とされていた育休中の就業が認められることになったのは「出生時育児休業（産後パパ育休）」の大きな特徴だと言える。

一方、育児休業期間中に支給される育児休業給付は、育児休業開始から最初の6カ月間は休業前賃金の67％を上限（育児休業の開始から6カ月経過後は50％）としている。専門家の間では育児休業給付の引き上げを主張する声もあったそうだが実現までは至らなかった。

日本政府が男性の育児休業取得率30％の目標を実現するためには、もしかすると韓国で実施されている「パパ育児休業ボーナス制度」と「3+3親育児休業制度」が参考になるかも知れない。経済状況の改善や賃金の大幅引き上げの実現がなかなか難しい現状を考慮すると、育児休業中の所得確保は子育て家庭においてとても大事な部分であるからだ。

日本政府は少子化の問題を改善するために、児童手当の拡充等「お金」の面で子育てを支える制度を次々と打ち出している。2023年1月からは「出産・子育て応援給付金」を施行し、妊娠期に「出産応援金」として5万円分、出生後に子ども1人あたり「子育て応援金」として5万円分のクーポンを支給している。また、2023年4月からは出産育児一時金を既存の42万円から50万円に引き上げた。

さらに、政府は6月13日、こども・子育て政策の強化に向けた具体策を盛り込んだ「こども未来戦略方針」を閣議決定し、「若者・子育て世代の所得を伸ばさない限り、少子化を反転させることはできない」ことを明確に打ち出した。

政府は、次元の異なる少子化対策の基本理念として、①構造的賃上げ等と併せて経済的支援を充実させ、若い世代の所得を増やすこと、②社会全体の構造や意識を変えること、③全てのこども・子育て世帯をライ

フステージに応じて切れ目なく支援することを挙げており、今後抜本的
に政策を強化する立場を明らかにした。

　特に、全てのこども・子育て世帯を支援する対策の一環として、2024
年度から児童手当を大幅に拡充することにした。改革の主なポイントは、
①所得制限の撤廃、②支給期間の延長、③第３子以降の加算額の拡大だ
と言える。

　現在、児童手当は０〜３歳未満は月１万５千円、それ以降は中学生ま
で月１万円が支給されている。また、第３子以降は「３歳〜小学生」は
加算され、月１万５千円が支給される。但し、児童を養育する方（夫婦
のうち所得が高い方）の所得が一定基準以上になると、児童手当は一律月
５千円に減り（特例給付）、養育者の年収が所得上限限度額以上の場合は
児童手当が支給されないように所得制限が設けられている。

　児童手当の所得制限に関しては、「所得制限を設けること自体が児童
手当の制度趣旨に反している」、「世帯主の所得を基準とするのは不公
平・不合理である」等の問題点が指摘されてきていた。そこで、「こど
も未来戦略会議」では「異次元の少子化対策」の一環として、児童手当
の所得制限をなくすことにした。また、支給期間も現在の中学生までを
高校生（18歳になった年度の３月31日まで）の年代まで延ばした。さらに、
第３子以降は「３歳〜小学生」は加算され、月１万５千円が支給されて
いるが、この期間を「０歳〜高校生」に広げた上で、月３万円に引き上
げることにした。

　少子化が急速に進んでいる現状を考慮すると、所得の多い子育て世帯
にペナルティになる「所得制限」の撤廃は妥当な措置だと考えられる。
また、異なる少子化対策の基本理念のように、社会全体の構造・意識を
変え、社会全体で子育て世帯を支援する「子育ての社会化」を実現する
ために努力する必要もある。

　「こども未来戦略会議」では児童手当の拡充等の子育て世帯を支援す
るための多様な政策を打ち出している。但し、それを実現するためには
安定的な財源を確保することが大事だ。

　今後、日韓が少子化問題を解決し、出生率を引き上げるためには子育
て世帯に対する対策だけではなく、未婚率や晩婚率を改善するための対
策により力を入れるべきであり、そのためには何よりも安定的な雇用と
賃上げが必要であるだろう。また、若者が結婚して子育てができるよう

に負担が少ない公営住宅や民間の空き家を活用しも支援も欠かせない。さらに、多様な家族を認めて社会保障制度の恩恵が受けられる社会をより早く構築する必要があると考えられる。

　日韓共に女性に偏りがちな育児や家事の負担を夫婦で分かち合い、ワーク・ライフ・バランスがより実現できる社会が構築され、出生率の改善にも繋がることを望むところである。

第2章
最近、日韓における労働政策の争点

1．韓国政府、「週 52 時間勤務制」の 見直しを含めた「労働改革」を推進

　韓国政府が文前政権の労働政策にメスを入れ始めた。雇用労働部は2022 年 6 月 23 日に「労働市場改革推進方向」をテーマにブリーフィングを行い、労働時間制度と年功序列を中心とする賃金体系を見直す必要性を強調した。尹政権は 3 大改革として、「教育改革」、「年金改革」、「労働改革」を推進すると発表しており、「週 52 時間勤務制」を含めた労働時間の見直しに関する関心が高まっている。

（1）文前政権「週 52 時間勤務制」を施行
　韓国では 2018 年 2 月に改正勤労基準法が成立し、同年 7 月 1 日から公共機関と従業員数 300 人以上の事業所を対象に「週 52 時間勤務制」が施行された。そして、2020 年 1 月からは従業員数 50 人以上 299 人以下の事業所に、さらに、2022 年 1 月からは従業員数 5 人以上 49 人以下の事業所に改正法が適用されることになった。
　「週 52 時間勤務制」とは、残業時間を含めた 1 週間の労働時間を 52 時間までに制限する制度である。違反した場合は 2 年以下の懲役または2000 万ウォン（約 200 万円）以下の罰金が科される。「週 52 時間勤務制」の目的は、長時間労働の問題を解消することで労働者のワーク・ライフ・バランスを実現させること、そして既存労働者の労働時間減少により新しい雇用を創出することにある。
　「週 52 時間勤務制」が実施される前までも、残業時間を含む 1 週間の最大労働時間は、勤労基準法の規定上は 52 時間であったが、「法定労働時間」を超える労働、すなわち「時間外労働」（韓国では「延長勤務」という表現を使用する）に「休日勤務」は含まれないと雇用労働部が解釈したため、労働者は 1 週間の法定労働時間 40 時間に労使協議による 1 週間の最大時間外労働 12 時間、そして休日勤務 16 時間を合わせた合計68 時間まで働くことが許容されてきた（法律ができてから 2018 年 7 月に勤労基準法が改正されるまで）。
　しかしながら、2018 年の改正では休日勤務は延長勤務に含まれると

行政解釈をしており、1週間の最大労働時間を52時間にする「週52時間勤務制」が実施されることになった（図表2-1）。尚、休日勤務手当は変更されず、8時間以下分に対しては50％の加算が、8時間超過分に対しては100％の加算が適用される。

　また、2018年の法改正までは法定労働時間の例外適用が認められていた「特例業種」が存在していた。しかしながら、労働組合側は特例業種の認定は無制限労働をもたらすと、全面廃止を要求してきた。そこで改正法では法定労働時間の例外適用が認められていた特例業種を従前の26業種から5業種（陸上運送業、水上運送業、航空運送業、その他運送関連サービス業、保健業）に縮小した。

図表 2-1　改正前後の一週間の労働時間の上限等

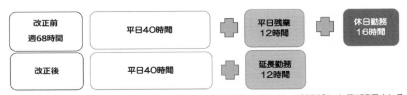

企業規模別施行時期
従業員数300人以上：2018年7月1日
従業員数50〜299人：2020年1月1日
従業員数5〜49人：2021年7月1日
※特例：従業員数30人未満の企業は、2021年7月1日〜2022年12月31日までは労使協議により
　　　8時間の特別延長勤務を許可

※休日勤務手当：8時間以下分に対しては50％の加算が適用される
※休日勤務手当：8時間超過分に対しては100％の加算が適用される

出所：雇用労働部ホームページより筆者作成

　一方、満15歳から満18歳未満の年少労働者の法定労働時間は1週間に40時間から35時間に、そして延長勤務時間は6時間から5時間に制限される。

　韓国政府が「週52時間勤務制」を実施した理由は、長時間労働を解消し、労働者のワーク・ライフ・バランスの改善（夕方のある暮らし）を推進すると共に、新しい雇用創出を実現するためである。「週52時間勤務制」の実施以降、韓国の労働者の年間平均労働時間は2018年の1993時間から2022年には1901時間に少し減少した。韓国における労働時間の減少がすべて「週52時間勤務制」の効果とは言えないが、「週52時

間勤務制」の実施が労働時間の減少に大きな影響を与えたことは間違いない事実である。しかしながら同年の OECD 平均（35 カ国）の 1752 時間と日本の 1607 時間を大きく上回り、OECD 加盟国の中で 4 番目に労働時間が長い（図表 2-2）。

図表 2-2　OECD 加盟国における年間平均労働時間（2022 年）

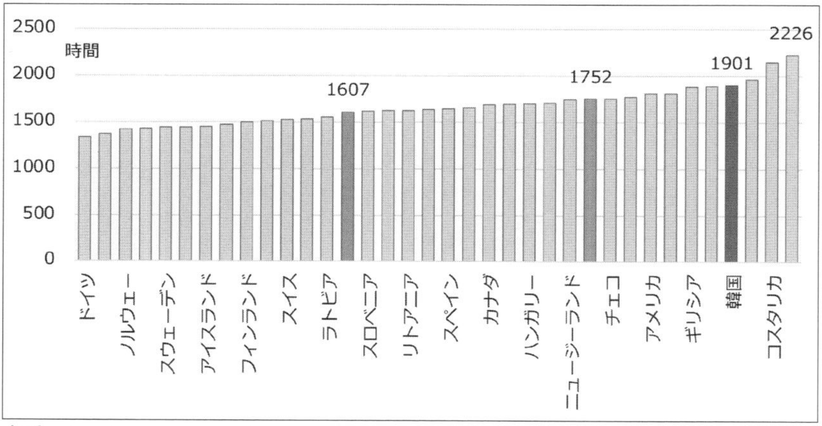

出所：OECD Data Hours Worked: Average annual hours actually worked
　　　2023 年 7 月 1 日ダウンロード資料

　さらに、「週 52 時間勤務制」の施行による問題も現れた。製造業などの現場では「週 52 時間勤務制」の実施により残業時間が減り、賃金総額が減少する問題が発生した。また、労働組合が存在する大企業は賃上げを行うことで、残業時間の減少により賃金総額が減少した労働者の賃金をある程度補塡する措置を実施したものの、中小企業や零細企業の多くはこのような措置ができなかったことから、労働者の収入は大きく減少した。この上とも、中小企業や零細企業の労働者不足問題はさらに深刻になった。
　一方、「週 52 時間勤務制」の施行以降、従業員の残業時間を一部しかカウントせず、実際働いた分より少ない賃金しか支払わないケースも発生した。制度施行以前には、時間外勤務に対しては働いた分の残業代が支払われていたが、制度施行以降は働いた分より少ない残業代しか支払われず、賃金が減少するケースが現れた。また、隠れ残業が増える問題

も発生した。

（2）尹政権、「週 52 時間勤務制」の見直しを発表

　2022 年 3 月の大統領選の際、当時の尹錫悦候補は「無理な労働時間
の短縮よりは柔軟な働き方を推進する」との公約を掲げて、文前政権の
「週 52 時間勤務制」を大幅修正する考えを示した。そして、大統領に就
任してから 1 カ月が過ぎた 2022 年 6 月 23 日に、雇用労働部は尹政権の
労働市場改革推進の方向性を明らかにし、「週 52 時間勤務制」で週 12
時間に制限している残業時間を、現在の週単位から月単位に調整する意
向を示した。また、実労働時間を短縮するために年次有給休暇の取得率
を高め、在宅勤務を含むテレワークの実施など多様な働き方を提示した。
さらに、研究開発分野のみ労働時間の清算期間を 3 カ月としている選択
的勤務時間制（フレックスタイム制）を、その他の職種（清算期間は 1 カ月）
にも拡大することも検討すると発表した。

　また、労働時間や賃金体系の見直しを準備する専門家機構である「未
来労働市場研究会」は、2022 年 11 月に懇談会を開き、現在週単位であ
る延長労働時間の管理単位を 1 カ月から 1 年までのいずれかの期間に広
げる週 52 時間制の見直しの方向性について提示した。研究会が提案し
た労働時間の見直しのポイントは、企業が 1 週間単位である時間外労働
時間の管理方法を 1 カ月、1 四半期、半年、1 年のようにより柔軟に適
用できるようにすることである。研究会は残業時間を弾力的に運営する
ことに加えて、1 日の勤務終了後、翌日の出社までの間に、11 時間の休
息時間（インターバル）を設ける「勤務間インターバル制度」の導入も
提案した。

　11 時間の「勤務間インターバル制度」が導入された場合、労働者は
1 日 24 時間のうち、最大で 11.5 時間が働けることになる。勤労基準法
により労働時間 4 時間ごとに 30 分の休憩を取得することが規定されて
いるからである。従って 13 時間のうち、休憩時間 1 時間 30 分を除いた
11.5 時間が 1 日働ける最大の時間になる。

　ここに、勤労基準法 55 条 1 項「使用者は、勤労者に 1 週間に平均 1
回以上の有給休日を保障しなければならない」を適用すると、1 週間最
大 6 日働くことができるので 1 週間の最大労働時間は 69 時間（11.5 時間
× 6 日）になる。しかしながら、勤労基準法第 56 条[25] には、労働者が

休日労働をした場合、加算手当を支給することが規定されているので、事業主が加算手当さえ支給すると、労働者を1週間に7日間働かせることも可能である。つまり、勤労基準法には1週間に7日間働いてはならないという条項はないので、週7日働いた場合、1週間の最大労働時間は80.5時間（11.5時間×7日）まで増加する[26]。

（3）雇用労働部が「労働時間制度改編案」を発表

雇用労働部は2023年3月6日に1週間の労働時間の上限を現在の52時間から69時間に引き上げること等を含む「労働時間制度改編案」を発表した。改編案のポイントは、労働時間の選択権の拡大、労働者の健康権の保護強化、休暇の活性化を通じた休息権の保障、柔軟な働き方の普及であり、各項目に関する報告書の詳細は次の通りである。

25　※勤労基準法56条
（1）使用者は、延長勤務（第53条・第59条及び第69条のただし書きにより延長された時間の勤務）、夜間勤務（午後10時から午前6時まで間の勤務）又は休日勤務に対して、通常賃金の100分の50以上を加算して支給しなければならない。
（2）前項にかかわらず使用者は、休日勤労に対しては、次の各号の基準による額以上を加算して労働者に支給しなければならない。
　・8時間以内の休日勤務：通常賃金の100分の50
　・8時間を超過した休日勤務：通常賃金の100分の100
（3）使用者は、夜間勤務（午後10時から次の日の午前6時までの間の勤務をいう。）に対しては、通常賃金の100分の50以上を加算して労働者に支給しなければならない。

26　もちろん、このケースは極端な例であるものの、長時間労働により労働者の身体的・精神的健康が損なわれないように、期間ごとに適切に休暇あるいは休憩時間を設ける等の対策を考える必要がある。また、労働組合がない企業や労使間の合意が難しい零細企業の労働者が働きすぎにより、思わぬトラブルに巻き込まれないように法的措置を講じることも検討することも重要だ。

1）労働時間の選択権の拡大

- 現行の「1週間単位」の画一的・硬直的な時間外労働の上限により、元請けからの緊急の発注等に対応することが難しい場合がある。従って、70年間維持されてきた「1週間」12時間を基準とする時間外労働の上限を廃止し、「1カ月」、「四半期」、「半期」、「年」に労働時間を管理する仕組みに変更し、それぞれの管理単位内で労働時間の上限が選択できるようにする。

- 現在は、労働者代表の公正な選出・活動など関連規定がなく、職種・職務別の当事者の理解を適切に代弁できる手続きが不十分である。従って、労働者代表制を制度化し、労使の対等性を確保、職種・職群別に労働時間などを決定する際に多様な需要を反映する手続きも設ける。

- 時間制、半休などを使い1日4時間しか勤務していないのに、労働基準法の休憩規定のため、すぐに退社できず、30分以上滞在しなければならない問題が発生している[27]。従って、1日の労働時間が4時間である場合、労働者が使用者に30分の休憩免除申請をすると、退社できるようにする。

- 現行の制度は、賃金台帳への記録と賃金明細書の交付を義務化しているものの、労働時間の記録に関する義務を別途明示していない。
  → 労働時間の記録及び管理は、時間外労働の包括的な管理、労働時間貯蓄制度[28]等労働時間の選択権を拡大するために必ず解決すべきである課題である。

2）労働者の健康権の保護

- 労働者の健康権に関する保護措置は一部の制度に限って導入されているものの、今後は労働者の健康権を保護するため、一部の制度で

27　労働基準法第54条では労働時間が4時間の場合は30分以上、8時間の場合は1時間以上の休憩時間を与えなければならないと定めている。

28　「労働時間貯蓄制度」とは、労働者が口座に労働時間を貯蓄しておき、休暇等の目的で好きな時にこれを使えるという仕組みである。

はなく、時間外労働を総量で管理し、以下の「三重の健康保護措置」
を施行する（図表2-3）。

① 勤務間11時間インターバル制度、あるいは、週64時間の労働時
　間の上限を厳守
② 労災過労認定基準である4週平均64時間以内の労働を遵守
③ 管理単位に応じた時間外労働の総量を縮減（四半期90％、半期
　80％、年70％）

図表 2-3　時間外労働の総量管理（案）

	1 週間	月 （1 カ月）	四半期 （3 カ月）	半期 （6 カ月）	年 （1 年）
時間外労働の総量	12 時間	52 時間 削減なし	140 時間 月単位期間の上限 52 時間に月数を乗じた時間（52 時間×3 カ月＝ 156 時間）の90％として140 時間	250 時間 月単位期間の上限52 時間に月数を乗じた時間（52 時間 × 6 カ月＝ 312 時間）の80％として250 時間	440 時間 月単位期間の上限52 時間に月数を乗じた時間（52 時間 × 12 カ月＝ 624 時間）の70％として440 時間
		週平均 12 時間	週平均 10.8 時間	週平均 9.6 時間	週平均 8.5 時間

出所：雇用労働部「労働時間制度改編案」2023 年 3 月 6 日

● 労働時間とは関係のない包括賃金、固定手当として賃金を支給する
　方式の、いわゆる「包括賃金契約」が悪用されている問題の解消に
　向けて、監督行政を強化し、包括賃金の根絶を進めていく。
● 深夜勤務に関する規定はあるものの、保護が必要な深夜業務従事者
　の範囲設定及び保護関連対策が不十分　→ 深夜業務に関する健康
　保護ガイドラインの政策・普及、小規模事業所に対して特殊健康診
　断に必要な費用の支援を拡大する等の対策を実施。

3）休暇の活性化を通じた休息権の保障
● 「働く時は働き、休む時は休む」という文化が生産性を高め、労働
　の質を向上させる手段である。
● 時間外労働、深夜労働、休日労働については、賃金の代わりに休暇

を提供する補償休暇制が導入されているものの、使用・積立・精算等具体的な運用基準がなく使用が制限的である。→　現行の補償休暇制を「労働時間貯蓄口座制」に代替し、時間外労働、深夜労働、休日労働の使用・積立・精算等に関する法的基準を設ける。

● 　団体休暇や時間単位の休暇等を取得することは可能であるものの、具体的な基準がなく、職場の目を気にして取得しない人が多い。→　職場の目を気にせずにヨーロッパのように10日以上の長期休暇が取得できるように国を挙げてのキャンペーンや対策を実施。

４）柔軟な働き方の普及

● 　柔軟な労働時間制度として現行認められている「選択労働時間制（フレックスタイム制）」及び「弾力労働時間制（変形労働時間制）」を改善する。

● 　「選択労働時間制（フレックスタイム制）」の精算期間を、研究開発業務は３カ月から６カ月に、その他の業務は１カ月から３カ月に延長する。

● 　財政支援、コンサルティング等を通じて、在宅勤務を含めたテレワークの制度化を検討、ワーク・ライフ・バランス奨励金、勤務革新企業に対するインセンティブ拡大等。

（４）経営者団体と労働組合の意見が分かれる

　韓国政府が発表した「労働時間制度改編案」に対して経営者団体は歓迎する立場を表明した。韓国経営者総協会は、政府の改正案は、「週単位の時間外勤務管理を月、四半期、半年、年単位に拡大するなど、労働時間の柔軟性と労使選択権を拡大する内容を盛り込んでいる。韓国経済の足枷となっている古い法制度を改善する労働改革の出発点となる」とその意義を評価した。また、大韓商工会議所は、政府が発表した「労働時間制度改編案」について３月６日に502社を対象にアンケート調査を実施しその結果を発表した。調査結果によると、回答企業の79.5％は、今般の改革案が実行されると、「企業の経営活動に役立つ」、「企業の競争力向上に役立つ」と答えた。また、回答企業の80.7％は「採用において役に立つ」と回答した。

　しかしながら、経営団体とは異なり、労働組合や若者は「労働時間制

度改編案」に反対の立場を示した。韓国労働組合総連盟は、「政府案通り、年単位の長時間労働の総量管理方式を実施すると、4カ月連続で週64時間労働をさせることも可能になる。週64時間上限制が現場に定着する可能性が濃厚だ。労働者は機械ではない。 特定の時期に集中的に働き、その後に休息と安静をとったからといって、決して健康を維持することはできない。労働時間に対する事前予測が可能な規則的な業務環境の中で時間的・心理的余裕が保障されるとき、労働生産性と労働者の健康権の相互上昇作用が実現できる。」と政府案を批判した。

　2023年3月25日には約1万3000人の労働組合員が大学路（テハクロ）一帯に集まり、69時間労働に反対する抗議活動を行った。若者世代も長く働くことに対して抵抗感を示した。その結果韓国政府は計画の見直しを余儀なくされた。尹政権の労働改革がどのように実施されるのか今後の動向に注目したいところである。

コラム：韓国で「週4日勤務制」は導入可能だろうか

　最近韓国では週4日勤務制に関する関心が高まっている。週4日勤務制を含めて労働時間に対する関心が高まっている理由は、新型コロナウイルスの感染拡大以降、テレワーク等多様な働き方やワーク・ライフ・バランスの実現に対する関心が高まったからである。

2021年3月に求人・求職サイト「ジョブプラネット」が実施したアンケート調査によると、週4日勤務制の導入について回答者（週4日勤務制等短縮勤務を経験したことがない労働者）の97.2%が賛成すると答えた。但し、週4日勤務制の導入により労働時間が減少する代わりに給料が減額される場合には63.8%が、また年次有給休暇が減らされる場合は60.1%が導入に反対すると回答した。

　週4日勤務制の導入に賛成する理由としては、「ワーク・ライフ・バランスが実現しやすい」が57.7%で最も高く、次いで、「生産性向上」（26.3%）、「休日増加による内需活性化」（8.9%）の順であった。一方、反対する理由としては「給料削減」（38.9%）、「導入が難しい業種もあるので公平性の問題がある」（33.3%）、「労働強度が高まる」（16.7%）等が挙げられた。週4日勤務制の導入により休む時間が増えた場合、やりたいことは、「趣味生活」が67.1%で最も高く、次いで「何もやらずゆっくり休む」（16.4%）、「副業・兼業をする」（13.9%）の順であった。

　一方、経営者と人事担当者に対する調査では87.6%が週4日勤務制の導入を「検討していない」と答えており、労働者の意見とは大きな差を見せた。週4日勤務制の導入を躊躇する理由は、「業務スケジュールを合わせることが難しい」（57.1%）、「生産性低下」（41.6%）、「業種の特性上導入が難しい」（39.9%）が上位3位を占めた。

　調査結果からは、週4日勤務制の導入に関する意見は労働者と経営者の間に大きな隔たりがあることが明らかになった。労働者側はより多様でワーク・ライフ・バランスが実現できる働き方を求めていることに対して、経営者側は週4日勤務制の実施による生産性低下や費用の増加を懸念していることが分かる。

２．日韓の平均賃金、最低賃金、大卒初任給の比較

（1）日本の低い賃金が話題に

　最近、日本の低い賃金が話題になっている。日本の賃金水準はバブル経済が崩壊した 1990 年代から低迷が続いており、欧米の先進国との差が広がっている。さらに、最近は隣の韓国との賃金差も縮まり、日本と韓国の賃金水準が逆転したとの報道もしばしば耳にするようになってきた。

　では、実際日韓の賃金水準はどうだろうか。ここでは、日韓の賃金水準を、（1）購買力平価によるドル換算の平均賃金、（2）日韓の各年の名目平均賃金をその年の平均為替レートでドル換算した平均賃金、（3）最低賃金、（4）大卒初任給に区分して比較してみた。

　まず、OECD の発表による（1）購買力平価によるドル換算の平均賃金から見てみよう。購買力平価とは、ある国である価格で買える商品が他国ならいくらで買えるかを示す交換レート、つまりモノやサービスを基準にした為替レートである。例えば、日本では 100 円の商品がアメリカでは 1 ドルで買える場合、購買力平価は、1 ドル＝ 100 円になる。購買力平価によるドル換算の日韓の平均賃金は 2015 年に逆転され、2021年の平均賃金は韓国が 42,747 ドルと日本の 39,711 ドルを約 3,000 ドル上回っている（図表 2-4）。

　しかしながら、購買力平価は、補助金や消費税率等各国独自の事情まで考慮されていないこと、貿易障壁のない完全な自由競争市場を基準にしていること、同じ品質・同じ条件の商品が少ないこと等の問題点もあるので、国際比較の際にはこのような点を考慮して判断する必要がある。

図表 2-4　日韓における年間平均賃金の推移

（実質、購買力平価によるドル換算）

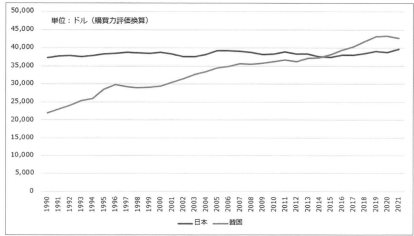

出所 :OECD.Stat「Average annual wages」より筆者作成

（2）日韓の賃金はどこが高いのか

　次は（2）日韓の各年の名目平均賃金をその年の平均為替レートでド
ル換算（IMF のデータ「International Financial Statistics」を利用）した平均
賃金を見てみよう。それによると、日本の賃金は 2001 年の 42,912 ドル
から 2021 年には 40,491 ドルに減少した（図表 2-5）。一方、韓国の賃金
は同期間に 16,648 ドルから 37,174 ドルに 2.23 倍増加した。その結果、
日本の平均賃金は韓国の 2.6 倍から 1.1 倍に縮まっている。（1）購買力
平価によるドル換算の平均賃金のように日韓の平均賃金が逆転はされて
はいないものの、格差が大きく縮小したことが分かる。

図表 2-5　日韓における年間平均賃金の推移
（名目、日韓の各年の名目平均賃金をその年の平均為替レートでドル換算）

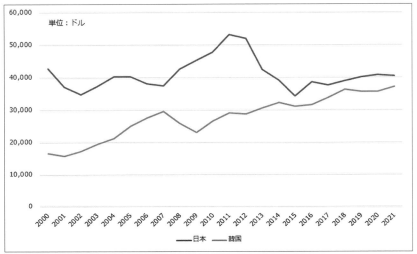

出所:OECD.Stat「Average annual wages」より筆者作成

　では、（3）最低賃金はどうだろうか。日韓の為替レートを適用して計算した韓国の 2023 年の最低賃金は約 969 円（9620 ウォン、全国一律）で、日本の全国平均 961 円を上回っていることが確認された（為替レートは 1989 年から 2021 年までは年平均を、そして 2022 年と 2023 年は日本で 2022 年の最低賃金が決まった 8 月 2 日の水準を適用した）。その結果、韓国と比べた日本の最低賃金は 1999 年の 4.78 倍から 2023 年には 0.99 倍まで縮まった（図表 2-6）[29]。

29　韓国の最低賃金の引き上げ率は日本より高い水準を維持してきた。例えば、1990 年から 2023 年までの最低賃金の対前年比引き上げ率の平均は、日本が 2.0%であるのに対して韓国は 8.6%であり、日本より 4 倍以上も高い。韓国の最低賃金の対前年比引き上げ率が日本を下回ったのは、文前政権が最低賃金の大幅引き上げ政策の失敗を認めて決まった 2020 年のみである。

図表 2-6 日本円に換算した日韓における最低賃金の水準

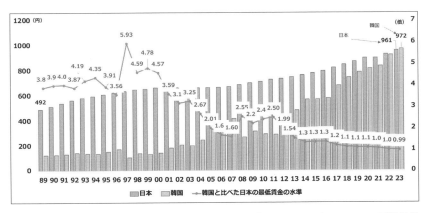

出所：日本：独立行政法人労働政策研究・研修機構「早わかり　グラフでみる長期労働統計 ＞ Ⅳ賃金 ＞ 図3最低賃金」、厚生労働省「地域別最低賃金改定状況」各年、韓国：最低賃金委員会「年度別最低賃金決定現況」より筆者作成

　さらに、韓国では日本とは異なり最低賃金に加えて週休手当が支給されており、週休手当を含めると日本と韓国の最低賃金の格差はさらに広がる。週休手当とは、1週間の規定された勤務日数をすべて満たした労働者に支給される有給休暇手当のことである。韓国では一日3時間、週15時間以上働いた労働者には週休日に働かなくても、一日分の日当を支給することになっている。例えば、一日8時間、週5日勤務すると、計40時間分の賃金に週休手当8時間分が加わり、計48時間の賃金が支給される。為替の影響もあり単純比較することは難しいが、初めて韓国が日本の最低賃金を上回ることになった[30]。

　最後に（4）大卒初任給を見てみよう。韓国経営者総協会は2021年10月に日韓における大卒初任給を比較分析した調査結果[31]を発表した。調査の対象は大卒以上の29歳以下の常用職労働者であり、初任給には

30　日韓の最低賃金については、金明中（2022）「日韓が最低賃金を引き上げ－引き上げ率は日本が3.3％、韓国が5％－」研究員の眼、2022年08月10日が詳しい。

所定内賃金と賞与金が含まれる。また、調査は大卒初任給を 1）購買力平価によるドル換算の初任給と、2）日韓の各年の名目平均賃金をその年の平均為替レートでドル換算した初任給に区分している。

　まず、1）購買力平価によるドル換算の初任給を見ると、韓国の大企業（従業員数 500 人以上）の大卒初任給は 2019 年時点で 47,808 ドルとなり、日本の大企業（従業員数 1000 人以上）の 29,941 ドルを大きく上回っていることが明らかになった。また、従業員数 10 人以上の企業の大卒初任給も韓国が 36,743 ドルと日本の 28,973 ドルを上回った（図表 2-7）。

図表 2-7　日韓の企業規模別大卒初任給

（年間賃金総額、2019 年、購買力平価によるドル換算）

単位：アメリカドル

従業員数＼国	全体（10 人以上）	10 ～ 99 人	韓国：100 ～ 499 人 日本：100 ～ 999 人	韓国：500 人以上 日本：1000 人以上
韓国	36,743	31,522	36,177	47,808
韓国	従業員数 10 ～ 99 人と比較した賃金水準		1.15 倍	1.52 倍
日本	28,973	26,398	28,286	29,941
日本	従業員数 10 ～ 99 人と比較した賃金水準		1.07 倍	1.13 倍

出所：韓国経営者総協会（2021）「わが国の大卒初任給の分析および韓・日大卒初任給の比較と示唆点」（韓国は雇用労働部の「2019 年 賃金構造基本統計調査」を、日本は厚生労働省の「令和元年 賃金構造基本統計調査」を用いて比較）

　2）日韓の各年の名目平均賃金をその年の平均為替レートでドル換算した初任給についても、韓国が日本を上回っていることが確認された。韓国の大企業（従業員数 500 人以上）の大卒初任給は 2019 年時点で 35,623 ドルとなり、日本の大企業（従業員数 1000 人以上）の 28,460 ドルより 25.2％高い。しかしながら、従業員数 10 人以上の企業の大卒初任給は韓国が 27,379 ドルで日本の 27,540 ドルより 0.6％低く、日本と比べて企業規模間における初任給の差が大きかった。つまり、従業員数 10 ～ 99 人企業と比較した大企業の大卒初任給は、韓国が 1.52 倍で日本の

31　韓国経営者総協会（2021）「わが国の大卒初任給の分析および韓・日大卒初任給の比較と示唆点」

1.13倍よりも高いことが確認された（図表2-8）。

図表 2-8　日韓の企業規模別大卒初任給（年間賃金総額、2019年、
　　　　　　各年の名目平均賃金をその年の平均為替レートでドル換算）

単位：アメリカドル

従業員数 国	全体 （10人以上）	10～99人	韓国：100～499人 日本：100～999人	韓国：500人以上 日本：1000人以上
韓国	27,379	23,488	26,957	35,623
	従業員数10～99人と比較した 賃金水準		1.15倍	1.52倍
日本	27,540	25,093	26,887	28,460
	従業員数10～99人と比較した 賃金水準		1.07倍	1.13倍

出所：韓国経営者総協会（2021）「わが国の大卒初任給の分析および韓・日大卒初任給
の比較と示唆点」（韓国は雇用労働部の「2019年 賃金構造基本統計調査」を、日本は
厚生労働省の「令和元年 賃金構造基本統計調査」を用いて比較）

　韓国における企業規模間による初任給の格差は生涯賃金の格差にもつ
ながり、所得格差や労働市場の二極化[32]、そして若者の高い失業率の原
因にもなっている。一方、日本では将来の労働力不足が懸念されている
中で、賃金上昇率の低さが優秀な人材、特にグローバル人材の確保の妨
げになる恐れが高い。このような問題を解決するために日韓政府は今後
どのような対策を実施するだろうか。今後の動きに注目したい。

---

[32]　労働市場は、一次労働市場と二次労働市場に区分することができる。一次労
　　働市場は、相対的に高い賃金、良い労働環境、高い雇用の安定性、労働組合
　　による保護、制度化された労使関係、長期的な雇用契約、内部労働市場によ
　　る労働力の補充などで特徴づけられることに比べて、第二次労働市場は、相
　　対的に低い賃金、劣悪な労働環境、不安定な雇用、制度化されていない労使
　　関係、外部労働市場による労働力の補充などで特徴づけられる。つまり、韓
　　国では、大企業、正規労働者、労働組合のある企業などの一次労働市場と、
　　中小企業、非正規労働者、労働組合のない企業などの二次労働市場の格差が
　　拡大したことも若者が労働市場への参加を躊躇する要因になっている。

3．なぜ日本の賃金は上がらなかったのだろうか？

日本の低い賃金が国内外で注目されている。

なぜ日本の賃金は長い間大きく上がらなかっただろうか。国税庁が2022年9月に発表した「令和3年分 民間給与実態統計調査」によると、2021年に1年を通じて勤務した給与所得者の平均給与（基本給、手当、賞与の合計）[33] は、443.3万円で2020年の433.1万円と比べて2.4%増加した（男性は545.3万円で2.5%増加、女性は302.0万円で3.2%増加）。2021年の賃金が増加した理由としては、新型コロナウイルスの感染拡大の影響で、雇用が不安定化し、賞与が減少した2020年からの反動が考えられる。

1989年以後の日本の給与所得者の年間平均給与の前年比引上げ率は、バブル経済が崩壊する直前の1990年とバブル経済が崩壊した1991年にはそれぞれ5.7%と5.0%で相対的に高い引上げ率を見せたものの、それ以後の引き上げ率は1%前後かマイナスの傾向が目立っている（図表2-9）。

図表 2-9　1年を通じて勤務した給与所得者の平均給与と前年比引き上げ率

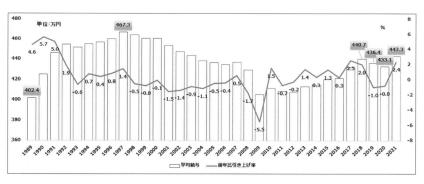

出所：国税庁（2022）「令和3年分 民間給与実態統計調査」を利用して筆者作成。

33　合計値の平均算出の際には正規と非正規だけでなく、役員などの値も含まれている。

　G7諸国や韓国と比べた日本の賃上げ率も、相対的に低い。物価水準を反映した2001年から2020年までの20年間の実質賃金上昇率と、2011年から2020年までの10年間の実質賃金上昇率は、韓国が38.7%、カナダが26.0%、米国が24.3%で20%を越えていることに比べ、日本は1.4%にとどまっていた。さらに日本の最近10年間の実質賃金上昇率はマイナス0.5%で、最近20年間の実質賃金上昇率である1.4%より低く、イタリアを除いた他の国を大きく下回った（図表2-10）。

図表 2-10　　G7諸国と韓国の過去10年・20年間の実質賃金上昇率

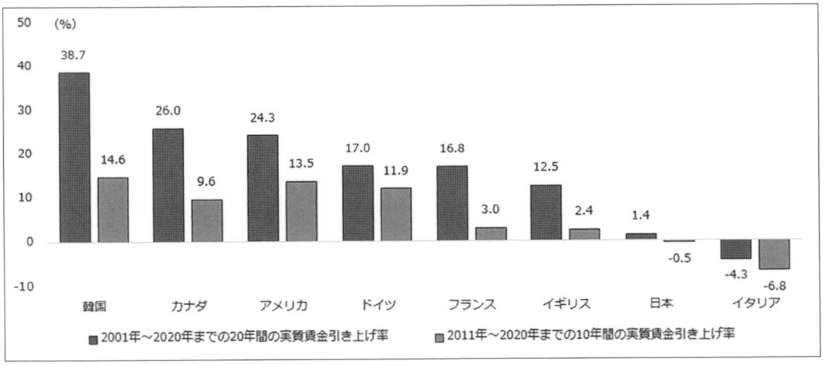

出所 :OECD データセット :Average annual wages を使用して筆者作成。

　また、日韓の各年の名目平均賃金をその年の平均為替レートでドル換算（IMF のデータ「International Financial Statistics」を利用）した平均賃金は、2021年時点で日本が40,491ドルで、韓国の37,174ドルを上回っているものの、年々その差は縮まっている。

（1）低い非正規労働者、女性、高齢者、サービス業従事者が増加

　バブル経済崩壊以後、最近30年間日本の賃金が大きく上がらなかった理由はどこにあるだろうか。まず1番目の理由として、マクロ的な側面で相対的に賃金水準が低い非正規労働者、女性、高齢者、サービス業従事者が増加した点が挙げられる。1985年に20.2%であった非正規労働者の割合は2021年には36.7%まで増加した（図表2-11）。上述した国

税庁の「民間給与実態統計調査」を参考にすると、2021年の正社員（正職員）の年間平均給与は508万円であることに比べて、正社員（正職員）以外は198万円で正社員の約39%水準に過ぎないことが明らかになった。

　女性の労働力率は1989年の56.2%から2021年には73.2%まで上昇し、また同期間の65～69歳高齢者の労働力率も37.9%から51.7%まで上昇した。更に非正規労働者が多いサービス業等の第3次産業で従事する就業者が全就業者に占める割合は同期間に58.7%から73.8%に大きく上昇した。

図表 2-11　日本における非正規労働者の割合

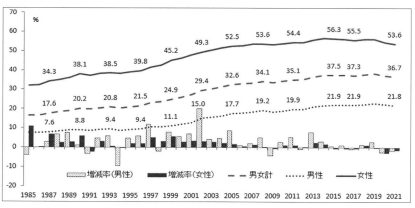

出所：総務省「労働力調査」より筆者作成。

（2）低い生産性が改善されない点が賃上げにマイナス影響

　2番目の理由としては、低い生産性が改善されない点が賃上げにマイナス影響を与えていると考えられる。生産性と賃上げの関係は、厚生労働省がOECD諸国の「実質労働生産性変化率」と「実質雇用者報酬変化率」を用いて分析した結果からも確認できる。厚生労働省は分析結果から「近年、実質労働生産性の上昇と実質賃金の上昇の間の関係が弱まっ

34　厚生労働省（2016）「平成28年版労働経済白書（労働経済の分析）」

ているものの、国際的には依然として実質労働生産性が上昇すると実質賃金が上昇する関係がみられる」と説明している[34]。

　日本生産性本部の報告書によると、2021 年の日本の就業者 1 人当たり労働生産性は、購買力平価（PPP）換算で 81,510 ドル（818 万円）で、OECD 加盟 38 カ国の中で 29 位に留まっていることが明らかになった。G7 諸国の中では最も低い水準だ[35]。日本の就業者 1 人当たり労働生産性は 1997 年に 20 位に順位を下げてから 24 年間も 20 位圏から抜け出せない状況にある。

　日本の生産性が大きく改善されない理由としては、正規職を中心にサービス残業を含む長時間勤務が残存している点、賃金に年功序列部分が多く反映されているため、企業に対する寄与度ほど賃金が上がらない若年層の勤労意欲が低下している点、大企業と比べて相対的に投資ができず、その結果生産性向上の実現が難しい中小企業の比率（全企業の約99.7%）が高い点などが挙げられる。

（3）労働組合の組織率下落と組合員の高齢化

　3 番目の理由としては、労働組合の組織率が下落し組合員が高齢化している点が挙げられる。日本の労働組合の組織率は 1949 年の 55.8% を頂点に低下し続け、2021 年には 16.9% まで低下した（図表2-12）。その結果、労働者の賃上げを主張したり、労働者の立場を代弁する影響力が以前より弱くなった。また、組合員が高齢化して労働組合が賃上げよりも雇用維持を優先する傾向が強くなり、賃上げの優先順位が下がったのではな

35　日本生産性本部（2022）「労働生産性の国際比較 2022」

いかと考えられる。

図表 2-12　日本における労働組合の組織率

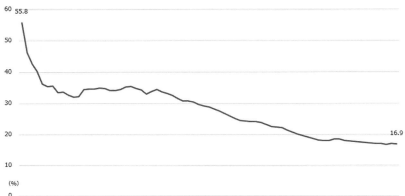

出所：厚生労働省「労働照合基礎調研究」を利用して筆者作成。

（4）日本経済の長期低迷の影響

　そして4番目の理由としては、日本経済の長期低迷の影響を受けた企業が値上げに積極的な動きを見せず、その結果企業が十分な利益を上げていないことが賃上げにマイナスの影響を与えたと考えられる。2022年11月の企業物価上昇率は、資源高や円安で輸入物価が上昇した影響を受け前年同月比9.3％上昇した。それに対して消費者物価の上昇率は、生鮮食品を除く総合で前年同月比3.7％で企業物価上昇率を大きく下回っている。企業の原材料コストの上昇分が消費者の価格にすべて転嫁されていないことがうかがえる。特に中小企業や小規模事業者は価格交渉などを通して価格転嫁をすると、今後の契約が打ち切られることや売り上げが減少することを懸念して価格転嫁を躊躇することが多い。

　帝国データバンクが中小企業を対象に2022年9月に実施した調査[36]によると、コスト上昇分を「すべて価格転嫁できている」企業は2.3％

36　帝国データバンク（2022）「企業の価格転嫁の動向アンケート（2022年9月）」

に過ぎないことが明らかになった。一方、「全く価格転嫁できていない」企業も 18.1％ に上ることが確認された。

　岸田首相は 2021 年 11 月 10 日に行われた記者会見で「官民挙げ、国民お一人お一人の給与を引き上げるための具体的アクションを起こします。」と賃上げに対する積極的な立場を示した。さらに、企業の賃上げを促すため、2022 年 4 月 1 日から企業が、前年度より給与等を増加させた場合に、その増加額の一部を法人税（個人事業主は所得税）から税額控除できる「賃上げ促進税制」を実施している（2022 年 4 月 1 日から 2024 年 3 月 31 日までの期間内に開始する事業年度が対象）。

　これにより大企業の場合、継続雇用者の給与などに対する支給額が前年度比で 4％ 以上増加した場合、25％ の税額控除が適用される。さらに教育訓練費が前年度比 20％ 以上増加した企業は 5％ の税額控除が追加され 30％ の税額控除が適用される（継続雇用者の給与など支給額が前年度比 3％ 以上増加した場合には 15％ の税額控除を適用）。一方、中小企業の場合には継続雇用者の給与など支給額が前年度比 2.5％ 以上増加した場合には 30％ の税額控除が適用され、教育訓練費が前年度比 10％ 以上増加した場合には 10％ が追加され 35％ の税額控除が適用される（継続雇用者の給与など支給額が前年度比 1.5％ 以上増加した場合には 15％ の税額控除を適用）。

　「賃金引き上げ促進税制」の実施により法人税を納付する企業の場合、1.5％ から 4％ 以上の賃上げが予想される。しかし、問題はこの制度では利益が発生して法人税を納付する企業にのみ適用される点である。国税庁が 2022 年 5 月に発表した資料[37] によると、2020 年度現在 62.3％ の企業が欠損企業、すなわち利益が発生していなかったり、赤字で法人税を納付していない企業であることが明らかになった。したがって、欠損企業の賃上げ率は法人税を納付して「賃金引き上げ促進税制」が適用される企業の賃上げ率を大きく下回り、賃金格差がさらに広がると予想される。

　厚生労働省が 12 月 6 日に発表した調査結果[38] によると、一般労働者の 1 人当たりの賃金は物価変動を考慮した実質で前年同月比 2.6％ 減少

37　国税庁企画課（2022）「令和 2 年度分会社標本調査結果について（報道発表資料）」令和 4 年 5 月
38　厚生労働省「毎月勤労統計調査　令和 4 年 10 月分結果確報」

した。円安の影響による物価の上昇率が、賃金の上昇率を上回っていることがその原因であるだろう。物価上昇に賃金上昇が追いつかず、実質賃金が減少し続けると、景気回復は難しくなる恐れがある。今後、政府が実質賃金を増やすためにどのような対策を実施するのか、今後の動向に注目したい。

4．韓国では 65 歳、日本では 70 歳、定年延長に対する議論が本格化[39]

（1）韓国社会では定年延長に対する社会的関心が高調

　最近、韓国社会では定年延長に対する社会的関心が高まっている。韓国の洪楠基（ホン・ナンギ）副首相兼企画財政相（以下、洪副首相）は、2019 年 6 月 2 日、韓国ＫＢＳの番組に出演し、「定年延長問題を社会的に議論すべき時期だ … 今後 10 年間はベビーブーマー（1955 ～ 1963 年生まれ）世代が引退する時期であり、毎年約 80 万人が労働市場から離れることに対して、労働市場に入ってくる 10 代は年間約 40 万人に過ぎないので、労働市場の労働需要は大きく変化する」と言及した。さらに、洪副首相は、「現在、韓国政府はこの問題を解決するために政府を挙げて人口政策タスクフォース（TF、作業部会）を設けて定年延長問題を集中的に議論しており、議論が終われば、政府の立場を示す」と述べた。

　但し、韓国では定年を延長したばかりであり、すぐさま定年を延長することはかなり難しいのが現状である。つまり、韓国では 2013 年 4 月 30 日に「雇用上の年齢差別禁止および高齢者雇用促進法改正法」（以下、「高齢者雇用促進法」）が国会で成立したことにより、2016 年からは従業員数 300 人以上の事業所や公的機関に、さらに 2017 年からは従業員数 300 人未満のすべての事業所や国、そして地方自治体に 60 歳定年が義

39　金 明中（2019）「70 歳雇用推進の背景と今後の課題」基礎研レター 2019 年
　　6 月 26 日、金 明中（2019）「曲がり角の韓国経済　第 45 回　定年延長に
　　対する社会的関心が高まる韓国」東洋経済日報 2019 年 7 月 12 日を加筆修正。

務化されている。日本では 1994 年に「高年齢者等の雇用の安定等に関する法律」（以下、「高年齢者雇用安定法」）の改正により 1998 年から 60 歳定年が義務化されたことに比べると、60 歳定年の義務化は約 20 年も遅れている。

　韓国では「高齢者雇用促進法」が施行される前には定年が法律により義務化されず、50 代前半や 50 代中半に退職するケースが一般的だった。そこで、会社を辞めた後には、年金を受給するまでの生活費を稼ぐためにチキン屋やベーカリー等、家族で営む自営業を始める人が多かった。このような影響もあり、韓国における自営業者の割合は 2021 年時点で 23.9% に達している（図表 2-13）。

図表 2-13 OECD 加盟国における自営業者の割合（2021 年）

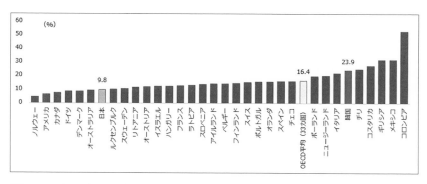

注）2021 年のデータを提供している加盟国のみ比較
出所：OECD Data Self Employment Rate により筆者作成：2023年7月1日ダウンロード

（2）日本でも定年延長の議論は続く

　韓国より先に少子高齢化を経験し、定年延長を推進した日本でも最近、定年延長が再度議論され始めている。日本では 2013 年に「高年齢者の雇用の安定等に関する法律」（以下、高年齢者雇用安定法）が施行され、公的年金の支給開始年齢の引上げに合わせ、経過措置として 2013 年〜 2025 年までに、3 年ごとに 1 歳ずつ定年の年数が増加する措置が取られている。2025 年になると 65 歳定年が義務化され、韓国より定年が 5 歳も高くなる。さらに、日本政府は最近 70 定年延長をめぐる議論を本格化している。日本政府は 2019 年の 5 月 15 日に開催された未来投資会議

で、希望する高齢者に対し70歳までの雇用確保を企業に求める高年齢者雇用安定法の改正案の骨格を示した。現行法では、高年齢者等の雇用の安定等に関する法律第9条第1項に基づき、定年を65歳未満に定めている事業主は、雇用する高年齢者の65歳までの安定した雇用を確保するために、①定年制の廃止、②定年の引上げ、③継続雇用制度（再雇用制度）の導入のうち、いずれかの措置（高年齢者雇用確保措置）を実施することを義務化している。

　改正案では、企業が労働者を同じ企業で継続して雇用することを義務化した上記の三つの選択肢に加えて、社外でも就労機会が得られるように、④他企業への再雇用支援、⑤フリーランスで働くための資金提供、⑥起業支援、⑦NPO活動などへの資金提供という項目を追加した。定年延長による人件費増を懸念する企業にも配慮した措置だと言える。

　そもそも日本政府が高齢者の雇用確保措置を義務化した最大の理由は、公的年金の支給開始年齢を段階的に引き上げたからである。しかしながら、企業の措置内容を見ると、「定年制の廃止」や「定年の引上げ」という措置を実施した企業の割合は合わせて2割程度に過ぎず、8割に近い企業が「継続雇用制度」を導入している。企業が主に「継続雇用制度」を導入している背景には、「年功序列型賃金制度」に基づく人件費負担が大きくなることがある。多くの企業は一旦、雇用契約を終了させ、新しい労働条件で労働者を再雇用する「継続雇用制度」を選択している。

　60歳を境に正社員としての身分が失われ、嘱託やパート・アルバイトなど非正規型の雇用形態に変わるケースが多い。このため、高齢者の賃金水準が定年前に比べて大きく低下し、場合によっては、本人の貢献度よりも低い賃金を受け取っている可能性も高い。こうしたことは、高齢者の働く意欲の低下を招くとともに、職場の生産性にも少なからず影響を及ぼしていることが懸念される。改正高年齢者雇用安定法が2013年4月に施行されたことにより、高年齢者がより長く労働市場で活躍することになったものの、低い賃金水準ゆえに、労働市場に長く参加していることが、必ずしも高齢者の生活の質を高めたとは言えないのが現状である。

　定年後研究所が定年制度のある企業に勤務している40代・50代男女、および、定年制度のある企業に勤務し60歳以降も働いている60代前半男女、合計516人を対象に実施したアンケート調査（2019年6月4日）

によると、「70歳定年」（70歳定年あるいは雇用延長）について「とまどい・困惑を感じる」（38.2％）や「歓迎できない」（19.2％）と回答した、「アンチ歓迎派」は57.4％で、「歓迎する」と回答した「歓迎派」の42.6％を上回った。（図表2-14）「とまどい・困惑を感じる」最も大きな理由としては「収入が得られる期間が延びてよいが、その分長く仕事をしなければならないから」（65.5％）が、また「歓迎できない」最も大きな理由としては「自分としては60歳あるいは65歳以降は働きたくないから」（65.7％）が挙げられた。年金の給付を含めた老後の収入さえ確保できれば、労働者の多くは60歳あるいは65歳定年を迎えて労働市場から離れ、余暇を楽しみたいと考えているのだろう。

図表 2-14　「70 歳定年」に対する意見

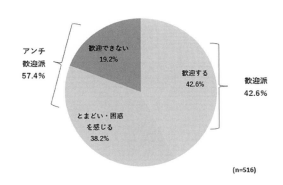

出所：定年後研究所（2019）「70歳定年に関する調査」

（3）日本の事例が韓国の高齢者雇用政策に示唆する点は？

　このような日本の事例は韓国の今後の高齢者雇用政策に示唆する点が多い。何より、日本政府が公的年金制度の支給開始年齢に合わせて定年を調整している点に注目すべきである。韓国における国民年金の支給開始年齢は、2012年までは満60歳だったが、2013年以降は「5年ごとに1年ずつ」引き上げられている。2033年からは支給開始年齢が65歳になるものの、定年が60歳のままだと収入が減少する期間が発生する。収入が減少する期間の問題を解決するためには順次定年を引き上げて年

金の支給開始年齢と一致させる必要がある。しかしながら冒頭で述べたとおり、定年が 60 歳になったのはわずか 2 年前のことであり、現段階で定年を引き上げることは企業の負担も大きくかなり難しいのが現実である。公的年金の持続可能性だけを懸念し、定年との隔たりによる収入が減少する期間の解決を慎重に考慮しなかったのは韓国政府の大きなミスであるだろう。

　従って、今後は国民年金の支給開始年齢を延ばす議論をする前に、定年を計画・段階的に引き上げ、収入が減少する期間を解決することを優先的に考慮すべきである。また、すべての企業や個人に一律的に適用される定年制度より、企業や個人の状況に合わせたより多様な定年制度の実施を推進することが重要であることを忘れてはならない。韓国政府は、韓国より先に少子高齢化を経験し、定年延長を推進した日本の事例から学ぶところは多いだろう。

5．なぜ韓国の失業率は低いだろうか

（1）韓国の失業率は OECD 加盟国の平均失業率を下回る

　新型コロナウイルス感染症が収束を迎えている中で、OECD 加盟国における平均失業率は感染が拡大していた 2020 年の 7.2％から 2022 年には 5.0％まで低下した。一方、2020 年と 2022 年における韓国の失業率はそれぞれ 3.9％と 2.9％に OECD 加盟国における平均失業率を大きく下回る（図表 2-15）。韓国における失業率が最も高かった時期は、アジア経済危機以後の約 2 年間で、1998 年と 1999 年における失業率はそれぞれ 7.0％と 6.6％であった。と言っても 2020 年の OECD 加盟国の平均失業率よりも低い水準である。さらに、就職が難しいと言われている 15 ～ 24 歳の失業率も 2022 年時点で 7.0％（15 ～ 29 歳は 6.4％）で OECD 加盟国の平均失業率 10.9％を下回っている（図表 2-16 ）。

　韓国の失業率がこのように低い理由はどこにあるのだろうか。韓国政府の完璧に近い労働市場政策の効果が現れた結果であるのか、あるいは、景気低迷などが理由で就職したいけれどあきらめて求職活動をしていな

い者を含めた非労働力人口が多いのが原因であるのか。ここではいくつかのデータを用いて韓国における失業率推計の問題点を説明したい。

図表 2-15　OECD 加盟国の全体失業率（2020 年と 2022 年）

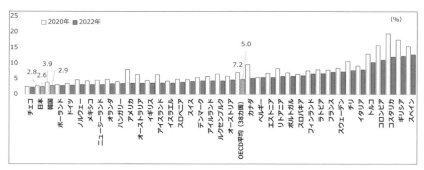

出所 :OECD Data：Unemployment rate を利用して筆者作成

図表 2-16　OECD 加盟国の 15 ～ 24 歳年齢階層の失業率（2020 年と 2022 年）

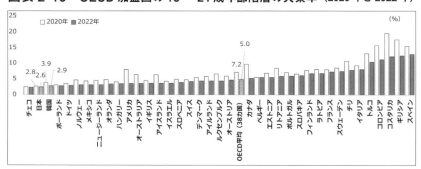

出所 :OECD Data：Unemployment rate by age group を利用して筆者作成

（2）韓国の失業率が統計上において低い水準を維持している理由は？

　実際は若者の多くが失業状態にあるのに、なぜ韓国の失業率は統計上において低い水準を維持しているのだろうか？その主な理由としては、①15 歳以上人口に占める非労働力人口の割合が高いこと、②非正規労働者の割合が高いこと、③自営業者の割合が高いこと等が挙げられる。

　まず、韓国の失業率が低く現れる最も大きな理由としては、15 歳以上人口に占める非労働力人口の割合が高い点が考えられる。15 歳以上

人口は、働く意思のある「労働力人口」と、働く意思のない「非労働力人口」に区分することができる。労働力人口とは、労働に適する15歳以上の人口のうち、労働する意思を持つ者で、労働力調査期間である一週間に、収入を伴う仕事に多少でも従事した「就業者」(休業者を含む)と、求職中であった「失業者」の合計を指す。一方、非労働力人口とは、労働力人口以外の者で、病気などの理由で就業できない者と職場からリタイアした高齢者、職探しをあきらめた人、働きに出ない、あるいは出られない専業主婦や学生など、就業能力があるにも関わらず働く意思がない者を合計した人口である。

　上記の定義を基準とした2022年における韓国の15～64歳の非労働力人口は1,067万人で15歳以上人口の約29.5％を占めており、同時点の日本の19.3％より高い。さらに、20～29歳と30～39歳の非労働力人口の割合はそれぞれ35.0％と24.8％で、日本の16.9％や11.8％を大きく上回っている（図表2-17）。

図表2-17　日韓における年齢階層別非労働力人口の割合（2022年）

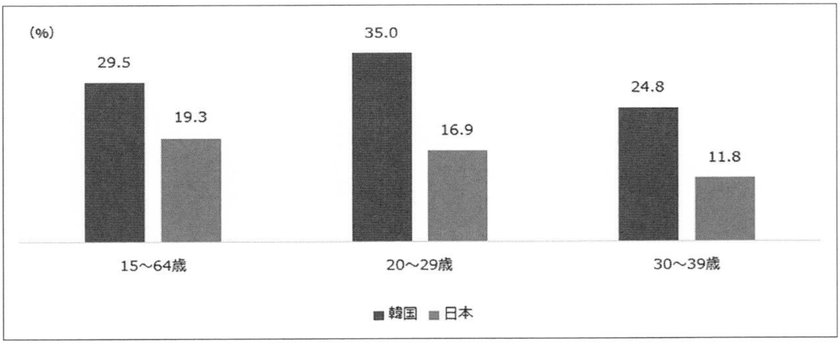

出所：韓国は統計庁の「経済活動人口調査」、日本は総務省の「労働力調査」を利用して筆者作成

　つまり、「潜在的な失業者」の多くが非労働力人口に含まれている可能性が高い。韓国における非労働力人口の内訳を見ると、育児、家事、学業、高齢、障がい等を理由としたもの以外に、働く能力があるにも関わらず仕事を探していない「休業者」の割合は2022年12月時点に全非労働力人口の14.8％を占めている。また、就業準備のために仕事を探していない人が4.2％もいる状況だ。彼らは調査期間中に仕事を探す活動

をしていないので、失業者ではなく非労働力人口に分類される。

　2022年12月時点の休業者の構成比を年齢階層別にみると、60歳以上が43.9％で最も高く、次いで50〜59歳（16.7％）、20〜29歳（15.2％）の順になっている。一方、前年同月と比べた増加率は15〜19歳が54.5％と他の年齢階層の増加率を大きく上回った。

　韓国の失業率が統計上において低い二つ目の理由として、非正規労働者の割合が高い点を挙げられる。2022年8月現在の非正規労働者の割合は37.5％で、労働者10人の内、約4人がパート、アルバイト、契約社員等で働いており不安定就労の問題は深刻である。このように多くの人が非正規労働者として労働市場に参加することにより就業者数は増え、統計上の失業率は低下していると言える。

　また、自営業者の割合が高いことも統計上の失業率を低くする理由になっている。韓国における自営業者の割合は、2021年時点で23.9％と同時点のデータが利用できるOECD加盟国33カ国の中で6番目に高く、日本の9.8％を大きく上回っている。特に、自営業者の相当数は給料をもらっていない無給の家族従業者であり、彼らの多数が調査期間中に仕事を探していないので、失業率の計算に反映されていないと言える。

　韓国政府は、既存の失業率が労働市場の実態を十分に反映していないと判断し、2015年から毎月発表する「雇用統計」に、失業率と共に「拡張失業率」を公表している。「拡張失業率」とは、国が発表する失業者に、潜在失業者（就労を希望しつつも、様々な事情から求職活動をしていないので失業者としてカウントされない失業者）や不完全就業者（週18時間未満働いている者）を加えて失業率を再計算したものである。

　このような計算方式によって算出された2022年の平均拡張失業率は、全体が10.6％、15〜29歳が18.9％で、上記で説明した既存の定義の失業率、全体2.9％と15〜29歳6.4％を大きく上回っている（図表2-18）。全体と15〜19歳の拡張失業率は2020年に比べると大きく改善されたものの、この拡張失業率こそが、実際の韓国における失業状況をよく表している数字であるのかもしれない。

図表 2-18　韓国における拡張失業率の推移（全体と 15 〜 29 歳）

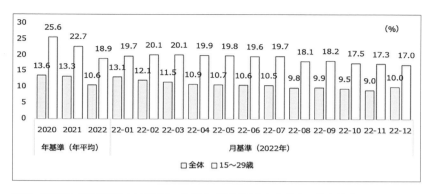

出所：統計庁「経済活動人口調査」、統計庁「雇用動向」各月より筆者作成

第3章

韓国における世代間の格差と対立

1．はじめに

　韓国社会の世代間の格差が深刻化している。韓国社会における世代間の経済格差が提起されたのは1997年のアジア通貨危機以後である。アジア通貨危機以降、韓国社会は雇用形態の多様化、つまり非正規労働者の増加により、所得格差が拡大することになった。さらに、平均寿命が伸びて高齢者人口が増えると、高齢者の医療や年金財政に対する国の支出が多くなり、結果的には現役世代の負担が増えることが議論され始めた。また、高齢者世代は納めた保険料より給付額が多いことに比べて、将来高齢者世代になる現役世帯は現在の高齢者世帯ほど給付がもらえないという世代間の公平性の問題も提起された。

　朝鮮戦争以降の韓国社会の世代区分は、定義により異なり、重複する部分があるものの、本稿では（1）ベビーブーム世代（1955年〜1963年生まれ）[40]、(2) 386世代（1960年代生まれ）、(3) X世代（1970年代生まれ）、(4) Y世代（1980年〜1995年生まれ）、(5) Z世代（1996年〜2012年生まれ）に区分して議論を進めた。

　ベビーブーム世代や386世代の合計特殊出生率（以下、出生率）は4.0を上回るほど高く、出生児数も年平均約100万人に至るほど多かったので、現在の韓国社会に大きな政治的・経済的影響力を及ぼしている。一方、X世代以降は出生率が急速に低下し、Y世代時代には出生率が2.0を下回った。さらに、その後も出生率の低下は止まらず、2018年には1.0を下回り、2022年には0.78まで低下した（図表3-1）。このようにX世代以降の各世代の出生児数はベビーブーム世代や386世代を大きく下回り、その分政治的・経済的影響力も弱まっている。

　つまり、現在韓国社会で政治的・経済的影響力が大きいのはベビーブーム世代や386世代、特にその中でも386世代であり、世代間の格差や葛

42　韓国におけるベビーブーム世代は一般的には1955年から1963年の間に生まれた世代を指すものの、人口学者の間では人口構造を考慮し、1974年生まれまでをベビーブーム世代に含めることもある。

藤は大きく386世代とそれ以降の世代に区分して議論することができる。386世代とは、1990年代に年齢が30代で、1980年代に大学生活を送り民主化運動にかかわった1960年代に生まれた者を指しており、（30代、80年代、60年代の3,8,6を取って386世代と称する）現在はほぼ50代になったことで、最近は586世代とも呼ばれている。

図表3-1　韓国における世代別合計特殊出生率や出生児数等

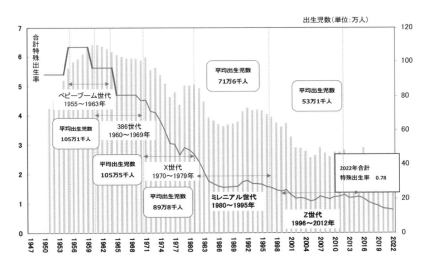

出所：韓国統計庁「人口動向調査」等より筆者作成。

　2018年に韓国で出版された『90年生が来る』では、一般的に、親と子供の間に生じる世代間の葛藤が、最近では10歳の年の差でも生じていると説明している。つまり、386世代が若者世代のことを理解していないように、1980年代生まれの世代は1990年代生まれの世代を、1990年生まれの世代は2000年生まれの世代を理解していないなど、より多様な世代間で意識の違いやそれによる葛藤が発生していると言える。このような状況を考慮すると、韓国社会における世代間の葛藤は、高齢者や若者だけではなく、ベビーブーム世代、386世代、X世代、Y世代、Z世代の間でも発生しているに違いない。

2．世代間葛藤の背景は経済的要因

　世代間葛藤の背景として考えられるのが経済的要因である。現在、韓国社会の中心とも言える386世代は、政治や経済に与える影響力においてX世代やY世代を大きく上回っている。1960年代生まれの386世代は、1970年末から1980年代にわたり大学に入学した。当時の高校卒業生の大学進学率は3割を少し上回っていたので、約7割が大学に進学する今とは、大学生の存在感が大きく異なる。彼らは社会のエリートとして評価され、キャンパスのロマンを楽しみ、マッコリを飲みながら軍事政権を批判したり民主化について語った。

　386世代は学業より学生運動や民主化運動に重きを置いたにもかかわらず、大きな問題なく労働市場に加わることができた。当時の韓国経済が絶好調だったのが主な理由である。386世代が社会に進出し始めたころの1985年にはニューヨークでプラザ合意がなされ、円高やドル安が進んだ。円高の影響で日本製品の対米輸出は減少し、日本国内の景気は低迷することとなった一方、円高により韓国企業の対米輸出は急増した。例えば、1985年に303億ドルであった韓国の輸出額は、ソウルオリンピックが開かれた1988年には607億ドルと3年間で2倍も増加した（図表3-2）。また、ドル安の影響で石油を含む原材料の輸入価格が安くなったことで企業の収益は増えた上に、ドルを借りる時の金利が安くなったため、企業は資金面においても困らなかった。1985年からアジア通貨危機が発生した1997年までの経済成長は平均9.1％に達し、失業率は完全雇用ともと言える2％台にとどまっていた。

図表 3-2　韓国における輸出・輸入額の推移

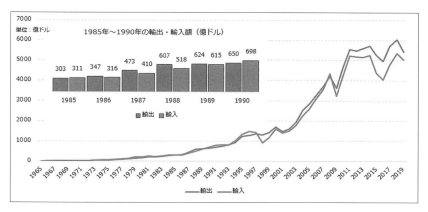

出所：韓国貿易協会「貿易統計」より筆者作成。

　しかしながら、1997 年に起きたアジア通貨危機により状況は急変した。ウォンが暴落し、金利が上昇すると企業の倒産が相次ぎ、街には失業者が溢れた。1998 年の経済成長率は統計を発表してから最も低いマイナス 0.51％（図表 3-3）を記録し、1997 年には 2.6％ に過ぎなかった失業率は 1999 年 2 月には 8.8％ に、さらに若者失業率は 14.5％ まで上昇した。

　アジア通貨危機に見舞われた韓国政府は IMF から融資を受ける条件として、企業、金融、公共部門、労働市場の 4 部門における構造改革を行った。1998 年以降、IMF の指導の下で、諸改革を進めたことにより、韓国経済は少しずつ回復し始めたものの、企業は危機管理体制を緩めず、正規職の代わりに非正規職を増やす雇用対策に切り替えた。

　その影響は、当時労働市場に進入し始めた X 世帯やその後の Y 世代、そして最近の Z 世代まで及んでいる。韓国における非正規労働者の割合は「非正規職保護法」の施行以降、一時的に減少したものの近年再び増え始め、2022 年時点の非正規労働者の割合は 37.5％ に至っている。さらに深刻なこととして正規職として労働市場に進入する大卒者が少ないことが挙げられる。韓国職業能力開発院（2017）によると、2015 年の 4 年制大卒者のうち、正規職として就職した人の割合は 52.5％ に過ぎなかった。2006 年の 63.1％ に比べて 10.6 ポイントも減少した。卒業すれ

ば正規職が当たり前だった 386 世代とはあまりにも異なる状況である。

図表 3-3　韓国における経済成長率の推移

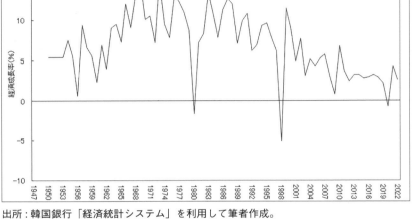

出所：韓国銀行「経済統計システム」を利用して筆者作成。

　労働市場への参加状況や労働市場に参加した時の雇用形態は世代の資産形成にも影響を与えることになる。世帯当たり資産や貯蓄額を年齢階級別に見ると、2019 年時点で 386 世代に当たる 50 ～ 59 歳の資産や貯蓄はそれぞれ 4 億 9345 万ウォンと 1 億 147 万ウォンで最も多く、30 歳未満の約 5 倍に達している（図表3-4）。386 世代の 50 ～ 59 歳と比べて 30 歳未満の若者の稼働期間が短いことを考慮すると、当然の結果である。しかしながら、若者の多くがパートやアルバイト等の非正規労働者として労働市場に参加しており、収入が安定していないことや給料に比べて家賃や住宅価格の上昇率が高くなったことを考慮すると、今の 30 歳未満の若者が 50 ～ 59 歳になった時に 386 世代ほど資産や貯蓄を保有（実質ベースで）することは簡単ではないだろう。

　キムゾンフン他（2019）では、ソウルのアパート（日本のマンションに当たる）を購入するために何年分の給料を貯める必要があるのかを世代別に比較・分析した。給料は全額貯金すると仮定して、分析には 1965 年生まれ、1975 年生まれ、1985 年生まれがそれぞれ満 35 歳になる

1999 年と 2009 年、そして 2019 年の 1 ヶ月の給料とソウルのアパートの平均価格が使われた。分析の結果、ソウル市内のアパートを購入するためには 386 世代の 1965 年生まれは 10.1 年、X 世代の 1975 年生まれは 15.8 年、Y 世代の 1985 年生まれは 16.0 年かかるという結果が出た。386 世代より X 世代や Y 世代のマイホーム購入が難しくなっていることが分かる。これはつまり、アパート価格の上昇率が給料の上昇率を上回った結果である。

図表 3-4　年齢階級別世帯当たり資産や貯蓄

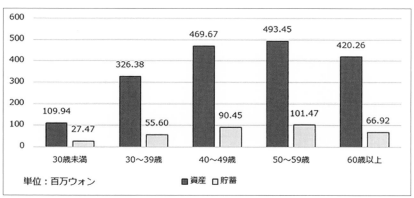

（注）2019 年 3 月 31 日基準。
出所：統計庁（2019）『家計金融福祉調査結果』。

3．世代間の意識の違いが明確

　自分の個人的な生活ではなく、職場などの社会的な生活を重視してきた中高年世代は個人の生活が多少侵害されても組織のために自分を犠牲し、献身することを当然視してきた。しかしながら、最近の若者世代は個人の生活に重きを置き、組織のために私生活を犠牲することを望まない傾向が強い。中高年世代は「最近の若者はだめ」だと思い、若者にやたらと説教をしたり、会食の参加や残業を強いる。若者は彼らを「コン

デ」と呼び、一緒にいることをできる限り回避しようとする。アゴ（2017）によると、「コンデ」とは元々親や教師を指す若者の隠語で、中高年世代を意味する。彼らは、自身の経験を一般化して若者に考えや行動などを一方的に強要したり、自分の若い頃の自慢話ばかりをしたり、なんでも経験して分かっているように語る。中高年世代のすべてが「コンデ」とは言えないが、「コンデ」は会社、電車の中、教会等、どこにも存在している。もしかするとこの「コンデ」の存在が若者と中高年世代の葛藤を大きくしている要因かも知れない。

　韓国保健社会研究院が2016年に発表した調査結果[41]では、成人の62.2％が「世代間の葛藤が深刻である」と答えた。この結果は2014年調査[42]の56.2％より6ポイントも高い数値である。また、大韓商工会議所（2020）によると、サラリーマンの63.9％がジェネレーションギャップを感じていることが明らかに分かった。「成果のために夜勤をすることは仕方がない」に対して同意する割合は20代や30代がそれぞれ26.9％と27.2％で、40代と50代の35.8％と42.8％を大きく下回った。また、「組織のために個人を犠牲することができる」に対して同意する割合も20代と30代がそれぞれ35.2％と33.5％で40代と50代の47.4％や66.7％を大きく下回った。

　ソウル市は2019年10月から12月の間に19歳〜39歳（以下、若者世代）の男女1万人と40〜64歳（以下、中高年世代）の男女1,500人を対象に世代間の価値観を比較する調査を行った[43]。調査はAとBという二つの選択肢の中からAを選好する場合は－3点、－2点、－1点の中から一つを、Bを選好する場合は3点、2点、1点の中から一つを選択するようにしている。A,Bどちらでもない場合には0点を選択するようにし、若者世代と中高年世代平均点を比較した。

　まず、「分配を重視する社会」（－3点〜－1点）と「成長を重視する社会」（1点〜3点）に対する選好度を聞いたところ、若者世代の平均点数は0.47点で、中高年世代（0.19点）よりも成長を重視する傾向が強かった。また、「個人間の能力の差を補った平等社会」（－3点〜1点）と「個人間の能

41　ゾンヘシキその他（2016）「社会統合実態診断及び対欧方案（Ⅲ）」韓国保健
　　社会研究所
42　キムミゴン（2014）を参照。
43　ソウル特別市（2019）を参照。

力の差を認めた競争力重視社会」（１点〜３点）に対する若者世代の平均点は0.55点で、中高年世代の0.44点より高く競争力を重視する社会を選好していることがわかった。

「税金を多く納める代わりに危険に対する国の責任が重い社会」と「税金を少なめに納める代わりに危険に対する個人の責任が重い社会」に対する若者世代の平均点は−0.31点で、前者を重視しており、中高年世代（−0.36点）より個人の役割を重視していた。

チームで作業をした場合、「チーム員すべてが評価されることが公正である」と「貢献度が異なるのに同一に評価されるのは公正ではない」に対する既成世帯の平均点数は0.14点で中立的な立場を見せていたことに比べて、若者世代の平均点数は0.83点で後者に近く、協働を理由としたフリーライダーは認めないという立場を示した。

非正規職の正規職化と関連して「同一労働に対しては一定の資格条件を満たした場合、正規職化することが望ましい」（−３点〜０点）と「同一労働をしていても厳しい手続きを経ずに正規職になることは公正ではない」（０点〜３点）に対する選好度を聞いたところ、中高年世代の平均点は−0.01点で中立的な立場であったことに比べて、若者世代は0.27点で処遇の平等より公正な手続きの重要性を重視していることが明らかになった（図表3-5）。2019年、法務部長官に任命された曹国氏の娘の不正入学疑惑に若者の多くが怒りを感じたのはこの調査結果を如実に反映しているといえるだろう。

図表 3-5　若者世代と中高年世代の価値観比較

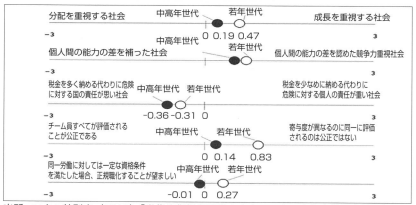

出所：ソウル特別市（2019）「世代均衡指標開発のためのソウル青年実態調査結果」。

また、結婚、出産、住居、社会移動に関する意見を5段階[44]で聞いた項目でも、若者世代と中高年世代の意見の差が見られた。まず、「自分がおかれている社会的環境は自分が希望する時に結婚することを難しくする（難しくした）」、「自分がおかれている社会的環境は自分が希望する時に出産することを難しくする（難しくした）」に対する平均点数は若者世代が3.68と3.85で、中高年世代の2.79と2.74より高く、中高年世代に比べて社会的環境が本人の結婚や出産に負の影響を与えているという意識を持っていることが分かった。また、「自分の能力と努力で希望する家で暮らせる（暮らせた）」（1～5点、暮らせると思うほど高い点数）に対する若者世代の平均点は2.73で、中高年世代の3.14より低く、中高年世代に比べて希望する家で暮らせることに対して悲観的な見方をしていた。

　社会移動や敗者復活の可能性（1～7点、可能性が高いほど高い点数）についての平均点数も若者はそれぞれ3.44と3.42で、中高年世代の4.35や4.36より低くネガティブな反応が多かった。

　世代内の意識の差も現れた。「大変なことがある時、誰に助けを求めるのか」という質問に対して、「親」と答えた割合は、本人が経済的に上流階層だと思う若者が60.6％で、本人が経済的に下流階層だと思う若者の46.1％を大きく上回った。

4．社会保障制度と世代格差

　文在寅前政権は、所得主導の経済成長政策（家計の賃金と所得を増やすことで消費増加を促し、経済成長につなげる政策）に基づき、若者や高齢者等を中心とする低所得層関連対策や社会保障政策を強化した。最低賃金を2018年と2019年の2年間で29％も引き上げ、2018年9月からは満6歳未満の子どもを対象に児童手当を導入し、2019年10月からはそ

44　1～5点尺度、1は「まったく同意しない」、2は「あまり同意しない」、3は「どちらとも言えない」、4は「やや同意する」、5は「強く同意する」。

の支給対象を満7歳未満まで拡大した。また、文在寅ケア[45]を実施し、高齢者を対象とする基礎老齢年金の給付額を引き上げた。それ以外にも大学生や大学院生の入学金を支援したり、中小・中堅企業に就職した若者の資産形成を支援する事業（5年間3,000万ウォン）等を行っている。さらに、大学生・若者・新婚夫婦のために公共賃貸住宅を供給したり、満34歳以下の一人世帯に対して住宅購入資金や家賃を支援している。

　ソウル市も2016年からソウル市に居住する満19～29歳の未就業青年に対して6カ月間月50万ウォンを支給する「青年手当」を開始した。また、2020年からはソウル市に居住する満19～29歳の一人世帯（基準中位所得の120%以下、保証金1億ウォン未満及び1ヶ月の家賃が60万ウォン以下の民間所有の住宅に居住する無住宅者）に10カ月間月最大20万ウォンを支給する「青年家賃制度」を実施している。ソウル市以外にも若者に対して独自の支援策を実施している自治体は多い。

　386世代が若かった時と比べると、X世代以降の世代が利用できる国の社会保障制度や自治体による支援策はより充実したに違いない。しかしながら、韓国における社会保障制度は高齢者を中心に設計された部分が多く、若者が利用できる制度はまだ限られているのが現実である。

　さらに、少子高齢化が急速に進むにつれ、若者世代の間では、「若い世代ほど受け取る年金額に比べて負担が大きくなるのではないか」、「年金だけで老後の生活が維持できるのか」、「年金は本当にもらえるのか」等の不安の声が高まっている。2019年9月に全国の満19歳以上の男女を対象に実施した調査[46]では、回答者の51.9%が「国民年金が枯渇されそうで不安である」と回答した。

45　文在寅ケアの主な内容としては、（1）健康保険が適用されていない3大保険外診療（看病費、選択診療費、差額ベッド代）を含めた保険外診療の段階的な保険適用、（2）基礎生活受給者または次上位階層などの脆弱階層（社会的弱者）の自己負担軽減、低所得層の自己負担上限額の引き下げ、（3）災難的医療費支出（家計の医療費支出が年間所得の40%以上である状況）に対する支援事業の制度化及び対象者の拡大などが挙げられる。ポイントは医療費支出による国民生活の圧迫の主因とも言える保険外診療（健康保険が適用されず、診療を受けたときは、患者が全額を自己負担する診療科目）を大きく減らすことである。

46　調査者：国会議員キムグァンス、調査期間：2019年9月26日～27日、調査対象：全国の成人男女1,011人、調査機関：調査会社タイムリサーチ。

韓国政府が所得代替率を継続して引き下げたことも若者が公的年金に対して不安を感じる一つの理由であると言える。韓国政府は導入当時70％であった所得代替率[47]を、1998年の年金改正によって60％に引き下げた。さらに年金財政の枯渇などを理由に2004年から2007年までの所得代替率は55％に、2008年以降は50％に、2028年までには40％までに引き下げることを決めた。但し、ここでの所得代替率はあくまでも定まった期間の間（40年）保険料を納め続けた被保険者を基準として設計されており、実際多くの被保険者がもらえる所得代替率はそれほど高くないのが現実である。近年、非正規労働者として労働市場に参加している人が多いことを考慮すると、年金給付だけで老後の生活を全て賄う人はかなり少ないのではないかと考えられる。

　さらに、国家予算政策処は2020年8月に発表した報告書[48]で、国民年金が2055年に完全に枯渇するという見通しを出した。つまり、現在の制度が今後も継続されれば国民年金の財政収支は2039年には赤字になり、2055年には枯渇し、2090年には178兆ウォンまで赤字幅が増えると見通した。

5．世代内の不公正による格差が若者を鬱憤の状態に

　世代間の格差のみならず、世代内でも格差、特に不公平な格差が発生し、多くの若者が鬱憤（embitterment）を感じている。日本国語大辞典では鬱憤を「内にこもりつもった怒りや不満、晴れないうらみ、不平、不満の気持ちが心にこもってつもる」状態、また新明解国語辞典では、「長い間抑えてきて、がまんしきれなくなった」状態、として説明している。一方、スイスの心理学者ズノイは、鬱憤は怒りや悲しみのような基本感情として分類されず、「くやしさ、むなしさ、怒り」などが混合された複合的な感情であることから、今まで看過されてきた感情（forgotten

---

47　平均標準報酬に対するモデル年金額の割合である。
48　国会予算政策処（2020）「4大公的年金の長期財政見通し」

emotion）であると主張している[49]。また、ドイツのシャリテ大学のミハエル・リンデン教授や研究チームは、鬱憤を「外部から攻撃されて怒りの感情ができ、リベンジしたい気持ちになるものの、反撃する力がないため、無気力になり、何かが変わるという希望も無くなった状態に屈辱感まで感じる感情」であると定義している。つまり、このような定義から、鬱憤は社会が公正であり、平等であると考えていたのに、実際はそうでない時に現れる感情であり、自分はその社会に対して何もできない時に起きることがうかがえる。

　ソウル大学の研究チームは、ドイツのシャリテ大学のミハエル・リンデン教授やその研究チームが開発した「鬱憤測定調査票」を用いて、韓国人の鬱憤状態を測定した。「鬱憤測定調査票」は、最近1年間に「心を傷つけられ、かなり大きな鬱憤を感じたことがあったのか」、「思い出すたびに、非常に腹が立つ出来事があったのか」、「相手にリベンジしたいと思わせる出来事があったか」などの19の調査項目に対して本人の状況を0から4までの選択肢の中から回答させ、鬱憤の状態をチェックするようにしている。調査では、19項目に対する平均点数が2.5点以上であると、「重度の鬱憤状態」、1.6〜2.5点の間であると「継続的な鬱憤状態」として判断する（0：全くなかった、1：ほとんどなかった、2：少しあった、3：多くあった、4：非常に多くあった）。

　今回の調査結果によると、回答者のうち、慢性的に鬱憤を感じている人の割合は43.5％（重度の鬱憤状態10.7％、継続的な鬱憤状態32.8％）を占めていることが明らかになった。鬱憤状態が深刻な水準である人の割合はドイツの調査結果（2.5％）の4倍を超えている。問題は、若い人ほど鬱憤状態にある人が多いことである。「鬱憤状態が深刻な水準である人」の割合は20代が13.97％で最も高く、次いで30代（12.83％）、40代（8.70％）、50代（7.63％）、60代（7.27％）の順であった（図表3-6）。また、世帯人員が少ないほど鬱憤状態にある人が多く、1人世帯における「重度の鬱憤状態」である人の割合は21.56％に達した。

49　ユミョンスン（2019）から引用。

図表 3-6　年齢階層別「重度の鬱憤状態」である人の割合

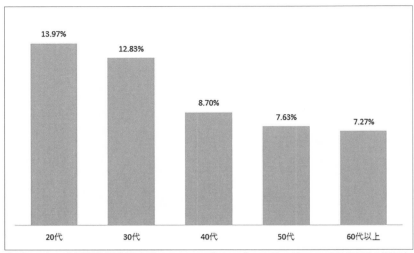

出所：ソウル大学保健社会研究所フォーラム（2019年10月7日～11日）「韓国の鬱憤」。

　では、なぜ多くの韓国人、特に若者は鬱憤を感じているのだろうか。今回の研究チームの一員でもあるソウル大学のジャンドックジン教授は、「最近の若者は本人が持っている人的資本（能力）を発揮する機会が制限されることを前の世代より多く経験した。その結果、世の中は公正であるべきなのに公正ではない、前の世代には公正だと思った世の中が自分には公正ではないと考えながら鬱憤の数値が高まっている」と説明した。一方、調査の責任者であるソウル大学のユミョンスン教授は、「若者は社会に参加しながら、就業などに挑戦をすることになる。しかしながら、その時、差別や排除、特恵や不正のような不公正を経験したり目撃したりしている。世の中が公正だと思えば問題なく生活できるのに，むしろそうした信念が脅かされ，鬱憤の状態が悪化している」と説明した。

　現在、韓国では高卒者の約7割が大学に進学し、在学中には就職の役に立ちそうなスペック積みに熱中する。スペック（SPEC）とは、Specification の略語で、就業活動をする際に要求される大学の成績、海外語学研修、インターン勤務の経験、ボランティア活動、各種資格、TOEFL など公認の語学能力証明などを意味する。数年前までには大学

名、大学成績、TOEIC 成績、海外への語学研修経験、資格証といういわゆる5大スペックが就職するための必修条件であったが、最近は既存の5大スペックにボランティア活動、インターンシップの経験、受賞経歴、人間性、美容整形手術を加えた10大スペックが基本になっているという（図表3-7）。

図表 3-7　韓国におけるスペックの変遷

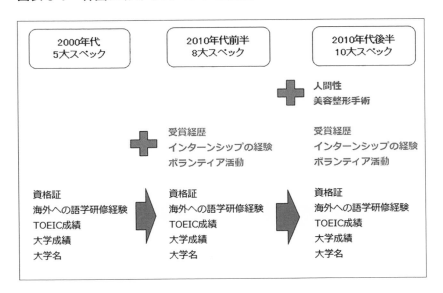

しかし多くの若者は、世界一厳しいと言われる受験戦争を終え、大学に進学しても理想の仕事を見つけることが難しく、失業状態におかれている、あるいは、パートやアルバイト等の非正規労働者として社会に足を踏み出している。問題は非正規職として労働市場に進入すると、なかなか正規職に就くのが難しいことだ。多くの若者が食べていくのに精一杯で恋愛、結婚、出産（三放世代）を諦め、人間関係（就職）やマイホームを諦め（五放世代）、さらには夢や希望も諦めている（七放世代）。昔は頑張れば成功できると信じて多くの若者が頑張った。しかしながら、最近は生まれつきの不平等が拡大し、「どぶ川から龍」が出ることが難しくなった。

　さらなる問題は世の中に不公正が蔓延していることである。朴槿恵元

大統領の知人の娘が不正入学したこと等に若者の怒りは燃え上がり、多くの若者がキャンドル集会に参加し大統領の退陣を求めた。その結果誕生したのが現在の文在寅政権である。文在寅前大統領は2017年5月10日の大統領就任演説で、「機会は平等であり、過程は公正であり、結果は正義に見合う」社会の実現を約束した。しかしながら、所得主導成長政策は計画した通り成果が出ず、経済は窮地に追い込まれた。

　さらに、文前政権への期待や信頼が大きく崩れる事件も起きてしまった。法務部長官に任命された曹国氏の資産形成過程の不透明さや娘の不正入学疑惑などが明らかになったことである。曹国氏に対する国民や若者の信頼度が大きかった分だけ失望感も大きかった。多くの若者が怒りや鬱憤を感じたに違いない。その中で最も鬱憤を感じたのはもしかすると20代男性かも知れない。彼らの文大統領に対する支持率が大きく低下したからである。

　現在、韓国社会は経済や意識などの多様な分野で二極化が進んでいる。安定的な仕事は減り、ソウルと地方、大企業と中小企業、正規労働者と非正規労働者などの間に格差が依然として残っている。ソウルで住みたい、大企業で働きたい、正規職になりたいと思っても自分の希望通りにはできないことが多い。努力をしても報われない多くの若者が冷酷な現実を批判しながら、鬱憤を感じている。世の中は公正だと思い、生まれ付きの不公正さを乗り越えるために多くの若者が努力している。社会では平等な機会が与えられ、不正をする人は処罰されると思いながら頑張る。しかしながら、社会は若者が思ったように公正ではない。生まれ付きの不公正さが残存し、より大きい壁にぶつかる。親の社会的地位や能力が子どもの将来に大きく係る。多くの若者が現実を批判しても話を聞いてくれる人がいない。怒りがたまり、鬱憤という心の病気になってしまう。これが現在の韓国の若者が直面している現状である。

むすびにかえて

　経済的要因は世代間のみならず世代内葛藤の背景になる。韓国社会に

おいて世代間の葛藤は、「コンデ」の存在や世代間の意識の差も一つの原因でもあるものの、最も大きい部分は経済的要因に起因している。そして、経済的要因、つまり、経済的格差に影響を与えるのが「労働」である。もちろん、生まれつきの資産があり、働かずとも一生豊かに暮らせる上流階層も存在するものの、大多数の人は生活のために労働をしており、労働の量や質により生活の質が大きく変わる。386世代とそれ以降の世代の経済的格差や葛藤の原因も労働の質と量にあるといえるだろう。

　韓国の昨今の雇用状況はそれほどよくない。その中で韓国政府は高齢者の雇用促進政策を推進し、2016年から60歳定年を義務化し始めた。その影響もあったのか2015年に9.1％であった15〜29歳の若者の失業率は2016年には9.8％まで0.8ポイントも上昇した。同期間の全体失業率が3.6％から3.7％に0.1ポイント上昇したことに比べると上昇幅が大きい。もちろん、若者の失業率の上昇についてはより詳細な分析が必要であるものの、もしかすると高齢者の就業により若者の採用が抑制される「置き換え効果」が起きた可能性もある。さらに、韓国政府は2022年から定年を65歳に引き上げることを検討している。高齢者がより活躍できることは望ましいものの、その影響で若者の雇用が奪われるのではないか、また、それにより世代間の経済的格差が広がり、世代間の葛藤がより拡大するのではないかと懸念されるところである。

　従って、今後世代間の格差や葛藤を解消するためには労働の量や質を改善するための政策を持続的に実施する必要がある。特に、今後、韓国政府が定年を延長する等高年齢者の雇用を拡大する政策を継続的に推進することを考慮すると、高年齢者と若者が互いに良い影響を及ぼし合うような仕組みを確立し、両者の補完性を高めていく必要がある。例えば、若者は高年齢者に比べて体力を要する仕事やパソコンを用いた仕事、そして新しい仕事に長けていることに比べて、高年齢者は豊かな経験や人脈、要領の面で若者を上回っているので、若者と高年齢者の長所を生かしてお互いを補完する形で雇用が提供されると、高年齢者により若年者の雇用機会が奪われる「置換え効果」の問題が解消されることが期待される。そうなると、労働による世代間の経済的格差が縮小され、世代間の葛藤も少しは解消されるのではないかと考えられる。従って企業も高年齢者と若者が共に活躍できるように、業務の「補完性」を高めるため

の施策を講じることが望ましい。

　また、韓国政府は世代間の格差や葛藤のみならず、不公正により世代内の格差や葛藤が発生しないように対策を講じる必要がある。どのような社会的立場や環境におかれていても、機会の平等があり、自分が努力したことが報われればそれは公正な社会に近いであるだろう。若者世代はベビーブーム世代や386世代より公正な社会を望んでいる。若者が望む公正な社会を実現するために、また若者の鬱憤を解消するために何をすべきかを韓国政府は慎重に検討する必要がある[50]。それこそが世代間と世代内の格差や葛藤を解決する近道である。

50　金明中（2019）を加筆・修正。

第4章

韓国における働き方の多様化と分配対策

1．多様化する働き方

　韓国では非正規労働者の増加が長期のトレンドとして観察され、最近ではギグワーカーが増加するなど働き方が多様化している。韓国で非正規労働者が増え始めたのは1997年のIMF経済危機以降である。その後、非正規労働者の増加が急速に進むなかで、韓国政府は「非正規職保護法」を施行することで非正規職の正規職化を進め、非正規労働者の増加による労働市場の二極化や雇用の不安定性を緩和しようと試みた。法律の目的は「雇用形態の多様化を認めて、期間制や短時間労働者の雇用期間を制限し、非正規職の乱用を抑制するとともに非正規職に対する不合理的な差別を是正する」ためであり、非正規労働者が同一職場で2年を超過して勤務すると、無期契約労働者として見なされることになった（「非正規職保護法」の施行は2007年7月）。

　では、非正規職保護法の施行により非正規労働者の割合はどのように変わったのだろうか。2004年8月に37.0％であった非正規労働者の割合は、非正規職保護法の施行直後である2007年8月には35.9％まで減少した。非正規労働者の割合は2007年8月以降も減少し続け2015年8月には32.0％で、本格的に調査を始めた2004年以降最も低い水準となった。しかしながら、その後は再び増加し、2021年8月には調査の開始以来最も高い38.4％まで増加した（図表4-1、2022年8月には37.5％に低下）。

図表 4-1　韓国における非正規労働者の割合と増減率の動向（男女別）

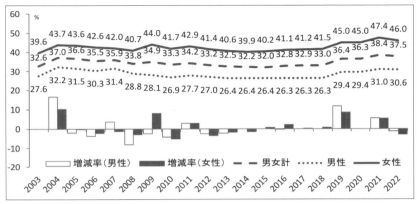

注）毎年 8 月基準
出所：統計庁「経済活動人口調査付加調査」各年より筆者作成

非正規職保護法が施行された 2007 年 8 月から 2022 年 8 月までの非正規労働者の割合の変化を男女別に見ると、男性は同期間に 0.8 ポイント減少したことに比べて、女性は 4.0 ポイントも増加しており、男性より女性の増加率が高いことが確認された。

　また、2007 年から 2022 年までの年齢階層別の非正規労働者の割合の変化を見ると、30 ～ 39 歳が 7.9 ポイント減少し、減少幅が最も大きく、次いで 50 ～ 59 歳（7.5 ポイント減少）、40 ～ 49 歳（7.4 ポイント減少）の順であった。一方、15 ～ 19 歳と 20 ～ 29 歳の場合は同期間にそれぞれ 15.4 ポイントと 7.7 ポイント、そして、60 歳以上は 5.3 ポイント非正規労働者の割合が増加した。最近の韓国における若者の就職難が影響を与えた可能性が高い。また、2017 年まで減少傾向にあった 60 歳以上の非正規労働者の割合は 2019 年以降 7 割を超えている（図表 4-2)。文前政権の雇用創出政策が高年齢者を対象にした公共事業に偏っていることが原因であると考えられる。

図表 4-2　韓国における年齢階層別の非正規労働者の割合の動向

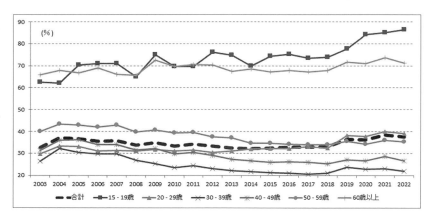

注）毎年 8 月基準
出所：統計庁「経済活動人口調査付加調査」各年より筆者作成

　「非正規職保護法」の施行以降、正規雇用は確かに少し増加した。しかしながら「呼び出し労働」や「派遣・役務」などの間接雇用も同時に増加している。また、2 年にならないうちに、雇用契約が解除される「雇い止め」も頻繁に発生した。『期間制および時間労働者保護等に関する法律（非正規職保護法）』の第 4 条第 2 項では、期間制労働者の場合、最長 2 年まで雇用することができ、2 年を超えて雇用する期間制労働者は期間の定めのない労働契約を締結する労働者と見なしている。しかしながら、この内容は、雇用して 2 年以内ならいつでも解雇できることとしても解釈することができる。実際に多くの労働者が、雇用契約を結んでから 1 年 9 カ月または 1 年 10 カ月が過ぎた時点で雇用契約が打ち切られた。このようなトラブルの発生は、非正規職保護法が雇用労働部内で設計されていたころから、専門家の間で予想されたことである。

（1）韓国では「期間制労働者」の割合が高い
　韓国では非正規労働者を大きく「限時的労働者」、「時間制労働者」、「非典型労働者」の 3 つに分類している。まず、「限時的労働者」とは、雇用期間が限定されている非正規職で、その中でも労働契約の期間を定めた「期間制労働者」と労働契約の期間を定めていない「非期間制労働者」

に区分している。また、「時間制労働者」とは、労働時間を基準に分類した非正規職で、労働時間が短い労働者にこの基準が適用される（日本のパート・アルバイト）。最後に「非典型労働者」とは労働の供給方式を基準に分類した非正規職で、派遣労働者、用役労働者、特殊職労働者、日雇労働者、家庭内労働者に分けられる。図表4-3は、韓国における非正規労働者の内訳を示しており、日本のパート・アルバイトにあたる「時間制労働者」の割合は日本より小さく、「限時的労働者」（特に、「期間制労働者」）の割合が高いことが分かる[54]。

　つまり、日本では非正規労働者の中で短時間労働者であるパートやアルバイトが占める割合が高いことに比べて、韓国ではフルタイム労働者であるが雇用期間が制限されている期間制労働者の割合が相対的に高いと言える。

図表 4-3　韓国における非正規労働者の内訳（2022 年 8 月現在）

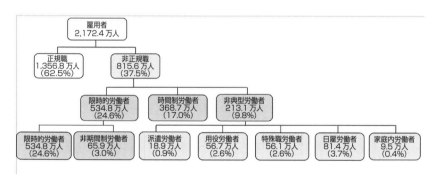

注）非正規労働者の３分類「限時的労働者」、「時間制労働者」、「非典型労働者」は回答が重複しており、合計が 100％を上回っている。
出所：統計庁「2022 年 8 月経済活動人口調査勤労形態別付加調査」より筆者作成

　韓国では、2007 年 7 月に「非正規職保護法」が施行される前までは、期間制労働者の長期使用に関する法的規制が特になく、企業は正規職に対する解雇規制を回避する目的で期間制労働者を多く雇用していた。そして、「非正規職保護法」の施行により期間制労働者の長期使用に関する法的規制が用意されてからも、短期的なパートやアルバイトよりは正社員と同様に働き、賃金はパート・アルバイトより高いものの、相対的

に長く働ける期間制労働者を企業は選好している。また、労働者側も安定的な収入を希望し、収入が不安定なパートやアルバイトよりは期間制労働者として働くことを望んでいるのが現状である。

（2）新型コロナウイルスの感染拡大以降ギグワーカー　　（gig worker）も増加

　また、新型コロナウイルスの感染拡大以降ギグワーカーも増加している。「ギグワーク」とは、個人がインターネットの仲介プラットフォームなどを通じて企業と雇用関係を結ばずに請け負う単発の仕事のことを意味し、ギグワークを行う人は「ギグワーカー」と呼ばれる。最近、スマートフォンやタブレット PC が普及することにより、プラットフォームはまるで既存の労働市場のように需要と供給をつなげる役割をしている。Uber（配車サービス）、UberEATS（オンラインフード注文・配達）等も「ギグワーク」の1つだと言える。

　韓国雇用情報院と雇用労働部はプラットフォーム労働者（韓国ではギグワーカーと類似の意味として使われている）の実態を把握するために、2022 年 10 月から 11 月にかけて全国からランダムサンプリングした 15 歳以上 69 歳未満の 5 万人を対象にアンケート調査を行った。調査結果から推計されたプラットフォーム労働者の数は約 80 万人で、全労働者の 3％を占めた。2021 年調査の 2.6％を 0.4 ポイント上回る数値だ。

図表 4-4　職種別プラットフォーム労働者の数・割合

単位：千人、％

職種	2021 年	2022 年	対前年比増減率
全体	660	800	21.2
	(100.0%)	(100.0%)	
配達・配送・運転	502	513	2.2
	(76.1%)	(64.1%)	
専門サービス（通訳・翻訳・相談等）	53	85	60.4
	(8.0%)	(10.6%)	
データ入力などの単純作業	31	57	83.9
	(4.7%)	(7.1%)	
家事・掃除・介護	28	53	89.3
	(4.2%)	(6.6%)	
美術などの創作活動	19	36	89.5
	(2.9%)	(4.5%)	

IT 関連サービス	14	17	21.4
	(2.1%)	(2.1%)	

注)（　）は全プラットフォームの職種別割合

出所：韓国雇用情報院・雇用労働部「2022 年プラットフォーム労働者の規模と勤務実態」

　プラットフォーム労働が主業（プラットフォーム労働による収入が全収入の 50％以上あるいは 1 週間に 20 時間以上をプラットフォーム労働で働く場合）であるのは 45.9 万人で全体の 57.4％と推計された。一方。プラットフォーム労働者の占める職種別割合は「配達・配送・運転」が約 64.1％で最も高く、次いで、「専門サービス（通訳・翻訳・相談等）」（10.6％）、「データ入力などの単純作業」（7.1％）の順であった（図表 4-4）。

2. 「非正規職保護法」の施行により処遇水準は改善？

　韓国における「非正規職保護法」の施行の効果は韓国政府が期待したほど大きくはなかった。つまり、2 年を迎える時点で有期契約者の雇い止めが発生し、彼らが担当していた仕事が外注化されるケースが頻発した。また、「非正規職保護法」の施行により雇用期間が無期に転換された者の中でも、処遇水準が改善されず、給料や福利厚生の面において正規職との格差が広がっている者も少なくない。それは、韓国社会における格差の拡大につながっている。

　「非正規職保護法」には、2 年を超える契約労働者は、期限の定めの無い無期雇用契約に転換し、直接雇用することを経営側に義務付けることや、賃金や労働条件などにおける不合理な差別を禁止すること、そして差別を受けた非正規職員は、労働委員会に是正命令を求めることができることなどの内容を含めている。差別是正を申し込めるのは、差別を受けた当事者のみであり、その差別が同一または類似する業務を担当している正社員と比べて、不合理な差別を受けた場合にのみ申し込むことが可能である。また、契約解除の脅威を押し切ってまで、差別是正を請求する労働者は少なく、雇用形態による処遇水準の格差はさらに広がっている。

つまり、統計庁の「経済活動人口調査付加調査」より、2007年と2022年の雇用形態別賃金水準や福利厚生制度の適用率を比較すると、格差が広がっていることを確認できる。まず、2007年3月に正規職198.5万ウォン、非正規職127.3万ウォンであった賃金水準（1ヵ月）は、2022年8月にはそれぞれ348.0万ウォンと188.1万ウォンになり、両者の間の賃金格差は71.2万ウォンから159.9万ウォンに拡大された（図表4-5）。また、雇用形態別社会保険や福利厚生制度等の適用率もすべての項目で格差が広がった。

図表4-5　雇用形態別社会保険や複利厚生制度等の適用率の変化

単位：%

	2007年3月			2022年8月			格差の動向
	正規職	非正規職	正規職と非正規職の処遇水準の格差（ポイント）	正規職	非正規職	正規職と非正規職の処遇水準の格差（ポイント）	
賃金（単位：万ウォン）	198.5	127.3	71.2	348.0	188.1	159.9	拡大
国民年金	76.0	39.3	36.7	89.1	38.3	50.8	拡大
健康保険	76.6	41.8	34.8	94.5	51.7	42.8	拡大
雇用保険	65.4	38.8	26.6	92.2	54.0	38.2	拡大
退職金	68.9	33.7	35.2	94.0	43.0	51.0	拡大
ボーナス	69.5	31.4	38.1	88.8	38.5	50.3	拡大
時間外手当	54.3	24.3	30.0	67.5	28.9	38.6	拡大
有給休暇	59.9	27.3	32.6	84.5	35.9	48.6	拡大

出所：統計庁「経済活動人口調査付加調査」より筆者作成

　さらに、最近は労働基準法などが適用されず法的に保護されない「ギグワーク」が増加しており、新しい格差が生まれている。

3．韓国社会における貧困と所得格差

（1）労働力の非正規化や「ギグワーク」の増加が原因
　労働力の非正規化や「ギグワーク」の増加などは韓国社会における格差を拡大する要因となった。2018年における韓国の相対的貧困率（世

帯所得が中央値の半分を下回っている人の割合、以下、貧困率）は 16.7％で
2018 年のデータが利用できる OECD 平均の 11.7％を大きく上回り、加
盟国の中で 5 番目に高い数値を記録した（2020 年は 15.3％に低下）。貧困
率が韓国より高い国はコスタリカ（20.9％）、アメリカ（18.1％）、ラトビ
ア（17.5％）、イスラエル（16.9％）のみである。さらに、同時点における
韓国の高齢者貧困率は 43.4％で、OECD 平均 15.1％よりも約 2.9 倍も高
いことが明らかになった（図表 4-6、2020 年は 40.4％に低下）。

図表 4-6　OECD 加盟国の年齢階層別相対的貧困率（2018 年）

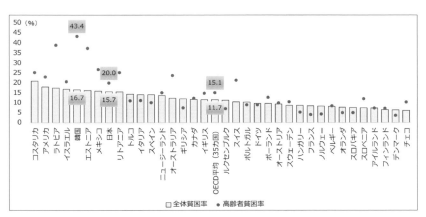

注）OECD 平均は 2018 年のデータが利用できる 35 カ国の平均
出所 :OECD Data, Poverty rate より筆者作成。最終利用日 2023 年 4 月 26 日。

　一方、統計庁の「家計金融福祉調査」による再分配所得ジニ係数は、
文前政権が誕生する前の 2016 年の 0.355 から 2021 年には 0.333 に改善
された。しかし、同期間における当初所得ジニ係数は 0.402 から 0.405
に上昇している（図表 4-7）。政府からの年金給付（公的年金と基礎年金制度）、
手当、助成金等の給付は増えたものの、大企業従事者と中小企業従事者、
正規労働者と非正規労働者、資産を持っている者と資産を持っていない
者等の間で所得格差が広がったからである。

図表 4-7　韓国における「再分配所得ジニ係数」と「当初所得ジニ係数」

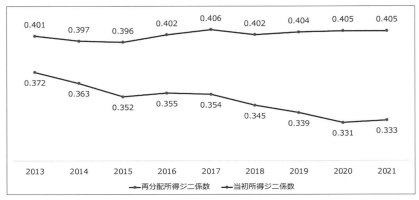

注 1） 再分配所得ジニ係数＝市場所得＋公的移転所得－公的移転支出
注 2） 当初所得ジニ係数＝稼働所得＋財産所得＋私的移転所得－私的移転支出
出所：韓国統計庁「家計金融福祉調査」より筆者作成。最終利用日 2023 年 4 月 26 日。

　フランスの経済学者トマ・ピケティ氏らが参加している「世界不平等研究所（World Inequality Lab）」が発表した「世界不平等報告書 2022（World Inequality Report 2022）」によると、韓国では上位 1％ の富裕層の所得が全所得に占める割合は 14.7％ であった。更に上位 10％ で見ると、全体の 46.5％ を占めている。それだけ富裕層と低所得者層の格差が大きいことがわかる。

（2）高い高齢者貧困率も全体の貧困率を押し上げる要因に

　韓国の貧困率が OECD 加盟国の中でも相対的に高い理由は、上述した高齢者貧困率が高い点が挙げられる。では、なぜ韓国では高齢者貧困率が 40％ を上回るほど高いのだろうか。その理由の一つとして、韓国では公的年金である「国民年金」の歴史がまだ浅いことが挙げられる。韓国では 1988 年に「国民年金」が導入され、「国民皆年金」まで拡大したのは 1999 年である。このように公的年金制度がまだ 20 年余りしか経っていないため、加入期間が短かった今の高齢者はもらえる年金額が少ない。

　さらに、企業における 60 歳定年が最近になって義務化されたことも高齢者貧困率を高めた一つの要因になっている。韓国では長い間 60 歳定年が義務化されず、多くの労働者は 50 代半ばから後半で会社からの

退職を余儀なくされていた。退職後に多くの労働者は生計を維持し、また老後に備えるために退職金等を使い（場合によっては借金をして）自営業を始めるものの、うまくいっている人は一部に過ぎない。その結果、高齢者の貧困は加速化し、所得格差はいっそう拡大することになった。

　公的年金が給付面において成熟していない韓国では、多くの高齢者は自分の子どもや親戚からの仕送りなど、私的な所得移転に依存して生活を維持してきた。しかしながら、過去と比べて子どもの数が減り、長期間にわたる景気低迷により若年層の就職も厳しくなっており、子どもから私的な所得移転を期待することは段々難しくなっている。韓国統計庁の「将来人口推計 2017 ～ 2067」によると、高齢者一人を支える現役世代の数は、1970 年の 17.5 人から、2020 年には 4.6 人にまで急速に低下してきており、さらに 2065 年には 1.0 人になることが予想されている。つまり、今後は公的年金などの公的な所得移転にも家族や親戚からの私的な所得移転にも、頼ることが難しく、自分の老後は自らが準備する必要性が高まっている。しかしながら、就業ポータル jobkorea と albamon が 2020 年に実施した調査では、サラリーマンの 74.1％が老後の準備が「うまくいっていない感じがする」と答えた。

（3）就職難により若者の格差も拡大

　次に所得格差が広がっている理由として、労働市場の「二重構造」（labor market dualization）が強まり、大企業で働く労働者、正規労働者、労働組合のある企業の労働者などの 1 次労働市場と、中小企業で働く労働者、非正規労働者、労働組合のない企業の労働者などの 2 次労働市場との格差が拡大していることが挙げられる。

　2021 年 3 月に中小企業研究院が発表した報告書によると、2019 年時点の常用労働者 5 ～ 499 人企業の 1 人当たりの 1 カ月平均賃金は 338 万ウォン（約 34.6 万円 [51]）で、常用労働者 500 人以上企業の 579 万ウォン（約 59.3 万円）の 58.4％の水準であることが明らかになった。この結果は 20 年前の 1999 年の 71.7％を 13.3 ポイントも下回る数値であり、大企業と中小企業の賃金格差が拡大したことが分かる。一方、非正規労働者は増え続け、2021 年 8 月の非正規労働者の割合は 38.4％まで増加した。

51　2023 年 3 月の平均為替レート 1 ウォンは 0.1025 円で計算。

若者の雇用状況が改善されていないことも貧困と所得格差を深刻化させる要因になっている。韓国における 20 〜 29 歳の若者の失業率は2020 年の 9.0％から 2022 年には 6.4％に改善した。これは新型コロナウイルスのパンデミックによる落ち込みからの反動増の側面が強く、政府の財政支出が雇用を押し上げていること、人口構造的に若者人口が減少していること等が失業率改善の主な理由である。

　しかしながら、2022 年の若者の失業率は全体失業率 2.9％より 2.2 倍以上も高く、同時点の日本の 20 〜 24 歳と 25 〜 29 歳の失業率である4.8％と 3.8％を大きく上回っている。さらに、15 〜 29 歳の若者の「拡張失業率」は 2022 年時点で 19.0％（15 〜 29 歳の失業率は 6.4％）に達している。「拡張失業率」とは、国が発表する失業者に、潜在失業者（就労を希望しつつも、様々な事情から求職活動をしていないので失業者としてカウントされない失業者）や不完全就業者（週 18 時間未満働いている者）を加えて失業率を再計算したものである。

　韓国における雇用状況が改善されず、若者の多くが労働市場に参加していない理由としては、低成長がニューノーマルになったことにより成長と雇用の連携が弱まったことと、労働市場の「二重構造」が拡大していること等が挙げられる。1997 年のアジア経済危機以前は 10％前後であった経済成長率は、その後低下し続け、最近は 2 〜 3％に留まっている。さらに、2020 年には新型コロナウイルスの影響で − 0.7％まで低下した。大学を卒業すると就職や正規職が当たり前だった 386 世代とは状況が大きく変わり、安定的な仕事を得ることが難しくなったのだ。

　また、大企業で働く労働者、正規労働者、労働組合のある企業の労働者などの 1 次労働市場と、中小企業で働く労働者、非正規労働者、労働組合のない企業の労働者などの 2 次労働市場との格差が拡大したことも、若者が労働市場への参加を躊躇する要因になっている。つまり、韓国では大企業と中小企業、正規労働者と非正規労働者の間で賃金格差が大きいため、若者の多くは 1 次労働市場に入るための手段として「学歴」を選択し、高卒者の約 7 割が大学に進学している。しかしながら、1 次労働市場の需要量は供給量を大きく下回るため、大卒者の一部だけしか1 次労働市場に参入できる機会を得られていない。

　さらに、新型コロナウイルスの発生以降、若者の就職環境は以前より厳しくなった。多くの企業で新卒採用の規模を縮小し、新規採用を一時

中断する企業まで現れたからだ。

　新型コロナウイルスが起きる前には韓国の狭い労働市場を離れて、海外の労働市場にチャレンジする若者が毎年増加していた。しかしながら、新型コロナウイルスはこのような選択肢さえ奪うこととなった。

　このような厳しい状況の中で若者の多くは「公務員志望」に頼っている。しかしながら、公務員になるのも簡単ではない。2022年に5,672人を採用する9級国家公務員採用試験には165,524人が志願した。志願倍率は29.1培に達している。多くの若者が公務員浪人をしながら公務員を目指すものの、浪人をしても公務員になれる保証はない。

　新型コロナウイルスは今後の韓国の社会、経済をさらに暗くする可能性が高い。より多くの若者が恋愛、結婚、出産、就職、マイホーム、人間関係、夢等をあきらめる立場に置かれる可能性があるからである。文政権は若者の雇用を増やすために数多くの雇用対策を実施したものの、多くの仕事は臨時的・短期的仕事に偏っていた。若者の間では、このような臨時的・短期的な仕事は「ティッシュインターン」と呼ばれている。ティッシュのように使い捨てにされるからである。

4．韓国政府の分配対策

　韓国では1988年に一般国民を対象とする国民年金制度が、そして、1999年4月からは都市地域の自営業者を対象にする国民年金が導入され、いわゆる国民皆年金制度の時代が到来することになった。しかしながら、失業や倒産等により保険料を未納・滞納している人が多く、年金を受け取るための最低の受給資格期間10年（特例適用、原則は25年）を満たせない人が多かった。また、年金の加入対象年齢を過ぎた人も少なくなかった。その影響もあり、2011年における韓国の66歳以上高齢者の相対的貧困率（OECD基準）は47.8％であることが確認された（韓国政府は2011年から貧困率を発表している）。2011年のデータが利用できるOECD加盟国の平均12.1％を大きく上回る数値であり、公的年金以外に老後の所得保障を支援する制度の必要性が高まった。また、社会保

険制度の適用対象外である非正規労働者に対する対策も考えざるを得なかった。

　韓国政府は社会保険制度を補い、高齢者の老後所得保障の問題を解消するために2008年から「基礎老齢年金」を実施した。「基礎老齢年金」は、国民年金や特殊職年金などの公的年金を受給していない高齢者や受給をしていても所得額が一定水準以下の高齢者の所得を支援するための補完的な性格を持つ制度である。

　「基礎老齢年金」を施行する以前には、高齢者に対する所得保障政策として老齢手当（1991年施行）や敬老年金（1998年施行）が実施されていた。老齢手当制度は、老後所得保障が十分ではない70歳以上の低所得高齢者の所得を保障し、老後生活の安定を図る目的として1991年に導入され、1997年からは支給対象年齢を65歳以上に拡大した。支給金額は65歳以上の生活保護対象者の場合は1人当たり35,000ウォン、80歳以上の居宅・施設保護対象者には1人当たり50,000ウォンが支給された（1997年の65歳以上高齢者に対する受給率は9.0％）。

　1998年には老齢手当に代わり、敬老年金制度が実施された。敬老年金制度は、1998年の国民皆年金の施行を迎えて年齢上の理由によって年金に加入することができなかった低所得高齢者の所得保障を目的に施行された制度である。敬老年金制度の対象は65歳以上の高齢者のうち、生活保護制度の受給対象者や低所得者で、本人や扶養義務者の所得、世帯所得、世帯員数、財産等を考慮して選別した。

　給付額は以前は一人当たり月最低1万5千ウォンから最大5万ウォンの間で支給されたが、最後の年である2007年には最低支給額が月3万5千ウォンに引き上げられた。敬老年金制度の受給者数は10年間年平均60万人前後であったが、65歳以上高齢者の増加により受給率は1998年の20.4％から2007年には13.6％まで減少した

　「基礎老齢年金」は、65歳以上の全高齢者のうち、所得と財産が少ない70％の高齢者に定額の給付を支給する制度で、2008年1月からは70歳以上の高齢者に、2008年7月からは65歳以上の高齢者に段階的に拡大・実施した。

　「基礎老齢年金」の給付は所得認定額によって決められた。所得認定額とは、高齢者世帯の月所得に財産の価値を年利5％で計算した金額を合算した金額である。すなわち、高齢者一人世帯の場合 所得認定額が

87万ウォン以下、高齢者夫婦の場合には 所得認定額 が139.2万ウォン以下（2014年基準）である場合に「基礎老齢年金」が受給できた。「基礎老齢年金」の給付額は、単身世帯である場合には 1カ月当たり最大96,800ウォン、夫婦世帯である場合には最大154,900ウォンが支給された。

　2014年7月からは既存の「基礎老齢年金」を改正した「基礎年金」が実施されている。「基礎年金」は、朴槿恵元大統領の選挙公約の一つであり、既存の「基礎老齢年金制度」の給付額を引き上げた制度である。つまり、2013年時点で単身世帯には1カ月当たり最大96,800ウォン、夫婦世帯には154,900ウォンが支給されていた給付額が、最低10万ウォンから最大20万ウォンまでに調整された。

　文在寅前政権では「基礎年金」の最大給付額が月 30 万ウォンまで引き上げられ、2022年に発足した尹錫悦政権は今後「基礎年金」の最大給付額を40万ウォンに引き上げる方針である。現在支給されている「基礎年金」の給付額を日本円に換算すると3万円程度で、高齢者が生活するためには十分ではない金額かも知れない。しかしながら、保険料を納めることにより受給権が 発生する日本の国民年金受給者の老齢年金の平均年金月額が、2021年度現在で月額56,479円であることを考慮すると、保険料という収入なしで年金を支出せざるを得ない韓国政府の財政的な負担はかなり大きいだろう。

　また、韓国政府は深刻化している貧困と所得格差を解消するために、公的扶助制度である「国民基礎生活保障制度」を次々と改正した。2003年には働く能力の有無と関係なく、所得認定額が一定水準以下で扶養義務者基準を満たせば給付が受けられるようにした。また、2015年には生活保障制度の給付方式を既存の「パッケージ給付（所得認定額が最低生計費以下の世帯に生計給付を含めたすべての給付を一括的に支給する方式）」から「個別給付」に変更した。さらに2018年10月には住居給付に対する扶養義務者基準を廃止し、2022年には高齢者世帯や重症の障がい者世帯の生計給付に対する扶養者義務を廃止する等、扶養義務者基準を段階的に緩和した。

　このような対策の結果、「国民基礎生活保障制度」の受給者数は2013年の132.9万人（保護率2.6%）から2019年には188.1万人（保護率3.6%）まで増加した（新型コロナウイルスの影響で2020年には受給者数が213.4万人

まで増加、保護率 4.1％）。

　また、韓国政府は税制による所得支援で勤労貧困層の勤労インセンティブを高めるとともに、所得を捕捉するインフラを構築し社会保険料負担の衡平性及び制度運営の効率性を高める目的で 2008 年から「勤労奨励税制」という名で給付付き税額控除制度を実施している。韓国における勤労奨励税制は、低い所得が原因で経済的自立が難しい労働者や事業者世帯に対して世帯員数や年間給与総額等から算定された勤労奨励金を支給することにより、働くインセンティブを高めるとともに実質所得を支援する制度である。

　韓国における勤労奨励制度の給付体系は EITC を実施している他の国と同様に、勤労所得の水準により給付額が逓増区間（phase-in range）、定額区間（flat range）、逓減区間（phase-out range）という三つの区間に区分されており、2022 年現在の年間最大金額は 300 万ウォンに設定されている。

　2015 年度からは申請者に扶養する子どもがいる場合に、子ども一人当たり年間最大 50 万ウォン（2019 年度は 70 万ウォン）が支給される子ども奨励金を新しく導入し、対象者も自営業者まで拡大・適用している。

　一方、文前政権は最低賃金を大幅に引き上げる政策を推進した。文前大統領は、2017 年の大統領選挙時に「3 年（2017 ～ 2020 年）以内に最低賃金を 1 万ウォンとする」という公約を掲げ、それを実現するために、2018 年には 16.4％、2019 年には 10.9％ と 2 年連続で最低賃金を 2 桁引き上げた。しかしながら、2 年間で 29％ も最低賃金が上昇したことで、飲食店や小売店など自営業者の人件費負担が急増し、廃業や解雇が続出し、雇用悪化につながった。前年までの無理な最低賃金の引き上げで雇用状況が悪化すると、文政権は政策の失敗を認め、2020 年の最低賃金の引き上げ幅を大きく縮小し、引き上げ率は 2.8％ に止まった。さらに、2020 年 7 月に決まった 2021 年の最低賃金の引き上げ率は、新型コロナウイルス感染拡大の影響もあり、1.5％ と韓国で最低賃金制度が施行された 1988 年以降、最低を記録した（2022 年と 2023 年の引き上げ率はそれぞれ 5.05％ と 5％ で日本の 3.1％ と 3.3％ より高い、図表 4-8）。

図表 4-8　日韓における最低賃金の対前年比引き上げ率

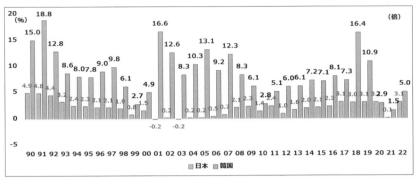

出所：日本：独立行政法人労働政策研究・研修機構「早わかり グラフでみる長期労働統計＞Ⅳ賃金＞図3最低賃金」、厚生労働省「地域別最低賃金改定状況」各年、韓国：最低賃金委員会「年度別最低賃金決定現況」より筆者作成

　上述した対策以外にも無償保育、文在寅ケア等の対策が実施されてはいるものの、まだ韓国社会における格差問題は解消されていない。

むすびにかえて

　今後、韓国政府が社会保険制度を補い、貧困と所得格差の問題を解消するためにはどのような対策が必要だろうか。まず、高齢者対策から考えてみよう。今後、年金が給付面において成熟すると、高齢者の経済的状況は現在よりは良くなると思われるが、大きな改善を期待することは難しい。なぜならば、韓国政府が年金の持続可能性を高めるために所得代替率を引き下げる政策を実施しているからだ。公的年金制度が導入された1988年に70％であった所得代替率は、1997年のアジア経済危機の影響で60％まで下がり、2008年には再び50％に下方調整された。さらに韓国政府は2009年から毎年0.5％ずつ所得代替率を引き下げ、2028年には所得代替率が40％になるように調整した。所得代替率は40年間保険料を納め続けた被保険者を基準に設計されているので、非正規労働

者の増加など雇用形態の多様化が進んでいる現状を考慮すると、多くの被保険者の所得代替率は、実際には政府が発表した基準を大きく下回ることになる。従って、2005年7月から9％に固定されている保険料率を段階的に引き上げることにより、所得代替率の引き上げを検討する必要がある。

　また、国民年金の支給開始年齢は60歳から65歳に段階的に引き上げられることが決まっており、実際の退職年齢（定年60歳）との間に差が生じることになった。高齢者の所得を保障するためには、国民年金の支給開始年齢と定年を同じ年齢にし、所得が減少する期間をなくす対策を取らないといけないだろう。

　次は働き方の多様化に対する対策だ。非正規労働者の増加が急速に進むなかで、韓国政府は、「非正規職保護法」を施行することで非正規職の正規職化を進め、非正規労働者の増加による労働市場の二極化や雇用の不安定性を緩和しようと試みた。法律が2007年7月から施行されたことにより、非正規労働者が同一事業所で2年を超過して勤務すると、無期契約労働者として見なされることになった。

　しかしながら、同一事業所での勤務期間が2年にならないうちに、雇用契約が解除される「雇い止め」も頻繁に発生した。また、「非正規職保護法」の施行により雇用期間が無期に転換された者の中でも、処遇水準が改善されず、給料や福利厚生面において正規職との格差が広がっている者も少なくない。さらに、最近は労働基準法などが適用されず法的に保護されていないギグワーカー（gig worker）も増加しており、韓国社会における格差の拡大につながっている。

　最後に若者に対する対策について触れておきたい。韓国では高卒者の約7割が大学に進学することにより、大卒者の労働供給と企業の労働需要の間にミスマッチが発生している。従って、今後このようなミスマッチを解消するためには、大学の数を減らす代わりに、日本のような専門学校を増やす必要がある。つまり、現在の若者の就職難を解決するためには雇用政策よりも教育システムの構造的な改革が優先されるべきである。また、若者が中小企業を就職先として選択できるように、中小企業の賃金水準や労働環境を改善するための支援を拡大することも重要である。技術力や競争力のある中小企業を積極的に育成し、若者が選択できる選択肢を増やすべきである。もちろん、最低賃金を引き上げることと

低所得者に対する政府の財政支出を拡大すること等、貧困や所得格差を解消するための政府の対策も大事である。但し、最低賃金の引き上げは企業の財政的な負担を考慮しながら、そして政府の財政支出拡大は、政府の財政健全化を考慮したうえで実施されるのが望ましい。さらに、韓国政府は日本の年金改革を参考に年金制度の持続可能性を高めるために保険料率を段階的に引き上げるとともに、マクロ経済スライド率の導入も積極的に検討すべきである。

韓国より社会保険制度の歴史が長い日本でも貧困や格差の問題が深刻化している。非正規労働者の割合も高く、労働基準法などが適用されず法的に保護されない「ギグワーク」も増加している。更に、高齢者が増加することにより、高齢者の貧困が年々大きな問題となっており、格差も拡大している。

日本政府は不平等や非正規雇用による格差など、様々な境遇によって生まれていた所得格差を改めるため、2018 年 6 月 29 日の働き方改革関連法の成立に伴い、すべての企業を対象とした「同一労働同一賃金」を導入した（大企業は 2020 年 4 月、中小企業は 2021 年 4 月より適用）。また、2016 年以降は最低賃金の引き上げ率を 3 ％以上維持しており（2020 年度は新型コロナウイルスの感染拡大の影響を受けて引き上げ率を 0.1％に調整）、短時間労働者に対する、厚生年金保険・健康保険の適用を継続的に拡大している。さらに、2013 年 4 月には改正労働契約法を施行し、2018 年 4 月から、契約社員やパート・アルバイト、そして派遣社員のような有期契約労働者を対象に、「無期転換ルール」を実施した。ところが貧困や格差の問題はますます深刻化している。

韓国は社会保険制度を補うために公的扶助等を強化する対策を実施しているものの、債務残高が GDP の 2 倍を超えている日本の現状を考慮すると、韓国のように一般会計から高齢者に経済的支援をする「基礎年金」を導入するとか、公的扶助を拡大することは難しいだろう。一方、税制による所得支援で勤労貧困層の勤労インセンティブを高めるとともに、所得を捕捉するインフラを構築し社会保険料負担の衡平性及び制度運営の効率性を高める目的で 2008 年から「勤労奨励税制」という名で実施している給付付き税額控除制度は導入を検討する価値はあると考えられる。また、韓国のように最低賃金の引き上げ率を高くする必要はないものの、日本の賃金が長い間大きく上がらず他の先進国との格差が広

がり、その結果海外の優秀な人材を確保することが難しくなったことを考慮すると、企業が生産性向上のための設備投資などを行い、利益の増加と賃金の引き上げにつながるように関連対策を強化すべきである。

　今後、日韓政府がどのように社会保険制度や公的扶助等社会保障制度を見直し、貧困と所得格差の問題を解決していくのか、また、財政を確保するためにどのような対策を実施するのか、今後の動向に注目したいところである。

第5章

韓国における若者世代の男女間の対立

韓国には、今まで地域、386世代とMZ世代（ミレニアム世代＋Z世代）、高齢者世代と若者世代の間で政治的な考えや意識の対立があった。しかしながら、近年は既存の対立に加えて若者世代の男女の間で対立が激しくなっている。特にこのような現象は2022年3月に行われた大統領選挙で鮮明になった。従来の対立が政治的な考えや意識の対立であったことに比べて、若者世代の男女の対立は労働市場に参加するための、また、第二次（secondary）労働市場と比べて相対的に処遇水準や労働環境が良い第一次（primary）労働市場に入るための、「生存の戦い」である。

1．労働市場に残存する男女差別

高卒者の7割以上が大学に進学

　若者は国の未来だと言われているが、韓国社会において若者を取り巻く環境はあまりにも厳しい。世界一厳しいと言われる受験戦争を終え、大学に進学しても理想の仕事を見つけることが難しく、多くの若者が失業状態に置かれていたり、パートやアルバイト等の非正規労働者として社会に向かって足を踏み出している。

　韓国における大学進学率は、2008年に83.8％で頂点に到達してから低下傾向にあり、2011年には72.5％まで急速に低下した。2011年に大学進学率が大きく低下した理由は2010年までに大学合格者を基準にした大学進学率の計算基準が2011年からは実際の入学者に変わったからである。その後も大学進学率は低下傾向を見せたものの、2018年以降は再び大学進学率が上昇している。男女間の大学進学率を見ると、女性の大学進学率は2005年から男性を上回り、2020年現在でも76.1％で男性の72.5％より高い水準を維持している（図表5-1）。

　韓国では、将来の夢が大学の専攻とはまったく関係がなくても、将来何が起きるか分からないので、まるで保険に加入するように大学に進学し保険料の代わりに高い授業料を払っている。また、大卒者が多数を占めている社会的構造の中で大学を出ないと仲間の輪に入れず、孤立しやすいことや大卒者と高卒者の間に存在する賃金格差なども、大学進学率

を高める要因になっている。

図表 5-1　韓国における大学進学率

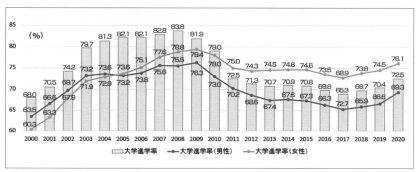

出所：韓国統計庁ホームページより筆者作成、最終利用日 2022 年 10 月 10 日

　大学に進学した若者の多くは就職活動でより有利な立場になるために、在学中に就職に役に立ちそうなスペック積みに熱中である。しかしながらこのようなスペックを用意しても若者が就職することはなかなか厳しい。

　このように若者の労働市場参加が難しい中で、若者に人気があるのは大企業と公務員であった。男性に比べて女性の大学進学率等学歴が低かった時代には大企業に採用される割合や公務員の合格する割合は男性が圧倒的に高かった。また、今でも多くの企業では男性が選好されている。サラムイン（2022）によると、企業の人事担当者の55.1％が採用時に相対的に選好する性別があると答えており、選好する性別は男性が73.6％で女性の26.4％を2.8倍も上回った。男性を選好する理由（複数回答）は、「男性に適合した職務が多くて」が70.2％で最も高く、次いで、「夜勤や出張を頼むのに負担が少なくて」（25.7％）、「組織適応能力がより優れているので」（21.6％）、「育児休職等による業務の断絶がないから」（18.2％）の順であった。求職者に対する調査でも84.7％が男性が就職に有利だと答えた。

　しかしながら企業の選好とは逆に求職者のスペックは男性より女性が優秀であった。まず、大学のGPA（4.5満点基準）は女性が平均3.7点で男性の平均3.6を上回った。さらにGPAが4.0以上の割合は女性が

74.3％で男性の62.0％を大きく上回っていることが確認された。TOEIC
の点数も女性が平均818点で男性の平均796点より高く、800点以上の
割合も男性が66.8％で男性の58.3％を上回った。資格証を6個以上保有
している割合も女性が37.4％で男性の31.2％より高い。

　にもかかわらず女性は男性より採用されず労働市場に不信感を感じる
ことになった。一方、男性は実力で労働市場に参入し続ける女性に危機
感を感じると共に労働市場でのポストを少しずつ奪われることになっ
た。実際、企業より男女差別が低いと言える公務員試験の合格者の男女
割合を見ると、2022年の9級公務員の合格者が6,126人のうち、女性の
割合は54.1％で男性を上回った。

女性の労働力率は継続的に上昇

　韓国における女性の労働力率は女性の大学進学率が上昇し、積極的雇
用改善措置制度等男女間の不平等を解消するための制度等が施行され
たことにより継続して上昇している。統計庁の資料によると2000年に
48.8％であった韓国女性の労働力率は2021年には53.3％まで上昇してお
り、同期間における男性の労働力率との差は25.6％ポイントから19.3％
ポイントに縮まった（男性の労働力率は2000年74.4％、2021年72.6％、図表
5-2）。

　男女間の労働力率を学歴別にみると、男女ともに中卒以下の労働力率
は低下していることが確認された。一方、男性は高卒以上も労働力率が
低下している傾向を見せていることに比べて、女性は高卒以上の労働力
率が上昇していることが明らかになった。

図表 5-2　20代の男女・学歴別就業率

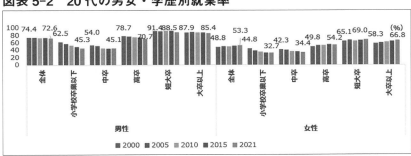

出所：統計庁「経済活動人口調査」より筆者作成、最終利用日2022年10月10日

106

　次は就業率を見てみよう。20代の就業率は、男性は2000年の66.2％から2021年には55.1％に低下したことに比べて、女性は同期間に54.9％から59.6％に上昇し、男女間の就業率が逆転（2011年の20代の就業率は男性が58.1％、女性が58.6％）した（図表5-3）。しかしながら2021年時点の30代女性の就業率は61.3％で2000年の52.6％と比べると上昇したものの、30代男性の就業率88.0％とは大きな差を見せた。晩婚化の影響もあり30代の多くの女性が出産や育児で労働市場を離れているからであり、このような傾向は男女・年齢階層別労働力率を見るとより明確だ。図表5-4は2000年と2021年における男女・年齢階層別労働力率を示しており、男性の年齢階層別労働力率は2000年と2021年共に逆U字型になっていることに比べて、女性の2021年の年齢階層別労働力率は2000年と比べてM字型が少し解消されているものの、30代以降の労働力率は男性と比べて大きく低い水準であることが分かる。

図表 5-3　20代の男女別就業率

出所：統計庁「経済活動人口調査」より筆者作成、最終利用日 2022 年 10 月 10 日

図表 5-4　男女・年齢階層別労働力率（2000 年、2021 年）

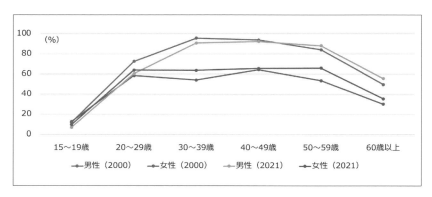

出所：統計庁「経済活動人口調査」より筆者作成、最終利用日 2022 年 10 月 10 日

　一方、女性の大学進学率が男性を上回っているにもかかわらず、大卒女性の就業率は男性を下回っている。韓国の教育部と韓国教育開発院が発表した「2020 年高等教育機関卒業者就業統計」によると大卒以上の者の就業率は 65.1％で 2011 年以降最低値を記録した。女性の就業率は63.1％で男性の 67.1％より 4％ポイントも低く、2016 年以降その差が少しずつ広がっている（女性大卒者の就業率は男性と比べて 2016 年 2.6％ポイント、2017 年 3.0％ポイント、2018 年 3.6％ポイント、2019 年 3.8％ポイント低い）。

　2021 年現在の韓国の就業率を他の OECD 諸国と比較すると、38 か国中、男性は 75.2％で 19 位（図表 5-5）であるが、女性は 57.7％で 31 位（図表 5-6）となっている。日本男性の 84.1％と女性の 71.5％とも大きさ差があり、特に女性の方が差が大きい。

図表 5-5　OECD 加盟国の就業率（男性）

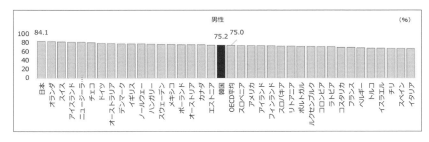

出所 :OECD Data "Employment rate" より筆者作成、最終利用日 2022 年 8 月 30 日

図表 5-6 OECD 加盟国の就業率（女性）

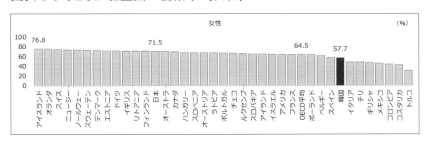

出所 :OECD Data "Employment rate" より筆者作成、最終利用日 2022 年 8 月 30 日

　また、韓国は OECD 加盟国の中で男女間の賃金格差が最も大きい国である。チェスクヒ（2022）は、韓国の男女間の賃金格差が高い主な理由として、経歴断絶とガラスの天井（Glass Ceiling）を挙げた。韓国政府が後述する積極的雇用改善措置等を施行したことにより大企業における経歴断絶やガラスの天井は少しずつ改善されてきた。しかしながら多くの中小企業ではまだ改善の余地が見えず賃金格差は残存している。さらに、チェスクヒ（2022）は、OECD 加盟国のデータを用いて女性の育児休職期間が長いほど男女間の賃金格差は小さいという分析結果を出した。育児休職の安定性が経歴断絶を防ぎ、賃金格差を減らすという意味として解釈できる。経歴が断絶されると雇用形態が正規職から非正規職に変わり賃金水準も大きく低下することになる[52]。

52　韓国で男女差別がまだ残存している理由については 1 章を参照すること。

2. 男女平等のための対策:積極的雇用改善措置制度

　韓国政府は男女間における雇用の格差等を解消する目的で2006年に積極的雇用改善措置制度を導入した。しかしながら、この制度によるクォーター制の導入以降男女間の対立は激しくなり始めた。

　積極的雇用改善措置制度とは、積極的措置（Affirmative Action）を雇用部門に適用した概念で、政府、地方自治体及び事業主などが現存する雇用上の差別を解消し、雇用平等を促進するために行うすべての措置やそれに伴う手続きを言う。つまり、積極的雇用改善措置制度は同一業種の他企業に比べて女性を著しく少なく雇用した場合、また女性管理者比率が低い企業に対して間接差別の兆しがあると判断し、すべての人事管理過程をチェックし改善策を企画・樹立する制度である。

　当制度は、導入当時（2006年3月）には常時雇用労働者1,000人以上の事業所に義務づけられていたが、2008年3月からは適用対象が同500人以上の事業所や政府関連機関まで拡大され、現在に至っている。適用対象の拡大により、積極的雇用改善措置の事業所数は2006年制度導入時の546事業所から2020年には2486事業所まで増加した。

　当制度の主な内容は、(1) 対象企業の男女労働者や管理者の現状を分析すること、(2) 企業規模及び産業別における女性や女性管理職の平均雇用比率を算定すること、(3) 女性従業員や女性管理職比率が各部門別において平均値の70%（2014年までは60%）に達していない企業を把握、改善するように勧告することであり、対象企業は毎年3月末に雇用改善の目標値や実績、そして雇用の変動状況などを雇用労働部に報告することが義務づけられている。積極的雇用改善措置制度の主な流れは図表5-7の通りである。

図表 5-7　積極的雇用改善措置の全体的な進行手順

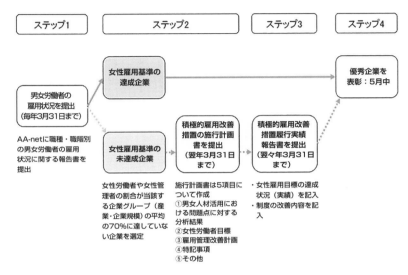

出所：労使発展財団ホームページより筆者作成

　企業から提出された報告書は雇用平等委員会が検討し、女性の雇用実績が優れた企業は『男女雇用平等優秀企業』として選定、表彰を行う。また、優秀企業に選定された企業に対しては次のようなインセンティブ措置を講じている。

・3年間「男女雇用平等の優秀企業の認証マーク」の使用を許可
・地方労働局で実施する労働関連法の違反に関する随時点検の免除
・政府主催の入札に参加した時に加点（0.5点）を付与
・中小企業庁主催の入札に参加した時に加点（0.5点）を付与
・従業員の職業能力開発を支援する能力開発費用の貸出制度を優秀企業の従業員に優先的に提供
・女性の雇用環境改善のための資金融資事業、勤労福祉公団の勤労奨学事業、中小企業福祉施設融資事業を優秀企業に優先的に適用
・優秀企業を紹介する冊子を制作し全国に配布したり、マスコミやインターネットを通じて優秀企業についての広報を実施

では、韓国における積極的雇用改善措置制度はどのぐらい効果を上げているのか。まず、対象企業の女性従業員比率は 2006 年の 30.8％から 2020 年には 37.7％に 6.9％ポイント高くなった。また、同期間における対象企業の女性管理職比率も 10.2％から 20.9％と 2 倍以上になった（図表 5-8)。この結果だけを見ると、積極的雇用改善措置はある程度効果があったように見える。しかしながら、積極的雇用改善措置制度は、前述の通り常時雇用労働者 500 人以上の中堅企業や政府関連機関等だけが対象になっており、全企業数の 99.9％を占めている中小企業に対する改善措置は行われていない。制度の施行により女性の雇用環境が以前と比べて改善されてはいるが、まだすべての企業まで定着しているわけではない。一方、積極的雇用改善措置制度のクォーター制により昇進ができなかった男性の間では不満の声が出始め、男女間の対立は激化し始めた。

図表 5-8　韓国における積極的雇用改善措置の対象企業の女性従業員比率と女性管理職比率

出所：雇用労働部（2020）「2020AA 男女労働者現況分析報告書」より筆者作成

3. 「女性徴兵論」の台頭と徴兵制度の現状

　韓国での男女間の対立は「女性徴兵論」の議論まで広がった。2021年の4月19日の青瓦台（大統領府）のホームページには「男性だけでなく、女性も兵役に就くべき」と訴える国民請願が掲示され、29万人以上が賛同した。請願の内容は次の通りである。

　「出生率の低下と共に韓国軍は兵力の補充に大きな支障が生じています。その結果、男性の徴兵率は9割近くまで上昇しました。過去に比べて徴兵率が高くなったことにより、兵役に不適切な人員さえ無理やりに徴兵の対象になってしまい、軍の全体的な質の悪化が懸念されるところです。これに対する対策として、女性も徴兵の対象に含め、より効率的に軍を構成すべきだと思います。すでに将校や下士官候補として女性を募集していることを考慮すると、女性の身体が軍の服務に適していないという理由で女性を兵役の対象にしないことは言い訳にしか聞こえません。さらに、現在は過去の軍隊とは異なり、近代的で先進的な兵営文化が定着されていると存じております。女性側もこの点はすでに把握しており、多くのコミュニティを見た結果、過半数の女性が女性の徴兵について肯定的な考えを持っていることを確認しました。男女平等を追求し、女性の能力が男性に比べて決して劣ってはいないことを皆が認識している現代社会で、男性だけに兵役に服する義務を課すことは非常に後進的で女性を卑下する発想だと思います。女性は保護すべき存在ではなく、国を守ることができる頼もしい戦友になり得ます。したがって、政府には、女性のための徴兵制導入を検討していただくことを願います」

　青瓦台のホームページに投稿された請願の賛同者数が20万人を超えると、青瓦台は公式的な立場を表明する必要がある。そこで、青瓦台は2021年6月18日、「女性徴兵制導入の検討要求」に関連する請願について、「女性徴兵制は兵力の補充に限った問題ではなく、様々な争点を含んでおり、国民の共感と社会的合意など十分な議論を経て慎重に決定すべき事案です。また、女性徴兵制が実際に導入されるためには軍の服務環境、男女平等な軍組織文化への改善などに関する総合的な研究と事前準備が十分に行われなければなりません」と立場を示した。

韓国には現在約60万人の軍人がおり、軍人の大部分は徴兵制に依存している。1953年に朝鮮戦争が休戦してから北朝鮮と対峙している韓国では、男性の兵役義務が憲法で定められ、すべての成人男性は、一定期間軍隊に所属し国防の義務を遂行することになっている。つまり、韓国の男性は、満18歳で徴兵検査の対象者となり、満19歳になる年に兵役判定（軍隊に行くか行かないか、どこで兵役の義務を遂行するか等の判定）検査を受ける。2021年の入隊者97,649人のうち、満21歳以下の入隊者割合は8割を超えている[53]。

　検査は、心理検査と身体検査が行われ、検査結果に資格、職業、専攻、経歴、免許等の項目を反映してから最終等級（1級～7級）を決める。判定の結果が1～3級の場合は「現役（現役兵）」として、4級の場合は「補充役（社会服務要員、公衆保健医師、産業機能要員等）」として服務する。一方、5級は「戦時勤労役（有事時に出動し、軍事支援業務を担当）」、6級は「兵役免除」、7級は「再検査対象」となる。

　兵役の期間は1953年の36カ月から段階的に減り、現在は18～21カ月まで短縮された。月給も1970年の900ウォンから2022年には67万6,100ウォン（約68,321円、兵役は義務なので最低賃金が適用されない。参考までに2022年の最低賃金は1時間9,160ウォン（約926円）で、月209時間基準で191万4440ウォン（約19万3456円））に大きく引き上げられた。

　兵役の期間も短くなり、給料水準も改善される等服務環境は大きく改善されたものの、若者は兵役を嫌がる。若者が兵役を嫌がる理由は、厳しい訓練、体罰、命令・服従等の縦社会への抵抗感、時間や行動の制限、学業が中断され就職が遅れるという不安感、集団生活や軍隊施設への不慣れ、軍隊にいる間に恋人が変心する可能性が高いなど様々だ。親たちも子どもの兵役期間中に戦争でも起きるのではないか、事故により怪我でもするのではないかという心配で除隊するまで不安でたまらない。

　特に兵役中の若者の最大の懸念は兵役の義務を終えた後の進路、つまり「就職」のことである。昔は、6級以下の公務員採用試験で、2年以上兵役の義務を果たした人には得点の5%、2年未満の兵役の義務を果

53　年齢別入隊者と構成比：19歳 1,902人（1.9%）、20歳 61,637人（63.1%）、21歳 21,096人（21.6%）、22歳 5,984人（6.1%）、23歳 2,735人（2.8%）、24歳 1,479人（1.5%）、25歳以上 2,816人（2.9%）

たした人には3％を加算する「軍加算点制度」が実施（1961年から）されていた。しかしながら、この制度は兵役の義務がない女性に対する差別につながるとして論議を呼び、1999年に憲法裁判所で違憲と決定されてから廃止された。

その後、女性の学歴上昇と男女平等を目指す機運の高まり、そして「積極的雇用改善措置」等女性の労働市場参加を支援する制度の実施により、女性の労働市場参加は増え続ける一方、兵役の義務を終えた20代男性を含めた若い男性の就職は益々厳しくなっている。

そこで、若い男性を中心に兵役を果たした人に、ある程度のインセンティブを提供する「軍加算点制度」の復活を主張する意見が継続して提起されている。そして、1999年に「軍加算点制度」が廃止されてから、兵役義務者に対する補償問題がジェンダーの論争に発展し、女性も兵役の義務を負うべきだという「女性徴兵論」に賛同する男性が増えている。

このような状況の中で、2022年3月に行われた大統領選挙への出馬を表明していた与党「共に民主党」の朴用鎮（パク・ヨンジン）議員は2021年4月に出版した著書『朴用鎮の政治革命』で現行の徴兵制を募兵制に切り替えることや、男女問わず40〜100日間の軍事訓練を義務付ける「男女平等服務制」等を提案して注目された。実際に実現される可能性は低いが、当時与党離れしていた20代男性の歓心を買うには十分なネタであった。

2021年に国防部（日本の防衛省に当たる）は、「女性徴兵制」の導入に対して、事実上「時期尚早だ」との立場を表明しており、すぐさま「女性徴兵論」が韓国で実現されることはないと考えられる。

しかしながら、政権が交代され、2024年の国会議員の選挙を迎えている中、「女性徴兵論」の実施以外にも兵役の義務を終えた20代男性に対する補償を含めた多様な対策が今後拡大・実施される可能性が高い。

むすびにかえて

1982年に韓国で生まれた女性が生きていく過程で経験する差別や苦

悩を描いた韓国映画『82年生まれ、キム・ジヨン』が2019年10月に韓国で公開され、累計367万人の観客動員数を記録した。原作や映画では、女性が育児と仕事を両立することがなかなか難しい韓国企業の風土や儒教に根差す男性優位主義が残存している韓国の家族制度の問題点等を女性主人公の生活を通して語っている。但し、20代を中心とする若い男性の中には原作や映画に否定的な反応を見せた人も少なくなかったそうだ。もしかすると、彼らは、韓国政府が2000年代半ばから推進してきた女性活躍推進政策等により、過去と比べて労働市場に参入することや企業で昇進・昇格することが難しくなったことを恨んでいるのかも知れない。

　男女間の対立は暴言や暴行、そして国民請願までつながっている。2020年5月には韓国・ソウル駅では30代の女性が身元不詳の男性から昼間に暴行を受けた。また、2021年4月には青瓦台のホームページに「男性だけでなく、女性も兵役に就くべき」と訴える国民請願が掲示された。さらに、ネット上には、ハンナムチュン（韓男虫、韓国男性を虫だと卑下する言葉）、キムチ女（デートや恋愛、結婚における経済的な負担をすべて男性に依存するような女性を侮蔑する言葉）、マムチュン（マム（Mom）とチュン（蟲）の合成語で、しつけがされていない子どもの母親を卑下する言葉）等お互いを嫌悪する言葉があふれている。

　国家人権委員会（2020）の調査結果によると、回答者の82％が韓国社会の差別問題が深刻であると答えた。さらに差別が最も深刻な部門として「性」差別（41.0％）が挙げられた（2位は「雇用形態」36.0％、3位は「学歴・学閥」32.5％、図表5-9）。

図表5-9　韓国社会における最も大きな差別

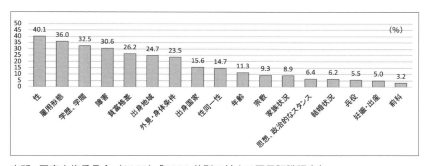

出所：国家人権委員会（2020）「2020 差別に対する国民認識調査」

　韓国社会における男女間の対立は、韓国社会で相変わらず家庭や社会の既得権を持っており、家父長制的な価値観を持っている男性中年層と、社会的地位向上により「脱・家父長制」と「男女平等」を主張する女性中年層の対立から、労働市場に参加するための、また、第一次労働市場に入るための若者世代の男女の「生存の戦い」まで広がっている。特に、若者の場合は386世代とは異なり、就職をするためにキャンパスでのロマンを諦め、学業に邁進し、スペックを積んでいるにもかかわらず、当たり前だと思った就職ができず、多くの若者が非正規職としてキャリアをスタートしている。その結果、自分の労働市場での生存に妨げられる者は誰でも「敵」だと考えることが多くなった。

　さらに、若者の多くは「公正」を何よりも大事だと考えている。特に、国が作った制度により自分たちが差別あるいは排除され、特恵や不正のような不公正を経験することになると、鬱憤を感じ、政権に対抗することになった。その代表的な例は2022年3月に行われた第20代韓国大統領選挙の結果からも確認できる。満18〜29歳と30代の男性においては、女性家族部の廃止を発表した「国民の力」の尹錫悦氏を支持する割合が高かったこととは逆に、満18〜29歳と30代の女性の間では、女性家族部の拡大・改編を主張した「共に民主党」の李在明氏の支持率がより高かった。40代と50代には進歩・改革系の政治的スタンスを、60代以降は保守系の政治的スタンスを持っている人が多いことに比べて、30代未満の若者は自分たちの生存に有利な政策を主張する人を支持する傾向が強く表れたのだ（図表5-10）。

　最近は女性の学歴水準が上昇し、労働市場で活躍している女性が増加している。また、過去とは異なり、女性労働者に対する認識も変わっており、さらに女性の活躍を支援するための制度も十分だとは言えないが少しずつ整備されてきている。しかしながら女性がより活躍できる社会を構築するために残された課題はまだ多い。過去に比べて女性雇用に対する使用者差別や統計的差別が減少しているとは言え、欧米に比べて韓国の経営者にはまだ使用者差別や統計的差別という意識が強く残存している可能性が高い。その結果は本文で取り上げたOECDデータからも間接的に確認できる。従って今後韓国政府は女性がより活躍できる社会を構築する必要がある。しかしながら、女性に偏った対策を推進すると男性、特に若い男性が差別を主張しながら対抗する可能性が高い。男性

の不満を最小化しながら、女性がより活躍できる社会を構築するのか韓国政府の課題だと言える。韓国政府が男女間の葛藤を解決するためにどのような対策を実施するのか今後の対策に注目したい。

図表 5-10　第 20 代韓国大統領選挙性・年齢階層別出口調査結果

	全体	男性	女性	満18～29歳		30代		40代		50代		60歳以上	
				男性	女性	男性	女性	男性	女性	男性	女性	男性	女性
李在明	47.8	46.5	49.1	36.3	58.0	42.6	49.7	61.0	66.0	55.0	50.1	30.2	31.3
尹錫悦	48.4	50.1	46.6	58.7	33.8	52.8	43.8	35.2	35.6	41.8	45.8	67.4	66.8

出所：韓国放送公社ホームページ 2022 年大統領選挙出口調査結果（2022 年 3 月 9 日）
https://news.kbs.co.kr/special/election2022/president/exit_poll.html

第6章
韓国は新型コロナウイルスにどのように対応しただろうか?

1. 新型コロナウイルス「第1波」の原因は 新興宗教「新天地イエス教会」

　新型コロナウイルスの感染者が韓国で初めて確認されたのは 2020 年 1 月 20 日で、感染者は中国・武漢市から 19 日に仁川国際空港に入国した中国国籍の女性であった。

　その後、韓国では感染者が次々と確認されたものの、最初の感染者が確認された 1 月 20 日から 2 月 16 日までの感染者数は全部で 30 人で、1 日あたりの新規感染者数（以下、新規感染者数）は 0 ～ 3 人程度に治まっており、政府の対策には特に問題はないように見えた。

　しかしながら、2 月 17 日に 31 人目の感染者として推定される 61 歳の女性が韓国南東部の大邱広域市の新興宗教団体「新天地イエス教」の「新天地イエス教大邱教会」を訪ねてから事態は急変した。クラスターが発生したのだ。

　彼女が「新天地イエス教大邱教会」の礼拝に参加した後、同じ教会で 10 人の感染者が確認されるなど 1 日だけで患者数は 31 人から 46 人に急増した。さらに、20 日には一日で大邱・慶尚北道地域で 51 人の感染者が発生し、半分を超える 28 人が新天地大邱教会から出るなど、同教会で礼拝した信者らや「新天地」の全国の支部を中心に感染者が続出した。

　「新天地」の全国の支部で感染者が発生している理由としては、①彼らが全国にある支部の教会を巡りながら礼拝を行う慣例があること、②密閉された空間で多くの人が互いに体が接する近さで座り礼拝を捧げていること、③ 1 月末に亡くなった新天地イエス教教祖の李萬熙（イ・マンヒ）の兄の葬儀が大邱から近い清道のデナム病院で行われたことが挙げられる。特に、1 月末に行われた葬儀には、新天地の中国支部から来た人も参列したと言われており、31 人目の感染者を含めた多数の人がここで感染されたのではないかと推測されている。2020 年 2 月 20 日以降感染者数は更に拡散し、2 月 29 日には新規感染者数が 909 人でピークに達した。これが韓国における新型コロナウイルスの「第 1 波」であった。

　韓国の疾病管理本部の発表によると、2月23日9時時点の感染者556人のうち、新天地イエス教の感染者数は309人で半分以上を占めている。大邱市は「新天地イエス教大邱教会」の約9,000人の信者全員を対象に検査を実施することを発表すると共に、信者全員に対し、外出禁止や家族の隔離などを要請した。また韓国政府は2月23日、政府の危機警報レベルを「警戒」から最も高い「深刻」に引き上げた。

新興宗教「新天地イエス教会」の正体は

　では、新興宗教団体「新天地」はどういう集団なのだろうか？「新天地」は現在の教祖である李萬熙により1984年に設立された新興宗教団体である。設立当時わずか10人に過ぎなかった信者数は、その後、新約聖書の「ヨハネの黙示録」の解釈を中心とした集会への参加者が増加した結果、勢力を伸ばすことになった。しかしながら、若者を中心とした信者の家出、離婚、学業放棄が多発しており、マスコミでは韓国社会における大きな社会問題として報道していた。

　李萬熙は1931年に慶尚北道の清道郡で生まれ、1957年から、自らが神であることを主張した朴泰善（バク・テソン）が設立した「天父敎（信仰村）」に入信し、その後、柳在烈（ユ・ジェヨル）を頂点とした新興宗教「幕屋聖殿」に参加してから、1980年に同僚ホン・ゾンピョと一緒に「新天地イエス教証しの幕屋聖殿」を創立した。

　当時、李萬熙とホン・ゾンピョは、ヨハネの黙示録の11章に出る「二人の証人」が自分たちであると主張して人々を惑わした。その後、ホン・ゾンピョと別れた李萬熙は、本人を「キリストの再臨主」であると自称しながら布教活動を続けて、現在は京畿道果川市の本部を含め、国内には12の支部を設けて運営している。さらに、アメリカ、中国、日本等の海外にも宣教センターを設けており、新天地側は信者数が23万人に達すると主張している。

　しかしながら、韓国のキリスト教団体は「新天地」を韓国の教会に最も被害を与えている「異端」として判定している。実際に、「新天地」は聖書を歪曲し、嘘をつくことに対して何の罪悪感を持たず、正統な教会に浸透することを教理として正当化している。また、既成教会の信者を奪っていくことや既成教会を乗っ取ることを堂々と行っている。

　何より韓国のキリスト教団体が「新天地」が異端であると判定した理

由は、聖書を歪曲して伝えているからである。「新天地」の教祖である李萬熙は、自らを「キリストの再臨主」、「救世主」と主張し、14万4千人（12の支部×12,000人）の信者を獲得すると新天地（天国）が開き、「新天地」の信者だけが救われ、永遠の命が得られると教えている。つまり、「李萬熙が伝える神様の御言葉を信じ、『新天地』に入らないと救われない」、「神様の楽園にある命の木は李萬熙であり、彼を通らないと永遠の命が得られない」と李萬熙を神格化している。「新天地」は礼拝に使うために作った讃美歌43番「清い水とまっすぐな道」の繰り返し部分には「本日生まれた萬熙王」という歌詞まで使い、物議をもたらした。また、レオナルド・ダ・ヴィンチが描いた「最後の晩餐」を真似し、イエス・キリスト様と弟子たちの代わりに李萬熙と12支部の支部長を入れた写真まで作成している。さらに、李萬熙は自らが白馬に乗った写真を取るなど、まるで自分がイエス様であるように行動し、その写真を載せたクリスマスカードまで作成・販売している。

　「新天地」は、背道、滅亡、救い、霊、再臨主、地上天国、と言った語句を駆使して恐怖感を植え付け、信者を隷属させる手法で離脱を防ぎながら勢力を伸ばしている。「新天地」の信者は若者が多いと言われているが、なぜ彼らは「新天地」という新興宗教団体に魅かれるのだろうか。答えは、緻密に準備された「新天地」の布教方法にある。

　「新天地」は、布教活動をする前に布教対象者の個人情報を把握し、徹底的に分析してから行動に移る。基本的にはすでに他の教会に通っているクリスチャンを布教対象者にしているが、その理由は、聖書を全く知らない素人は聖書を教える時間がかかるだけではなく、聖書に関心を見せないケースが多いからである。従って、通っている教会に不満を持っている人などに接近し、それとなく「新天地」の教理を教えながら組織を拡大している。原則的には3人がチームを組み、偶然を装って意図的に近づく。一人は布教対象者に対する情報を提供し、一人は対象者を管理し、一人は聖書を教える。最初は英語を勉強したがる人には英語を教え、ピアノが趣味である人にはピアノと関連した情報を提供するなど布教対象者ごとに戦略を変えて接近する。好感を得るために、花見に行ったり、食事を一緒にし、時には旅行も行く。

　その後、好感が得られたと判断すると、少しずつ聖書の話をし、勉強会に誘う。但し、「新天地」の信者になるまでは平均7カ月という時間

がかかり、だれでも信者になるわけではない。布教活動の第２段階である「福音房」や第３段階である「センター」で、聖書の勉強会に参加する意思があるかどうか、週４回（月・火・木・金曜日）、１日３時間ずつ勉強会に参加できるかどうかの検証作業を行う。勉強会に参加する意思や時間がなく、途中でやめてしまうと、勉強会の場所が外部に知られ、場所を変更する等の手間がかかるからである。よって信者には相対的に時間調整がしやすい主婦や学生が多い。

　「新天地」は勉強会が終わるまで正体がばれないように「ビジョンセンター」、「弟子訓練」、「ヒーリングセンター」、「お母さん学校」、「お父さん学校」のように普通の教会で使われている名前を勉強会に付けて運営している。また、勉強会に参加している間は家族や知人、そして通っていた教会などに勉強会に参加していることを知らせることを禁止している。勉強会に参加していることが知られると、家族や知人の反対により勉強会に参加できない可能性が高まるからである。そのためなのか、「新天地」の勉強会に参加する人や、「新天地」で信仰生活をする人には家出をしている人が少なくなく、「新天地」の本部や支部の前では「息子を返せ」、「娘を返せ」と一人デモをしている人をよく見かける。

　聖書を教える「センター」で行われる７カ月間の勉強会に参加し、過程を修了した人が、試験（叙述式問題100問）を受け、合格すると正式に「新天地」の信者になり、布教活動に参加することになる。「新天地」の教理の完成度はそれほど高くないと言われているが、７カ月にわたる集中的な布教活動と勉強会により、自分も知らないうちに「新天地」の教理に少しずつ洗脳されてしまうそうだ。

　さらに、「新天地」により普通の教会が丸ごと乗っ取られるケースも頻繁に発生している。乗っ取られた教会は「新天地」の教会として使われるか、教会の土地や建物を売却し資金源として使われる。あるいは、既成教会の登録を残したまま「偽装教会」として利用するケースもある。

　新型コロナウイルスの感染者急増により「新天地」のような新興宗教団体が韓国社会から警戒の対象になっている。新興宗教団体の信者数は韓国国内だけで200万人に達すると言われている。韓国で2015年時点に宗教を持つ人口は約2,155万人で全人口の43.9％を占めており、プロテスタント人口が968万人、カトリック人口が389万人であることを考慮すると新興宗教団体の信者数がかなり多いことがうかがえる（図表

6-1)。彼らの場合、自分が新興宗教団体の信者であることを隠しているため、今回の新型コロナウイルスのような非常事態が発生した際に、防疫当局が信者たちの所在地を把握することが難しく、対策に予想以上の時間がかかってしまうという問題がある。

図表 6-1　韓国における宗教を持つ人口と割合（2015 年時点）

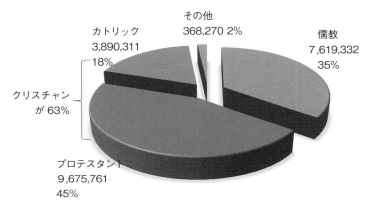

その他
368,270 2%

カトリック
3,890,311
18%

クリスチャン
が 63%

儒教
7,619,332
35%

プロテスタント
9,675,761
45%

出所：文化体育観光部（2018）「2018 年韓国の宗教現況」

「新天地」は 2020 年 2 月 23 日、ホームページなどで「新型コロナウイルスは、中国で始まり、韓国に移った病気だ。われわれは、最大の被害者であることを認識してほしい」とした上で「保健当局に最大限協力していく」という姿勢を表明した。その後、李萬熙「新天地」総会長と「新天地」大邱教会幹部 8 人は、新型コロナウイルス防疫活動を妨害した罪で起訴されたものの、それぞれ 2021 年 1 月と 2 月に無罪判決が下された。

（2）新型コロナウイルスの「第 2 波」から現在までの感染状況

話を新型コロナウイルスの感染状況に戻したい。「第 1 波」のピークであった 2020 年 2 月 29 日以降は感染者が減少傾向に転じ、4 月 19 日には新規感染者数が 2 カ月ぶりに 1 桁台に落ち着き、4 月 30 日にはついに国内の感染者数が 0 人になり、韓国政府は 5 月 6 日からは防疫レベルを「社会的距離の確保」から「生活防疫」（生活の中での距離確保）に緩和した。

　しかしながら、５月６日にソウルの代表的な繁華街である梨泰院（イテウォン）にあるナイトクラブで初の感染者が発生してから次々と感染者が見つかり、６月１日時点での新規感染者数は270人まで増加した。また、５月末に京畿道富川（プチョン）の物流センターで発生した集団感染で、100人以上の感染者が確認された。

　梨泰院のクラブや富川の物流センターで起きた集団感染の原因としては「気の緩み」が指摘された。クラブやカラオケでは３密が起きやすく、換気や消毒、社会的距離の確保など感染防止対策を徹底しないと集団感染の危険性が高い。しかしながら、集団感染が起きた複数のクラブではマスクの着用や社会的距離の確保など感染防止対策が講じられていなかった。梨泰院のクラブで端を発した集団感染のスーパー・スプレッダーになった20代男性もマスクを使わずクラブを利用したことが確認された。さらに、約5500人のクラブ利用者のうち2000人ほどが虚偽の連絡先を記載したため、連絡がとれず韓国政府を困らせた。

　幸いにその後新規感染者数は100人以下に減少し、事態は収束するように見えたものの、８月中旬に「第２波」の波はさらに大きくなって戻って来た。５月の感染拡大の原因が若者であったことに対し８月の感染拡大の原因は高齢者であった。つまり、高齢者が多く参加する複数の保守系団体が、８月15日にソウルの光化門広場で文在寅大統領の退陣を要求する集会を行ったことが感染拡大の原因であった。集会が行われた場所は人と人の間の距離が近く、飛沫感染のリスクが高かったものの、数万人の参加者は声を高め、文在寅政権の批判に夢中だった。さらに、お酒を飲む人もあれば歌に合わせて踊る人もいた。光化門広場は高年齢者のクラブに変わってしまったのだ。彼らの多くは政府からの検査要求にも応じなかった。その結果、感染は全国に広がり始めた。８月15日の光化門集会以前に１日平均40人前後で収まっていた新規感染者数は、８月15日以降再び増え始め、８月27日には441人まで増加した。

　そして、寒さが本格化した11月に入ると新規感染者数が再び増加し、「第３波」が訪れた。「第３波」は12月25日にピークとなり、新規感染者数は1,240人まで増加した。その後、新規感染者数は1,000人未満まで低下したものの、2021年７月初旬ごろからはデルタ株を中心とする感染が広がり（「第４波」）、2021年８月11日の新規感染者数は初めて2,000人を超えた2,221人を記録した。さらに、９月21日の秋夕（チュソ

ク、陰暦8月15日の節句）連休が終わった9月25日の新規感染者数は3,242人まで増加した。

　2021年8月11日時点における1日当たりの新規感染者数を年齢階級別にみると、「20～29歳」が25.2%で最も高く、次いで、「30～39歳」（17.2%）、「50～59歳」（16.0%）、「40～49歳」（15.4%）の順で、相対的に若い年齢層の割合が高く、新規感染者に占める40歳未満の割合は60.3%を占めている（図表6-3）。これは2020年12月25日時点の35.5%を大きく上回る数値であり、この時期は若者を中心に感染が広がっていることがうかがえる。若者を中心とした感染拡大は2020年2月にもあった。しかしながら、その時は、上述した「新天地」の信者に若者が多く含まれていることが主な原因であり、現在とは状況が違うと言える。

図表 6-2　韓国における1日当たりの新規感染者数と累積感染者数の推移

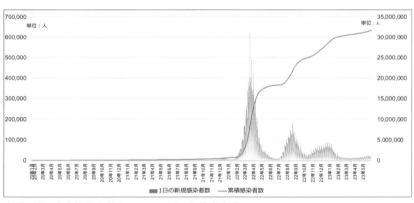

出所：韓国疾病管理本部ホームページから筆者作成

図表 6-3　年齢階級別 1 日当たりの新規感染者数の変化

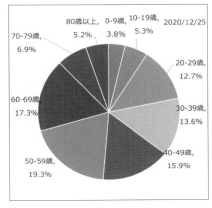
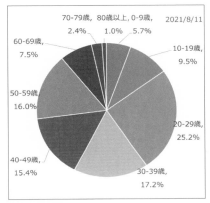

出所：韓国疾病管理本部ホームページから筆者作成

　その後も新型コロナウイルスの感染拡大は止まらなかった。2022 年 1 月に初めて 1 万人を超えた 1 日の新規感染者数は、2 月 19 日には 10 万人を、3 月 2 日には 20 万人を超え、3 月 17 日は 621,197 人と過去最高を記録した（図表 6-2）。この日の韓国の新規感染者数を韓国と日本の人口比（2020 年基準で日本の人口は韓国の約 2.43 倍）で単純に計算すると、日本で 1 日に約 150 万人が感染したことになる。韓国の感染者数がいくら多いかが分かる。韓国の累計感染者数は 2022 年 1 月末以降感染者が爆発的に増加し、3 月 28 日時点で 1,200 万人を突破した。

　では、2022 年 1 月末以降に韓国で感染が爆発的に増え続けたのはなぜだろうか。韓国政府は 1 日の新規感染者数が 60 万人を超えた 3 月 17 日に行われたブリーフィンで、1 日の新規感染者数が前日（16 日）より 20 万人も増加した理由について、「専門家用迅速抗原検査」で陽性が確認された人を感染者に認めたことにより「隠れ感染者」が新規感染者に多く含まれたことと、前日に漏れた人を新規感染者としてカウントしたことが原因で新規感染者が大きく増加した」と報告した。

　実際、韓国政府は感染拡大により PCR 検査が急増し、検査の処理等が限界に達すると、3 月 14 日から Ｐ Ｃ Ｒ 検査に加え、地域の病院や医院等専門機関での迅速抗原検査の陽性者も感染者と見なすよう制度を変更した。3 月 13 日までは、迅速抗原検査で陽性となった場合は PCR 検

査をして、ここで陽性が出た場合に初めて「感染者」として認めていた。最近は市販の抗原検査キットを使って個人自らが検査をする人も増えている。このように検査数が増え、「感染者」の基準が変更されたことが新規感染者数が急増した1番目の原因だと考えられる。

　新規感染者数が急増した2番目の原因としては、新型コロナウイルスに対する韓国政府の規制緩和が挙げられる。韓国政府は経済に与える影響を考慮したうえで、「オミクロン株」による重症化率は低いと判断し、飲食店の営業時間を制限するなどの規制緩和を続けた。韓国政府が発表した新型コロナウイルスに対する主な規制緩和措置は次の通りである。

- 2022年1月28日：2月4日から入国者に対する防疫体制を一部変更すると発表　→　海外からの入国者に対する隔離措置期間を10日間から7日間に短縮、南アフリカ共和国など11カ国の防疫強化国の指定を解除。

- 2022年2月28日：「防疫パス（ワクチン接種証明）」の運用を一時中断　→　飲食店やカフェなど不特定多数が利用する11種の施設を利用する際に提示が義務付けられている「防疫パス（ワクチン接種証明）」の運用を3月1日から一時中断すると発表。

- 2022年3月4日：新型コロナウイルス対策の社会的距離確保の追加緩和措置を発表　→　遊興施設や食堂・カフェ、カラオケ、映画館・公演場などの営業時間を従前の午後10時までから午後11時まで1時間延長。3月5日から3月20日まで適用。

- 2022年3月11日：海外からの入国者のうちワクチン接種完了者に対する隔離免除を3月21日から実施すると発表　→　隔離免除の対象者は、WHO緊急承認ワクチンの予防接種完了基準によって、（1）2回目のワクチン（ヤンセンは1回）を接種後してから14日を経過し、180日以内の人、（2）3回目のワクチン接種を完了した人。4月1日以降は海外で接種し、接種履歴を国内で登録していない人も対象。また、4月1日から全ての海外からの入国者は、移動する際に公共交通機関が利用可能。

- 2022年3月18日：私的な集まりの人数制限を緩和すると発表　→　6人までに制限していた私的な集まりを、3月21日からは最大8人に緩和すると発表。

　次に3番目の原因としては、3月9日に行われた第20代大統領選挙の前に人が集まる機会が増えたことが挙げられる。韓国では2月15日から3月8日までの22日間選挙運動が行われ、国中で「密」な状態の集会が連日行われた。実際、2月15日に5万人前後であった1日の新規感染者数は2月16日には9万人を、2月18日は10万人を超えてから増え続け、大統領選挙が行われた3月9日には34万2430人で過去最高を更新した。

　最後に4番目の原因として挙げられるのが「気の緩み」だ。韓国政府がオミクロン株による感染は比較的に重症化率や致死率が低いと発表したうえで、防疫対策の緩和を進めた影響等により、人々の間で「気の緩み」が広がった。さらに、感染者の急増により韓国政府が誇っていた「K防疫」の隔離措置が機能できなくなった。2月15日には新型コロナウイルスに感染した70代の男性が在宅治療中にチムジルバン（サウナ）で倒れ、その後死亡する事件も起きた。

　上述した内容が2022年初に韓国で新規感染者数が急増している主な要因だと考えられる。韓国の文化体育観光部は2021年12月にパンフレット『大韓民国　危機を越えて先進国へ』を発行し、「K防疫」の成果を誇った。しかし、その後感染が拡大し、3月末時点で国民の2割以上が新型コロナウイルスに感染されたことにより、「K防疫」の成果を語ることは意味がなくなってしまった。

　2022年3月のピーク以降、新型コロナウイルスの1日の新規感染者数は減少し始め、（2022年9月と2023年1月に少し増加したものの）、2023年5月時点の1日の新規感染者数は2万人を下回ることになった。

2．韓国政府の新型コロナウイルス感染症対策

　韓国政府が新型コロナウイルスの感染拡大を防ぐために実施した主な対策は、①徹底した検査、②隔離、③情報公開である。

（1）徹底した検査

　韓国政府は、2020年1月19日に初めて新型コロナウイルスの感染者が確認されて以降、感染の早期発見や早い段階での医療措置の実施、そして感染拡大を防止する目的で、迅速かつ広範囲な検査を実施した。検査数は2020年3月には1日最大約2万件であったものの、デルタ株やオミクロン株の影響で感染が拡大してからは1日約20万件の検査が行われた（2021年12月5日時点の累計検査数は17,391,434件）。

　韓国政府が迅速かつ広範囲に検査を実施している背景には2015年5月に中東呼吸器症候群（マーズ）の感染拡大を許してしまった苦い経験がある。当時、韓国では186人が感染し、そのうち38人が亡くなった。マーズに対する韓国政府の対応の遅れは2014年4月に多くの若者が犠牲になったセウォル号沈没事故に対するお粗末な対応と共に韓国政府の危機管理能力に対する国民の不信感を高め、朴槿恵元大統領の弾劾や政権交代の一因にもなった。

　朴槿恵政権や与党に対する不満が爆発した機会に政権交代に成功した文在寅政権としては、前政権の失敗を繰り返さないために、また、早期対策を要求する国民の声を受け入れ、政権の長期化を維持するために、より積極的な検査を実施せざるを得なかった。

　また、マーズの対策に失敗した朴槿恵政権が2016年から「感染病検査緊急導入制度」を施行し、政府の疾病管理本部が認めた民間セクターでマーズのような感染症の検査ができるように許可したことも、今回韓国政府が新型コロナウイルスに対する検査を迅速で広範囲に実施できた背景の一つである。

　このような背景もあり、韓国では2021年12月5日時点にも全国256カ所の「国民安心病院」や631カ所の「選別診療所」などで新型コロナウイルスに対する検査や診療が行われた。国民安心病院とは、院内感染を防ぐために、呼吸器疾患を抱えている患者を病院の訪問から入院まですべての過程において、他の患者と分離して診療する病院である。韓国政府は、発熱、咳、呼吸困難などの症状があるものの疫学的関連性（海外、大邱・慶尚北道地域への訪問、感染者との接触）がない場合には「国民安心病院」を、疫学的関連性がある場合には「選別診療所」を訪ねて診療を受けることを奨励した。また、検査数を増やすために「ドライブスルー検査」や「ウォーキングスルー検査」を実施した。

ドライブスルー（Drive Through）」とは、自動車に乗ったまま商品が買える機能および設備のことで、ファストフード店でお馴染みだ。車から降りずに素早く買い物が済むので、ドライブスルーの利用客は毎年増加する傾向にある。

韓国ではこの仕組みを新型コロナウイルスの検査に利用した。検査を受けたい人が「ドライブスルー」が設置されている選別診療所に来ると、車に乗ったまま検査が受けられる。受付から問診表の作成、医療スタッフとの面談、体温の測定、鼻と口からの検体採取までの全プロセスにかかる時間は10分程度で、その間、一度も車から降りる必要はない。ドライブスルー検査のメリットとしては、１）室内に入らないため、患者の出入りにともなう消毒を行う必要がないこと、２）消毒などの時間が少なくてすむため検査の時間を短縮できること、３）待機中の交差感染を減らせること、４）屋外なので早く設置できることなどが挙げられる。

ドライブスルー検査は2020年2月24日に行われた与党「共に民主党」主催の「新型コロナウイルス対策特別委員会専門家懇談会」で初めて提案され、わずか二日という早いスピードで実施まで至った。新型コロナウイルス問題に対する韓国の切迫感が感じられる。

その後ドライブスルー検査に対する需要は世界的に広がった。例えば、ドイツのヘッセン州のマールブルク地域やグロースゲーラウ地域では2020年3月からドライブスルー検査所を設置し、検査を実施した。また、ニューヨーク市も2020年3月14日からドライブスルー検査を導入した。日本でも新潟市保健所や名古屋市等でドライブスルー方式での検体採取が実施された。

「ドライブスルー検査」が屋外に設置されている検査施設を訪ねて、車に乗ったまま検査を受ける検査方法であることに対して、「ウォーキングスルー検査」は、一人ずつ歩いて公衆電話ボックスの形をした透明の検査ブースに入り、待機している医師が外側から検体を採取する検査方式である。ブース内にはウイルスが外部に漏れないように内部の圧力を外部より低くする陰圧装置が設けられている。

検査時間は約3分でドライブスルー検査の10分より早い。「ウォーキングスルー検査」は、医師と被験者の飛沫感染リスクが低いこと、車のない患者や高齢者でも安全に検査が受けられること、検査が早く済むことなどのメリットがあると言われている。同検査方式は、2020年3月

16 日にソウル市の病院で初めて導入されてから少しずつ全国に普及し、さらに、2020 年 3 月 26 日からは仁川国際空港で開放型の「ウォーキングスルー検査」が実施された。

　韓国政府が空港で「ウォーキングスルー検査」を実施することになったのは、ヨーロッパなど海外からの帰国者の感染者数が急増したからである。韓国政府は 2020 年 3 月 22 日からヨーロッパからの入国者全員に対して全数検査を実施したものの、入国者が予想を上回り、検査人員が足りなくなり、検査が遅れるケースが発生したため、計画を全面的に見直し、症状がある場合は空港で、症状がない場合は帰宅してから 3 日以内に検査を受けるように変更した。

　さらに、2020 年 4 月 1 日からは海外からのすべての入国者を 14 日間隔離するように防疫管理を強化した。この措置により、海外からの入国者は、症状がある場合は空港で検査を受け、症状がない場合には韓国政府や地方自治体が用意した「臨時施設」に移動し検査を受けなければならなくなった。検査の結果が出るまでの 1 ～ 2 日間は施設に隔離され、結果が陽性である場合は、病院に運ばれ、入院・治療を受ける措置を行った。一方、陰性と判断された者に対しては帰宅してから 14 日間、自己隔離装置が義務付けられた。もし、海外からの入国者が規則を守らなかった場合には 1 年以下の懲役、または 1,000 万ウォン以下の罰金が科せられた（検査費用や治療費は韓国政府が負担するものの、隔離施設の利用は自己負担）。

　その後、韓国政府は 2021 年 7 月 1 日付で海外予防接種完了者（海外予防接種完了者の隔離免除基準は、同一国家でワクチン別の勧奨回数をすべて接種して 2 週間経過後に入国した者に限定）で、韓国国内に居住している直系家族がいる者に対して隔離を免除する制度を実施した。しかしながら、その後オミクロン株が世界中で拡大すると、韓国国立検疫所は、2021 年 12 月 3 日～ 12 月 16 日までの 2 週間の間、一時的に「全ての国・地域」を予防接種完了者隔離免除適用除外国に指定した。これにより、予防接種完了者でも 10 日間の隔離義務が生じることになった。

（2）情報公開

　韓国政府が新型コロナウイルスに対応するためにもう一つ力を入れたのが情報公開である。韓国政府は新型コロナウイルスが広がり始めた

2020 年２月から多様な方法で情報を提供した。つまり、韓国では感染症対策のコントロールタワーである疾病管理本部（KCDC）が中心になり、１）「国内の全体状況が一目で分かる画面」、２）「国内や世界の状況が一目で分かる画面」、３）「１日の感染者数の詳細やアンケート調査などが確認できる１日報告書」（約 15 ～ 20 頁）、等の情報を毎日提供した。特に、３）の「１日の感染者数の詳細やアンケート調査が確認できる１日報告書」の場合、地域別、年齢階級別、性別、感染経路別の感染者数に関する情報に加え、新型コロナコロナウイルスに対する国民へのアンケート調査結果、海外の感染情報等の情報も提供した。以上の３つの方法で提供される感染者数関連情報は翌日の午前 10 時頃には疾病管理本部のホームページから確認できる。

　また、2020 年１月 20 日に韓国で初めて新型コロナウイルスの感染者が確認されてから、疾病管理本部の本部長や副本部長は、国内の感染者状況などについて毎日ブリーフィングを行っており、国民は YouTube を通してブリーフィングの内容を確認することができる。ブリーフィングを行う疾病管理本部のチョン・ウンギョン本部長や、クォン・ジュヌク副本部長（国立保健研究院長）等が新型コロナウイルスの現状について丁寧に説明をしており、国民の安心感を高めるのに重要な役割を果たした。チョン・ウンギョン本部長や、クォン・ジュヌク副本部長は、それぞれ予防医学や保健医学の博士号を持っている医療や感染症に関する専門家でもある。

　韓国政府は、感染拡大を防止するために感染者の感染経路や自己隔離中の移動経路に関する情報を国民に提供した。韓国政府は、感染が確認された場合、感染者のスマートフォンやクレジットカードの使用履歴、監視カメラなどの情報などを用いて感染されるまでの感染経路を把握し、公開した。また、自治体の疫学調査チームは感染が確認された人と接触した可能性がある人の移動経路を調べて個人別に連絡をし、発熱などの症状がある場合には PCR 検査を、無症状の場合には自己隔離対象者として指定し、自宅等で２週間自己隔離をさせた。

　2020 年４月に筆者が韓国の疾病管理本部に電話をして確認した所、韓国ではスマートフォンが普及しており、さらに現金よりクレジットカードの使用が一般的なので個人の位置情報を把握することはそれほど難しくないそうだ。一般社団法人キャッシュレス推進協議会が 2022 年

に公開した報告書[54]によると、韓国のキャッシュレス決済比率は93.6%で他の国の数値を大きく上回っている（日本は29.8%）、図表6-4。

図表6-4　各国のキャッシュレス決済比率の状況（2018年）

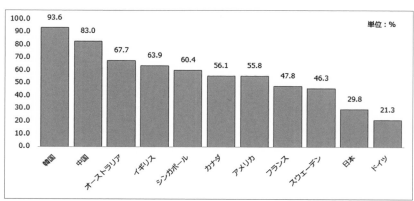

出所：一般社団法人キャッシュレス推進協議会「キャッシュレス・ロードマップ2022」

　しかし、2021年12月以降、感染者が急増したことにより、人材不足等により感染者に対する疫学調査は難しくなった。さらに、2022年3月には1日の新規感染者数が20万人を超えることになり、疫学調査は事実上麻痺状態になってしまった。

（3）軽症者の隔離・管理対策：「生活治療センター」

　韓国の南部・大邱市では2020年2月下旬から、新興宗教団体「新天地イエス教」の信者を中心に新型コロナウイルスの感染者が急増したため、病床が足りず、韓国政府は軽症者を自宅で待機させる措置を取った。しかしながら、自宅待機途中に病状が悪化し、死亡するケースが発生し、家族への二次感染も懸念された。このまま放置すると死亡者や感染者が増え、最悪の場合には医療崩壊に繋がる恐れがあった。そこで韓国政府は、軽症者が病床を占め重症者が入院できないことを防ぎ、自宅隔離中の死亡や家庭内感染もなくすために、軽症者を「生活治療センター」と

54　一般社団法人キャッシュレス推進協議会「キャッシュレス・ロードマップ2022」

いう施設に集めて隔離・管理する選択をした（図表6-5）。

　「生活治療センター」の創設には、韓国より先に感染が広がった中国のデータが参考になった。中国の武漢を中心とする感染者データから、新型コロナウイルスの感染者の81％は軽症であり、重症者と致命率が高い患者はそれぞれ14％と5％に過ぎないことが分かったのだ。

　韓国政府は、医療従事者の数が限られていることを考慮すると、すべての感染者を入院させ治療するよりは、軽症者は管理が可能な施設に隔離して管理し、入院治療が必要な重症者に優先的に病床を割り当て、集中的に治療することが効果的で医療崩壊を防ぐ方法であると考えた。

　韓国政府は2020年3月3日にクラスターが発生した大邱市に位置する「中央教育研究院」を最初の「生活治療センター」（センター名は「大邱1」）として稼働した。感染者が軽症か重症かの判断は医療従事者で構成された「市・都別患者管理班（重症度分類チーム）」が担当した。

　「生活治療センター：大邱1」の定員は160人で、慶北大学の医師や看護師等17人の医療従事者（医師4人、看護師7人、看護助手6人）が配属された。医療従事者は、24時間常住しながら患者の診療や検体採収、電話相談や患者の健康状態のモニタリングを行った。

図表 6-5　軽症者は「生活治療センター」で隔離、重症者は「病院」で治療

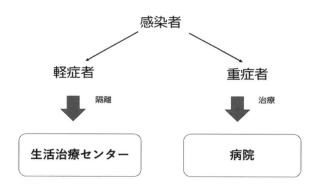

　「生活治療センター」には医療従事者以外にも、保健福祉部や行政安全部、自治体から公務員が派遣され、患者の入院・退院などの行政業務を担当した。また、国防部から派遣された軍人は防疫作業や食事の配物

品の運搬等の業務を、警察は警備の業務等を担当した。このように業務を分担することにより医療従事者の負担を少しでも軽くすることが可能であった。

「生活治療センター：大邱1」が稼働すると、医療従事者のために防護服（レベルD）セット1000個、ラテックスグローブ2100個、N95マスク3000個、そして自己管理衛生キット220個、検体採取キット320個などが政府から優先的に支給された。

「生活治療センター」に入所した患者には体温計と必需医薬品などを含む個人衛生キットや個人救護キット（下着、洗面道具、マスクなど）が入所時に配られ、毎日3回の食事や間食が無償で提供された。患者は毎日2回自ら体温を測り、スマートフォンに事前にインストールした健康管理アプリケーションに入力した後、問診票と共に転送する（一部の「生活治療センター」では手書き）。

また、ブルートゥース血圧計で血圧を測ると心拍数と血圧の数値が自動的に「生活治療センター」の中央状況室に転送される。医療従事者は中央状況室に設置されている大型モニター等から患者から送られた体温などの情報を確認し、赤いランプが点灯・点滅した場合には該当する患者に電話して状態を確認する（図表6-6）。

図表6-6 「生活治療センター」の中央状況室に設置されている患者モニタリング画面の例

号室	a101号 朴(23歳、女性)	a102号 黄(61歳、男性)	a103号 金(33歳、女性)	a104号 李(53歳、男性)	a105号 徐(53歳、男性)
体温 呼吸数 心拍数	36.7℃ 20 72	36.8℃ 19 75	36.9℃ 21 120	36.1℃ 20 80	36.2℃ 22 80
号室	a201号 権(29歳、男性)	a202号 黄(61歳、男性)	a203号 呉(43歳、女性)	a204号 文(63歳、女性)	a205号 慶(46歳、男性)
体温 呼吸数 心拍数	37.4℃ 20 84	36.2℃ 18 71	36.1℃ 17 72	35.9℃ 20 70	36.4℃ 21 62

注）患者の体温等に以上があった場合には赤いランプが点灯したり点滅したりする。
出所：「生活治療センター」の中央状況室のモニターを参考に筆者作成

患者の診療は基本的に電話で行われるものの、患者の症状が悪化した場合や検体を採取する時には医療従事者が患者の個室を訪ねる。そして、診療の結果、症状が悪化し病院での入院治療が必要だと判断すると、患

者を病院に移動させる。一方、病院で入院治療を受けていた重症患者の症状が良くなると、治療担当医師や患者管理班の判断により「生活治療センター」に移動される。

図表 6-7　中央事故収拾本部指定「生活治療センター」運営現況の例
（2020 年 3 月 18 日現在）

No	場所	施設名	協力病院	入所現況		
	場所	施設名	協力病院	3月10日	3月15日	3月18日
1	大邱	中央教育研修院	慶北大病院	156	125	120
2	慶北盈徳	サムスン人財開発院	サムスン医療院	210	195	202
3	慶北慶州	農協教育院	高麗大医療院	202	197	183
4	慶北聞慶	ソウル大学病院人財院 (医療人財専門研修院)	ソウル大病院	97	97	95
5	慶北漆谷	カトリック大邱大教区 Hanti 研修院	ソウル聖母病院	68	62	52
6	慶北漆谷	大邱銀行研修院	平沢博愛病院	45	38	40
7	忠南天安	郵政公務員研修院	富川順天郷大病院	308	253	224
8	慶北慶山	中小ベンチャー企業大邱 慶北研修院	慶山市保健所	56	55	52
9	大邱	慶北大学寮	慶北大病院	367	284	185
10	忠北堤川	国民健康保険公団人財開発院	一山病院	109	96	87
11	忠北堤川	国民年金公 チョンプンリゾート	仁川ハンリム病院	155	141	129
12	慶北亀尾	LG ディスプレイ亀尾寮	江原大病院	308	290	234
13	慶北慶州	現代自動車慶州研修院	ソウル峨山病院	261	254	239
14	全北金堤	サムスン生命全州研修所	ソウル漢陽大病院		166	129
15	忠北忠州	企業銀行総合研修院	嘉泉大吉病院		179	150
16	忠北報恩	報恩社会服務研修院	新村セブランス病院		201	206
		小計		2342	2633	2327

出所：medifonews 2020 年 3 月 20 日

　2020 年 3 月 3 日に大邱市の「中央教育研究院」が稼働してから、政府の要請を受けたサムスン、LG、現代自動車、大邱銀行、企業銀行などの企業が次々と自らの研修院等を「生活治療センター」として無償で提供した[55]。その後、感染者が減少して「生活治療センター」への入所

55　韓国政府がホテルではなく、国や民間の研修院を軽症者隔離施設として利用した理由は、韓国では大邱という特定地域を中心に急激に感染が広がったことが挙げられる。つまり、感染者が一部の地域を中心に急増したので、ホテルと調整をする時間的な余裕がなく、すぐ利用できる国の施設を利用した可能性が高い。また、大邱・慶北地域の近くにある企業の研修院が続々と「生活治療センター」として提供されたのは、日本より行政の強制力が強いことが影響を与えたのかも知れない。

者も減ったので、韓国政府は 2020 年 4 月 30 日に海外からの入国者のために新しく設置したソウル付近の 2 カ所の「生活治療センター」を除いて、「生活治療センター」を全て閉鎖すると発表した。

しかしながら、2020 年 5 月以降感染者が増加傾向に入ると、再び「生活治療センター」を稼働し、一時は 1 万人以上が「生活治療センター」を利用した。一方、2021 年 11 月以降新規感染者が爆発的に増加すると、韓国政府は軽症者に対する隔離対策を「自宅中心」に切り替えたことにより、「生活治療センター」への入所者数は大きく減少することになった。

（4）マスク対策

2020 年 2 月中旬にクラスターが発生し、感染者が増加すると韓国でもマスク不足が深刻であり、暫くの間マスクの品薄状態が続いた。特に、医療現場のマスク不足が懸念された。韓国政府は 2020 年 1 月 30 日時点で 1 日平均 659 万枚であった韓国国内のマスク生産量を増やすために 2 月 12 日に「緊急需給調整措置」を行った。その結果、マスクを生産する企業数は 2 月 3 日以前の 123 カ所から 3 月 1 日には 140 カ所まで増え、1 日平均約 1,000 万枚のマスクが韓国国内で生産されることになった。しかし生産量が増えたにもかかわらず、マスクの品薄状態は続き、韓国は「マスク大乱」の危機に瀕した。需要が急増したこともその要因ではあるが、生産されたマスクの約 90％が公式・非公式ルートにより中国に搬出されていたからである。

マスクが買えないことに対する国民の不満が爆発寸前に至ると、韓国政府は 2 月 26 日から保健用マスクの輸出を制限したことに加え、3 月 6 日からは保健用マスクの海外輸出を原則的に禁止する措置を実施した。さらに、3 月 9 日からは国民 1 人あたりのマスク購入量を 1 週間に 2 枚まで制限した（平日 5 日のうちマスクを買える曜日が一人一人決まっているため「マスク 5 部制」と呼ばれる）。決まった曜日にマスクを買いに行くと、薬局は重複購入を防ぐために購入履歴をオンラインシステムに記録する。療養施設や病院の入院患者の場合は病院などの関係者が、高校生までは親が、代理でマスクを購買することも可能である。

韓国政府は個人のマスク購入制限を実現するために「住民登録番号」と「医薬品安全使用サービス（DUR）システム」を応用した療養期間業務ポータル「マスク重複購買確認システム」を活用した。

　「住民登録番号」とは、朴正熙政権時代に北朝鮮からのスパイを炙り出す目的で作られ、13桁の番号で構成される個人を識別するための番号である。出生の届けと同時に個人番号が与えられ、満17歳になると個人のIDカードとも言える「住民登録証」が発給される。韓国では運転免許証と同時に個人の身分を証明する際に使われる。今回もマスクを購入する際に、本人確認用として使われた。

　一方、「医薬品安全使用サービス（DUR：Drug Utilization Review）システム、以下DURシステム」とは、医薬品の重複処方による副作用を防止するために、医薬品の処方、調剤など医薬品の使用に関する情報をリアルタイムで提供するシステムで、24時間365日体制で運営される（図表6-8）。医者は患者の処方情報を健康保険審査評価のDURシステムに入力・転送し、医薬品の濫用や重複調剤有無を確認する。患者の情報を入力してから結果が出るまで、かかる時間はわずか0.5秒で、ほぼリアルタイムで患者の情報が確認できる。

　韓国政府は最初、このDURシステムをマスクの重複購買防止に活用しようとしたものの、マスクが医薬品ではないことと、マスクの購入履歴管理によりシステムにトラブルが発生した場合、医薬品の事前点検システムが停止してしまう恐れがあることを考慮し、DURシステムを応用して作った療養期間業務ポータルの「マスク重複購買確認システム」を利用することを決めた。このシステムを稼働させたことにより公的マスクを販売する全国の薬局、郵便局、ハナロマート（農協のスーパーマーケット）でマスクの重複購買に対するチェックが可能になった。

図表6-8　医薬品安全使用サービス（DUR）のイメージ

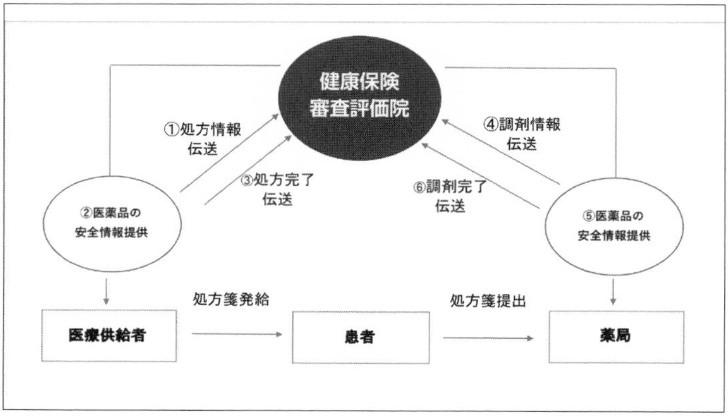

韓国政府は公的マスクの供給状況を毎日公開すると同時に、マスクや消毒剤の転売を申告するサイトを設けて、マスクの高値販売を監視した。さらに、個人や業者が暴利を狙ってマスクを買い占めた場合、2年以上の懲役や5000万ウォン以下の罰金を同時に科することができるように処罰基準を強化した。その後マスクの供給が増え、マスク不足の問題は解決された。

（5）予防接種

　韓国で新型コロナワクチンの接種が始まったのは2021年2月26日からであり、最初は日本を上回る早いスピードでワクチンの接種が行われた。例えば、3月11日0時時点の累計接種者数は500,635人で、2月17日から接種を始めた日本の累計接種者148,950人（3月10日現在）を大きく上回った。

　この時期に韓国のワクチン接種のスピードが日本を上回った理由としては、日本は3月10日現在ファイザーのワクチンだけが承認・供給されていることに比べて、韓国はファイザー（2月3日特例収入承認1、3月5日承認）とアストラゼネカ（2月10日許可）のワクチンが供給されており、その時点でのワクチンの供給量が日本より多かったことが挙げられる。

　2番目の理由としては、両国のワクチン接種の対象者が異なる点が挙げられる。日本の場合3月10日時点のワクチン接種の対象者はワクチンの「先行接種」に事前同意している医療従事者約4万人と医療従事者（約480万人、患者を搬送する救急隊員や患者と接する業務を担当する保健所職員を含む）に制限されていた。一方、韓国は療養施設の入所者や従事者、そして医療従事者など対象者の範囲が日本より広く、その時点では日本よりワクチンの接種対象者数が多かった（図表6-9）。

図表 6-9　韓国における新型コロナウイルスワクチンの対象者別接種時期（案）

第1四半期（1〜3月）	第2四半期（4〜6月）	第3四半期（7〜9月）	第4四半期（10〜12月）
・療養病院・療養施設入院の入所者と従事者	・老人福祉施設の利用者と従事者 ・65歳以上（高齢者から順次接種）	・慢性疾患者（成人） ・50〜64歳の成人	・2次接種者、未接種者あるいは再接種者
・新型コロナウイルス感染者の治療病院の医療従事者 ・高危険医療機関従事者 ・1次対応要員（疫学調査員、救急救命士等）	・医療機関及び薬局従事者（第1四半期の接種対象者以外の者）	・軍人、警察、消防及び道路、橋りょう、トンネル、河川、公園、緑地、下水道などの社会基盤施設従事者	
・精神療養・リハビリテーション施設等の入所者と従事者	・障がい者・ホームレス等の施設入所者と従事者	・小児、青少年教育、保育施設従事者 ・18〜49歳の成人	

出所：韓国：中央防疫対策本部ホームページ「新型コロナウイルスワクチンの対象者別接種時期（案）」

　3番目の理由としては、韓国は日本が適時に確保できなかった、ファイザーワクチンなどの新型コロナウイルスワクチン接種のために使われる特殊型注射器4000万本を1月末に契約完了し、確保した点が挙げられる。特殊型注射器を使用すると、通常の注射器では1瓶で5回しか接種できないファイザー製の新型コロナウイルスワクチンを6回接種できる。さらに、韓国の医療機器メーカーは新型コロナウイルスワクチン接種用の特殊注射器の量産を2月からスタートしており、3月からは生産量を月2000万個まで増やすことが決まっていた。

　以上のような理由により、2021年3月時点では韓国の新型コロナウイルスワクチンの接種者数が日本を上回っていた。しかしながらその後状況は大きく変わった。ワクチンの供給量が急減し、4月末から約1か月間、6月中旬から約1か月間、接種件数が大きく減少した。その後はワクチンを確保し、ワクチンの接種が増え、2023年7月時点で1次と2次接種をした12歳以上の割合は94.3%に達した。

3．新型コロナウイルスの感染拡大以降おけるに韓国政府の景気対策

　新型コロナウイルスの感染拡大以降、韓国政府は景気対策として「緊急災難支援金」、「緊急雇用安全支援金」のように個人や世帯に支給する①現金給付と、「雇用創出支援金」、「雇用促進奨励金」等の②雇用安定関連対策、「低金利の融資」などの③金融支援政策、④その他の産業支援対策（規制緩和、制度改善、税制上の支援に、マーケティング支援等）、⑤保険料、電気料の割引等の生活支援対策、⑥特別災難地域対策等を実施してきた。そして、「韓国版ニューディール総合計画（K・New Deal）」が発表され、「国民皆雇用保険」等が推進された。

（1）現金給付
1）緊急災難支援金
　韓国政府は 2020 年 5 月にすべての国民に対して緊急災害支援金を支給した。支給金額は世帯人員によって異なり、単身世帯は 40 万ウォン、2 人世帯は 60 万ウォン、3 人世帯は 80 万ウォン、4 人以上の世帯は 100 万ウォン（支給金額は総 14.2 兆ウォン）が支給された。さらに、多くの自治体はクレジットカードのポイントやプリペイドカード、地域商品券などの形で緊急災難支援金を給付した。

2）緊急雇用安定支援金
　新型コロナにより被害を受けた特殊形態労働従事者、フリーランサー等に生計安定費用として 2022 年 7 月現在まで総 6 回にわたり緊急雇用安定支援金が支給された。

第 1 次緊急雇用安定支援金
・2020 年 7 月に支給。支援金額は 1 人当たり 150 万ウォン（1 回目 100 万ウォン、2 回目 50 万ウォン）で、支援対象は次の通りである。
　① 2019 年 12 月～ 2020 年 1 月に特殊形態労働従事者、フリーランサーとして活動して 25 万ウォン以上の所得がある者のうち、雇用保険

に加入していない者。

②零細事業者：2019年12月〜2020年1月に自営業者として活動した1人自営業者及び小商工人

③無給休職者：従業員数50人未満の企業で働き、雇用保険に加入している者のうち、2020年3月〜5月に無給休職した者。

※所得基準

①世帯所得が中位所得の150％以下、②申請者本人の年間所得が7千万ウォン以下、③申請者本人の年間売上が2億ウォン以下のうちのいずれか一つ。

※所得減少要件

①世帯は中位所得の100％以下、個人は年間所得が5千万ウォン以下で、年間売上が1.5億ウォン以下の場合、所得あるいは売上が2019年12月〜2020年1月、2019年3月〜4月のうちのいずれかの月より25％以上減少したら支給。

②世帯は中位所得の100％超過〜150％以下、個人は年間所得5千万ウォン超過〜7千万ウォン以下で、年間売上が1.5億ウォン超過〜2億ウォン以下の場合、所得あるいは売上が2019年12月〜2020年1月、2019年3月〜4月のうちのいずれかの月より50％以上減少したら支給。

※2020年3月〜5月に無給休職した者

①世帯は中位所得の100％以下、個人は年間所得が5千万ウォン以下で、総30日あるいは一カ月ごとに5日以上無給休職した者に支給

②世帯は中位所得の100％超過〜150％以下、個人は年間所得5千万ウォン超過〜7千万ウォン以下で、総45日あるいは一カ月ごとに10日以上無給休職した者に支給

第2次緊急雇用安定支援金

・2020年9月に支給。支援金額は1人当たり50万ウォンで、支援対象は次の通りである。

①第1次緊急雇用安定支援金を受給した者：特殊形態労働従事者とフ

リーランサーのうち、2020 年 9 月 10 日現在雇用保険に加入していない者で、支援対象外ではない者。

　※支援対象外
・2020 年 9 月 10 日現在雇用保険の被保険者
・不正受給等第 1 次緊急雇用安定支援金の返還対象者

　②第 1 次緊急雇用安定支援金を受給していない者：2019 年 12 月〜2020 年 1 月に特殊形態労働従事者、フリーランサーとして活動して 50 万ウォン以上の所得がある者のうち、2019 年の年間所得が 5 千万ウォン以下である者で、2020 年 8 月あるいは 2020 年 9 月の所得が比較対象期間[56]の所得と比べて 25％以上減少した者。

第 3 次緊急雇用安定支援金

・2021 年 2 月に支給。支援金額は 1 人当たり 50 万ウォン〜 100 万ウォンで、支援対象は次の通りである。

　①第 1 次〜第 2 次の緊急雇用安定支援金を受給した者：特殊形態労働従事者とフリーランサーのうち、2020 年 12 月 24 日現在雇用保険に加入していない者で、支援対象外ではない者。支援金額は 1 人当たり 50 万ウォン。

※支援対象外
・2020 年 12 月 24 日現在雇用保険の被保険者
・2020 年 12 月 24 日現在公務員・教師・軍人として従事している者
・他の政府支援金を受給している者
・不正受給等緊急雇用安定支援金の返還対象者
・事業者登録証があり、中小ベンチャー企業部が支給する小商工人のための新希望資金を受給するために緊急雇用安定支援金を返還した者。

　②第 1 次〜第 2 次の緊急雇用安定支援金を受給していない者で、2020 年 10 月〜 11 月に雇用保険に加入せず、特殊形態労働従事者、フリー

56　2019 年 8 月、2019 年 9 月、2020 年 6 月、2020 年 7 月、2019 年の平均月所得のうちのいずれか一つ。

ランサーとして活動して 50 万ウォン以上の所得がある者のうち、2019 年の年間所得が 5 千万ウォン以下である者で、2020 年 12 月あるいは 2021 年 1 月の所得が比較対象期間[57]の所得と比べて 25% 以上減少した者。支援金額は 1 人当たり 100 万ウォン。

第 4 次緊急雇用安定支援金

・2021 年 3 月末に支給。支援金額は 1 人当たり 50 万ウォンで、支援対象は次の通りである。

①第 1 次〜第 3 次の緊急雇用安定支援金を受給した者：特殊形態労働従事者とフリーランサーのうち、2021 年 3 月 2 日現在雇用保険に加入していない者で、支援対象外ではない者。

※支援対象外

・2021 年 3 月 2 日現在雇用保険の被保険者

・2021 年 3 月 2 日現在公務員・教師・軍人として従事している者

・不正受給等緊急雇用安定支援金の返還対象者

・事業者登録証があり、中小ベンチャー企業部が支給する小商工人のための新希望資金、支え木資金を受給するために緊急雇用安定支援金を返還した者。

②第 1 次〜第 3 次の緊急雇用安定支援金を受給していない者：2021 年 10 月〜 11 月に特殊形態労働従事者、フリーランサーとして活動して 50 万ウォン以上の所得がある者のうち、2019 年の年間所得が 5 千万ウォン以下である者で、2021 年 2 月あるいは 2021 年 3 月の所得が比較対象期間[58]の所得と比べて 25% 以上減少した者。

第 5 次緊急雇用安定支援金

・2022 年 3 月 11 日から新型コロナにより被害を受けた特殊形態労働従事者、フリーランサーに生計安定費用として第 5 次緊急雇用安定支援

---

57 2019 年 12 月、2020 年 1 月、2020 年 10 月、2020 年 11 月、2019 年の平均月所得のうちのいずれか一つ。

58 2020 年 2 月、2020 年 3 月、2020 年 10 月、2020 年 11 月、2019 年の平均月所得のうちのいずれか一つ。

金が支給された。支援金額は1人当たり50万ウォンで、支援対象は次の通りである。

①第1次〜第4次の緊急雇用安定支援金を受給した者：特殊形態労働従事者とフリーランサーのうち、2022年1月31日現在雇用保険に加入していない者で、支援対象外職種に従事していない者。

※支援対象外
・支援対象外職種従事者：保険代理人、宅配ドライバー、家電配送設置業者、クレジットカード会員募集業務担当者、ゴルフ場キャディ、建設機械従事者、トラック運転手、バイク 輸送ドライバー
・2022年1月31日現在雇用保険の被保険者
・2022年1月31日現在公務員・教師・軍人として従事している者
・中小ベンチャー企業部の小商工人損失補填金支援対象者
・第1次〜第4次の緊急雇用安定支援金の返還対象者でまだ支援金を返還していない者
・第1次〜第4次の緊急雇用安定支援金の支給時に他の支援金等を受給するために支給された緊急雇用安定支援金を返還した者と緊急雇用安定支援金の受給を辞退した者。

②第1次〜第5次の緊急雇用安定支援金を受給していない者：2021年10月〜11月に特殊形態労働従事者、フリーランサーとして活動して50万ウォン以上の所得がある者のうち、2020年の年間所得が5千万ウォン以下である者で、2021年12月あるいは2022年1月の所得が比較対象期間[59]の所得と比べて25％以上減少した者。

第6次緊急雇用安定支援金

・2022年6月13日から新型コロナにより被害を受けた特殊形態労働従事者、フリーランサーに生計安定費用として第6次緊急雇用安定支援金が支給された。支援金額は1人当たり200万ウォンで、支援対象は次の通りである。

①第1次〜第5次の緊急雇用安定支援金を受給した者：特殊形態労働

59　2021年10月、2021年11月、2019年の平均月所得、2020年の平均月所得のうちのいずれか一つ。

従事者とフリーランサーのうち、2022年5月12日現在雇用保険に加入していない者。

※支援対象外
・2022年5月12日現在雇用保険の被保険者
・2022年5月12日現在公務員・教師・軍人として従事している者
・中小ベンチャー企業部の小商工人損失補填金支援対象者
・第1次～第5次の緊急雇用安定支援金の返還対象者でまだ支援金を返還していない者
・小商工人を対象とする防疫支援金を受給し、第1次～第5次の緊急雇用安定支援金を受給していない者
・2022年5月12日現在、失業給付を受給している者、あるいは、直前の1年間失業給付を受給した者

②第1次～第5次の緊急雇用安定支援金を受給していない者：2021年10月～11月に特殊形態労働従事者、フリーランサーとして活動して50万ウォン以上の所得がある者のうち、2020年の年間所得が5千万ウォン以下である者で、2022年3月あるいは2022年4月の所得が比較対象期間[60]の所得と比べて25％以上減少した者。

（2）雇用安定関連対策

雇用安定関連対策としては、「雇用創出支援金」、「雇用促進奨励金」等が実施された。本稿では韓国政府が公表した2022年の対策を中心に紹介したい。

1）雇用創出奨励金
ジョブ・シェアリングに対する助成（公募型）
・事業内容：交代勤務の改編、実労働時間の短縮等を導入し、既存労働者の労働時間を減らすことにより失業者を新規雇用し労働者数が増加した事業主を助成。
・助成内容：優先支援対象企業の場合、新規採用一人あたり月80万ウォ

60　2021年3月、2021年4月、2021年10月、2021年11月、2019年の平均月所得、2020年の平均月所得のうちのいずれか一つ。

ンの人件費を助成、中堅企業及び大企業は 1 人あたり月 40 万ウォンを助成（1 〜 2 年間）、優先支援対象企業と中堅企業の既存従業員の賃金減少額は 10 人まで 1 人あたり月最大 40 万ウォンを助成。

ジョブシェアリングに対する助成（非公募型）
・事業内容：勤労基準法の改正に従い、1 週間の労働時間を 52 時間以内に短縮し、失業者を新規雇用して従業員数が増えた事業主を助成。
・助成内容：常時使用する従業員が 300 人未満である事業場の場合、新規採用一人あたり月 80 万ウォンの人件費を助成（1 〜 2 年間）、既存従業員の賃金減少額は 10 人まで 1 人あたり月最大 40 万ウォンを助成（路線バスの場合 20 人まで支援）。

国内復帰企業に対する助成
・事業内容：産業通商資源部長官が指定した国内復帰企業で失業者を新規雇用して従業員数が増えた事業主を助成。
・助成内容：優先支援対象企業の場合、新規採用一人あたり月 60 万ウォンの人件費を助成、中堅企業は 1 人あたり月 30 万ウォンを助成（2 年間）、最大 100 人まで助成。

新中年[61] 適合職務雇用に対する助成
・事業内容：満 50 歳以上の失業者を新中年適合職務（245 職務）に新規雇用した事業主を助成。
・助成内容：優先支援対象企業の場合、新規採用一人あたり月 80 万ウォンの人件費を助成、中堅企業は 1 人あたり月 40 万ウォンを助成（1 年間）。

雇用促進奨励金
・事業内容：雇用労働部長官が告示した就業支援プログラムの履修者あるいは重症障がい者、女性世帯主、島嶼地域居住者等を新規雇用した

61　新中年とは、自己研鑽して豊かな人生を送るために努力し、若々しく生きようとする中年を指す。

事業主を助成。

・助成内容：優先支援対象企業の場合、新規採用一人あたり月 60 万ウォンの人件費を助成、大企業は 1 人あたり月 30 万ウォンを助成（1 ～ 2 年間）。

2）雇用安定奨励金
正規職切替に対する助成

・事業内容：6 カ月以上 2 年以下勤続した期間制・派遣・下請労働者及び特殊形態勤労従事者を正規職に切り替えた優先支援対象企業及び中堅企業の事業主を助成。

・助成内容：正規職に切り替えた労働者一人あたり月最大 60 万ウォンの人件費と間接労務費月 30 万ウォンを助成（賃金増加分の 80％）、中堅企業及び大企業は 1 人あたり月 40 万ウォンを助成（1 ～ 2 年間）、優先支援対象企業と中堅企業の既存従業員の賃金減少額は 10 人まで 1 人あたり月最大 40 万ウォンを助成。

ワーク・ライフ・バランス支援制度の推進に対する助成

・事業内容：柔軟勤務制度（テレワーク）を活用したり、「勤務革新インセンティブ制度」事業に参加して勤務革新優秀企業として選定された優先支援対象企業及び中堅企業の事業主を助成。

・助成内容：柔軟勤務制度（テレワーク）活用労働者一人あたり月最大 30 万ウォンの人件費を助成（賃金増加分の 80％）、勤務革新優秀企業の等級別に投資金額の 50 ～ 80％を助成。テレワークのシステム整備費用を投資金額の 50％まで助成。

出産育児期の雇用安定を助成

・事業内容：出産前後休暇、育児休職、遺産休暇、育児期の労働時間短縮を実施した事業主を助成。

・助成内容（育児休職助成金）：労働者に育児休職を 30 日以上提供した事業主を助成（最大 1 年間）

図表 6-10　出産育児期の助成金

区分	1 カ月の助成金
子供の年齢が満 12 カ月以下	30 万ウォン
育児休職の特例が適用される最初の 3 カ月間[注]	200 万ウォン
子供の年齢が満 12 カ月超過	30 万ウォン

注）満 12 カ月以下の子供に 3 カ月以上の育児休職を提供した事業主に最初の 3 カ月間
は月 200 万ウォンを助成。

・助成内容（育児期労働時間短縮助成金）：労働者が育児期に 30 日以上労
　働時間が短縮できるように許容した事業主を助成（最大 2 年間）。優先
　支援対象企業は一人あたり月 30 万ウォンを助成（図表6-10）。

4．「韓国版ニューディール総合計画（K・New Deal）」を発表

　韓国政府は 2020 年 7 月 14 日、新型コロナウイルスの感染拡大による
危機を乗り越え、経済・社会構造の変化に対応するために、新しい経済
発展戦略「韓国版ニューディール総合計画（K・New Deal）」を発表した。
韓国版ニューディールは 2025 年までに総額 160 兆ウォンを投資する巨
大プロジェクトで、雇用を創出し、所得格差を解消する「社会安全網
ニューディール」に基づき、デジタルインフラやビッグデータなどに関
する産業を育成する「デジタルニューディール」と、気候変動に対応し、
環境にやさしい低炭素社会を目指す「グリーンニューディール」が推進
される予定である。

　さらに、2020 年 10 月 13 日に開催された第 2 次韓国版ニューディー
ル会議では、上述した「韓国版ニューディール」の三つ（社会安全網、
デジタル、グリーンニューディール）の柱に「地域均衡ニューディール」
を加えることを明らかにした。文在寅大統領は、地域均衡ニューディー
ルは韓国版ニューディールの基本精神かつ国家の均衡発展の中心であ
り、国家発展の軸を地域中心に転換する必要があると主張しながら、地
域均衡ニューディールの重要性を呼びかけた。

地域均衡ニューディールとは、地域を新しく（New）、均衡的に（Balanced）発展させるという約束（Deal）という意味で、首都圏と非首都圏の間の地域格差を解消するための政策である。韓国政府は、韓国版ニューディール事業の総投資額の47％に当たる約75.3兆ウォンを地域均衡事業に投資すると発表した。このように、韓国政府は地域で韓国版ニューディールを実現することにより地域経済の活性化、雇用創出、地域住民の生活水準向上の効果が発生すると期待している。

地域均衡ニューディールは、中央政府が主導する①韓国版ニューディールの中の地域事業と②地方自治体が主導する事業、そして③公共機関が先導する事業が歯車のように噛み合う形で推進される。

①の韓国版ニューディールの中の地域事業に投資される75.3兆ウォンのうち、デジタルニューディールとグリーンニューディールにそれぞれ24.5兆ウォンと50.8兆ウォンが投入される。2021年におけるデジタルとグリーンニューディールの予算は13兆ウォンで、国土の50％に知能型交通システム（C-ITS）を設置する事業、27の都市にスマートシティソリューションを支援する事業、呼吸器専門クリニック（1千カ所）を支援する事業、小規模の自営業者を対象にオンライン企画展等を支援する事業等が推進された。

②の地方自治体が主導するニューディール事業は、地方自治体自らが発掘・推進する事業で、136の地方自治体（11の広域自治体と125の基礎自治体）が各地域の特性に合わせて地域型ニューディール事業を計画した（財源は地方自治体の財源と民間の投資額）。事業の例としては、世宗特別自治市の自動運転のテストエリアの運営事業、京畿道の公共分野におけるデジタルSOC構築事業、仁川広域市の国際グリーンスマートタワーの助成等が挙げられる。

③の公共機関先導型ニューディール事業は、地域の公共機関が地域の地方自治体、研究機関、企業等と協力しながら実施する事業であり、韓国ガス公社の唐津LNG生産基地スマートファクトリーの構築、仁川港湾公社のスマート物流センターの構築、国立癌センターのVRに基づいたヘルスケアプラットフォームの開発等がその代表的な例である。

韓国政府は地域均衡ニューディールの推進に意欲的な姿勢を見せているものの、「既に地域自治体で推進している事業をまとめて、新し

い名前を付けただけ」、「ニューディールという看板を利用して地方自
治体が事業を分かち合っただけ」、「次の選挙に向けたばらまき政策で
ある」、「参加する企業に利益が発生する仕組みを提供しないと、民間
の投資を呼び込むことは簡単ではない」等、批判や懸念の声も少なく
ない。

　実際に、文前大統領は政権初期から国の均衡発展政策を推進すると
何度も主張してきたものの、実現された政策はほぼ皆無だからであ
る。

5．所得税の最高税率を 45％に引き上げ

　企画財政部は 2020 年 7 月 22 日に「税制発展審議委員会」を開催し、
2021 年から所得税の最高税率を現在の 42％から 45％に引き上げること
を決めた。所得税の最高税率の引き上げは文政権になってから 2 回目の
ことである。1 回目は文前大統領が当選した直後の 2017 年 7 月に行われ、
所得税の最高税率は既存の 40％から 42％に引き上げられた。
　韓国の 2020 年までの所得税体系は、課税所得が 1,200 万ウォン以下
の場合は 6％を適用し、所得が多くなるに従って所得税の税率も段階的
に上げ、5 億ウォンを超過した所得に対しては 42％の税率を賦課する仕
組みであった。改正案では課税所得「10 億ウォン超過」区分を新設し、
最高税率を現在より 3 ポイント高い 45％に引き上げた。所得税の最高
税率 45％は 1970 年代の 70％に比べると低いものの、金泳三政権時代の
1995 年（45％）以降、最も高い水準である（図表 6-11）。
　文政権は、課税所得が 10 億ウォンを超過する人が 2020 年時点で約 1
万 6000 人いると把握しており、今回の最高税率の引き上げにより 1 年
間で約 9000 億ウォンの税収が増えると期待した。

図表 6-11　所得税の課税所得区分と税率

課税所得区間	現行	改正案
1,200 万ウォン以下	6%	6%
1,200 万ウォン超過 ～ 4,600 万ウォン以下	15%	15%
4,600 万ウォン超過 ～ 8,800 万ウォン以下	24%	24%
8,800 万ウォン超過～ 1 億 5 千万ウォン以下	35%	35%
1 億 5 千万ウォン超過～ 3 億ウォン以下	38%	38%
3 億ウォン超過～ 5 億ウォン以下	40%	40%
5 億ウォン超過～ 10 億ウォン以下	42%	42%
10 億ウォン超過		45%

注：課税所得区間ごとの控除額は省略
出所：韓国国税庁のホームページより筆者作成

　文政権はすでに発表した不動産に対する増税や所得税の最高税率の引き上げ等により、新型コロナウイルスが原因で急増した財政支出を賄う計画を立てた。今回のように所得税の最高税率を引き上げることだけで所得上位0.05％に当たる高所得者の消費が大きく委縮する可能性は少ないものの、法人税率の引き上げや不動産に対する増税等、企業や高所得者に対する増税対策が続くことは企業の生産活動や高所得者の消費活動を委縮させ、韓国経済にマイナスの影響を与える恐れがあると言わざるを得ない。

　韓国政府は、2013年の朴槿恵政権時代において税制改革により所得控除を税額控除に変え、勤労所得税の免税対象を縮小することを発表した（所得控除は税額を計算する課税所得の前の所得から控除が適用されるが、税額控除は課税所得に税率を乗じて算出した所得税額から一定の金額を控除するため、税額控除の方が税負担が重い）。しかし労働者側の反対が予想以上に強かったため、朴槿恵政権は既存の発表を修正し、税金が増える所得基準を引き上げると共に控除額を増やすなどの対策を行った。その結果、勤労所得税の免税者比率は2014年に48.1％まで増加した（図表6-12）。

　韓国は現在、急速に少子高齢化が進んでおり、税金を負担する現役世帯が減少し続けている。この点を考慮すると、国民ができるだけ幅広く税金を負担し、国の財政を支えられるように、税制の見直しを検討する必要があると考えられる。

図表 6-12　勤労所得税の免税者比率

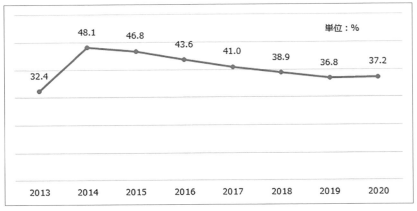

単位：%

32.4　48.1　46.8　43.6　41.0　38.9　36.8　37.2

2013　2014　2015　2016　2017　2018　2019　2020

出所：国税庁「国税統計年鑑」各年度より筆者作成

6．「国民皆雇用保険」を推進？

　新型コロナウイルスの感染拡大の影響で雇用情勢が悪化する中、韓国では全ての就業者に雇用保険を適用する「国民皆雇用保険制度」の導入に関する動きが活発に行われた。2017 年の大統領選挙の公約として雇用保険の対象拡大を挙げていた文前大統領は、就任から 3 年目を迎えた 5 月 10 日に行った特別演説で、「全ての就業者に雇用保険が適用される基盤を作る …… 雇用保険に加入していない低賃金非正規労働者の雇用保険加入を迅速に推進し、特殊雇用職従事者、ギグワーカー（gig worker）、フリーランス、芸術家等が直面している雇用保険の死角を早く解消する」と、国民皆雇用保険の実現に向け、「段階的」に取り組む姿勢を表明した。

　しかしながら、同日開催された国会の環境労働委員会では特例条項として芸術家を雇用保険の適用対象に含めることが決まっただけだった。その結果、2018 年 11 月に発議された雇用保険法改正案に含まれる運転代行業に従事する運転手や貨物自動車の運転手、保険外交員、放課後教

室（日本の学童保育に当たる）の講師等いわゆる「特殊雇用職従事者」や、インターネットのプラットフォームを通じて単発の仕事を依頼したり請け負ったりする「ギグワーカー」やフリーランス、芸術家等は対象から外れ、次の国会での成立を待たなければならなくなった。

　韓国における雇用保険の被保険者数は2020年3月現在1,378.2万人で、労働力人口の49.6％しか加入していない（図表6-13）。日本の労働力人口の64.2％が雇用保険の被保険者であることに比べると多くの就業者が雇用保険の恩恵を受けていないことが分かる。韓国の雇用保険の被保険者数が少ない最も大きな理由は自営業者の割合が高いからである。韓国における自営業者の割合は2021年時点で23.9％でOECD加盟国の中で6番目に高く、日本の9.8％を大きく上回っている（図表2-13）。

図表 6-13　日韓における労働力人口や就業者に占める雇用保険の被保険者割合（2020 年 3 月）

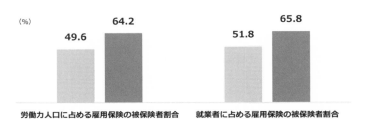

出所　韓国→統計庁「経済活動人口調査」、雇用労働部「雇用保険統計現況：2020 年 3 月」、日本→総務省「労働力調査」、厚生労働省「雇用保険事業月報：2020 年 3 月」

では、なぜ韓国では就業者に占める自営業者の割合が高いのだろうか？その主な理由としては、定年が早かったことや公的年金が給付面において成熟していなかったことが挙げられる。まず、2016年に60歳定年が義務化（300人以下の中小企業は2017年から適用）される前までは、定年が定められておらず多くの労働者は50代前半に退職した。一方、公的年金の受給開始年齢は60歳以降に設定されていたので、大半の退職者は生計維持のために再就職か起業を選択せざるを得なかった。しかし韓国の転職市場はそれほど発達しておらず、特に中高年者の再就職は容易ではなかった。また、50代の起業は資本金やリスクの面でハードルが高かった。そこで、退職者の多くは家族で簡単にできる食堂などの「生計維持型自営業」を選択することになったのだ。

　韓国政府は自営業者の再就職や生活を支援する目的で2012年から自営業者も任意で雇用保険に加入することを許可している（図表6-14）。自営業者が雇用保険に加入すると、雇用者と同じく雇用安定事業、職業能力開発事業、失業給付による支援が受けられる。加入対象は従業員がいないか、従業員数が50人未満の事業主で、保険料率は2.25％と労働者の保険料率1.6％（通常の保険料率は労働者0.8％、事業主0.8％）に比べて高く設定されている。保険料は雇用労働部長官が告示する7等級の「基準報酬」のうち、自営業者自らが選択した基準報酬に保険料率をかけて計算する。失業給付を受給するためには原則として1年以上の被保険者期間（図表6-15）が必要で、廃業日から遡って6カ月間赤字が続いたこと、廃業日から遡って3カ月間の平均売上が前年の同じ期間に比べて20％以上減少したこと等の要件を満たす必要がある。この条件をクリアすると、選択した基準報酬の6割に該当する金額が失業給付として支給される。

図表6-14　自営業者の雇用保険料と給付額

単位：ウォン

	報酬月額（1ヶ月）	保険料（1ヶ月）	失業給付（1ヶ月）
1等級	1,820,000	40,950	910,000
2等級	2,080,000	46,800	1,040,000
3等級	2,340,000	52,650	1,170,000
4等級	2,600,000	58,500	1,300,000
5等級	2,860,000	64,350	1,430,000

| 6 等級 | 3,120,000 | 70,200 | 1,560,000 |
| 7 等級 | 3,380,000 | 76,050 | 1,690,000 |

図表 6-15　自営業者の雇用保険の加入期間別給付日数

区分	被保険者期間			
	1 年以上 3 年未満	3 年以上 5 年未満	5 年以上 10 年未満	10 年以上
給付日数	120 日	150 日	180 日	210 日

　さらに、政府や自治体は零細自営業者に対して雇用保険の保険料を助成する制度をスタートした。中小企業ベンチャー部は 2018 年から従業員がいない自営業者のうち、「基準報酬」が 1 ～ 4 等級に該当する者に対して、保険料の 30％ ～ 50％（1,2 等級は 50％、3,4 等級は 30％）を助成する制度を実施している。また、ソウル市も 2019 年から従業員がいない自営業者の雇用保険料を 30％助成（最大 3 年間）する制度をスタートし、段階的に対象者を拡大している（2019 年 4 千人、2020 年 8 千人、2021 年 1 万 3 千人、2020 年 2 万人）。このように、ソウル市で自営業を営んでいる従業員がいない自営業者の場合、中小企業ベンチャー部の助成制度とソウル市の助成制度を合わせて、最大 80％まで保険料の助成が受けられる。

　しかしながら、このような助成制度が実施されているにもかかわらず、2020 年 3 月現在の自営業者の雇用保険制度の加入者数は 24,731 人で自営業者の 0.2％に留まっている。なぜ、自営業者は雇用保険に加入ないのか？その理由としては、まず保険料の負担が大きいことが考えられるが、それより大きな理由として、雇用保険に加入することで所得と財産を捕捉されるのを嫌う傾向が挙げられる。所得や財産が把握されると、雇用保険以外にも公的医療保険、国民年金、労災保険のような他の公的保険にも加入する義務が生じるからだ。

　では、自営業者以外の雇用関係によらない就業者はどうであろうか。もともと政府が打ち出した構想では、特殊雇用職従事者、ギグワーカー、フリーランスなども対象に含めるはずだった。しかし、その実現には課題が多い。何より自営業者と同様に、雇用関係によらない就業者の所得

を捕捉するのは難しい。特にギグワーカーは複数の国にまたがって働いている可能性も高いので尚更だ。ギグワーカーはIT技術の発達により増え続けているものの、まだ正確な実態すら把握されていない。まず、政府がギグワーカーの実態を把握するために調査を行うと共に所得捕捉率を高めるための対策を工夫する必要がある。

　自営業者や雇用関係によらない就業者を雇用保険に入れる際の保険料負担も明確にしなければならない。つまり、雇用保険の事業主負担分を加入者が全額負担するのか、事業主に責任を問うのか、税金で支援するのかが決まっていない。事業主に責任を問うと事業主の強い反発が予想される一方、税金で支援すると国の財政負担が大きくなる。

　また、モラルハザードに対する対策も必要だ。自営業者や雇用関係によらない就業者は、雇用者に比べて仕事の量を調整、あるいは仕事をするかしないかを決める自由度が高く、失業給付を受給するために廃業や仕事を受注しないことを選択する可能性もある。

　以上のことを考えると、「国民皆雇用保険制度」の施行はそれほど簡単ではない。今後、働き方がより一層多様化していくことを考えると、雇用保険制度の中にもそれに応じた多様性や柔軟性が求められるだろう。最近、日本でもギグワーカーやフリーランスなど雇用関係によらない就業者が増えていることを考えると、韓国政府の「国民皆雇用保険制度」の導入に関する動きは示唆するところが大きい。

7．ベーシックインカムなどの所得支援策の導入に対する議論が活発

　新型コロナウイルスの勢いが弱まる気配を見せていないと、韓国ではベーシックインカムの導入に対する議論が進んだ。ベーシックインカムとは、政府が財産や所得、そして勤労の有無等と関係なく、無条件ですべての国民に生活に最低限必要な現金を支給する政策である。

　ベーシックインカムは、フィンランド、カナダ、オランダ等で一部の人や地域を対象に実験的に実施されたことはあるものの、まだ本格的に導入した国はない。2016年にはスイスでベーシックインカムの導入案

をめぐって国民投票が行われた。導入推進派はすべての大人に月2500スイスフラン（日本円で約27万円）、未成年者に月625スイスフラン（同約6万8千円）を支給する案を提案した。これに対して、連邦政府を含む反対派は膨大な費用が掛かることや、働く意欲を失う労働者が増えること、そして海外の低所得者を中心にスイスへの移民が増える恐れがあることを理由にベーシックインカムの導入に対して反対を表明した。投票の結果、有権者の約8割が反対し、ベーシックインカムの導入案は否決された。財源を含めた具体的な内容が決まっていないこと、既存の豊かな福祉制度を失うことに対する不安や海外からの移民増加に対する懸念が高まったこと等がスイスの国民がベーシックインカムに反対した主な理由である。

　スイスを含めた海外の事例を見る限りでは、まだ課題が多いように見えるベーシックインカムになぜ韓国の政治家や地方自治体等は関心を持つようになったのだろうか。韓国においてベーシックインカムに対する議論が広がり始めたのは新型コロナウイルスの感染拡大以降、韓国政府や地方自治体がそれぞれ緊急災難支援金を支給してからである。

　文政権は2020年3月19日から4月22日まで「非常経済会議」を開催し、3月30日に行われた3回目の会議で所得下位70％に当たる約1400万世帯に1世帯当たり最大100万ウォンの緊急災難支援金を支給することを決めた。その後、4月末に緊急災難支援金の支給対象はすべての国民に拡大され、5月11日から5月28日までの間に全国の2116万世帯に支給された（支給率は97.5％、支給額は13兆3354億ウォン、一部の世帯は国へ寄付）。また、地方自治団体も政府とは別途に緊急災難支援金を支給した。例えば、京畿道が道内に住民票をおいている全ての住民に一人当たり10万ウォンを支給したことが挙げられる。

　緊急災難支援金が支給されて以降、ベーシックインカムに対する韓国国民の関心も高まっている。大手世論調査機関のリアルメーターが2020年6月5日に全国の満18歳以上の成人500人を対象にベーシックインカム導入の賛否について聞いたところ、回答者の48.6％が「最低限の生計保障のために賛成する」と答え、「国家財政に負担になり税金が増えるので反対する」（42.8％）を上回った。

　韓国でベーシックインカムの導入に最も積極的な立場を見せたのは2020年に京畿道知事であった李在明（イ・ジェミョン）氏である。彼は

京畿道の城南市長に在任していた 2016 年に城南市に居住している満 24 歳のすべての若者に四半期ごとに 25 万ウォンの地域通貨（1 年に 4 回、合計 100 万ウォン）を「青年配当」という名前で全国で初めて支給した。当初は満 19 〜 24 歳の若者を対象者に支給する計画であったものの、予算上の問題もあり対象者を満 24 歳の若者だけに限定した。さらに、2018 年 6 月に京畿道知事に当選した彼は、城南市で実施した「青年配当」を「青年基本手当」という名前に変更し、2019 年から京畿道の 24 歳の若者に支給した。

図表 6-16　世帯人員・給付別「国民基礎生活保障制度」対象者の所得基準（2020 年）

単位：ウォン

世帯人数	1 人	2 人	3 人	4 人	5 人	6 人	7 人
基準中位所得	1,757,194	2,991,980	3,870,577	4,749,174	5,627,771	6,506,368	7,389,715
生計給付対象者の所得基準 （基準中位所得の 30%）	527,158	897,594	1,161,173	1,424,752	1,688,331	1,951,910	2,216,915
緊急生計給付対象者の所得基準 （基準中位所得の 15%）	263,579	448,797	580,587	712,376	844,166	975,955	1,108,457
住居給付対象者の所得基準 （基準中位所得の 45%）	790,737	1,346,391	1,741,760	2,137,128	2,532,497	2,927,866	3,325,372
医療給付対象者の所得基準 （基準中位所得の 40%）	702,878	1,196,792	1,548,231	1,899,670	2,251,108	2,602,547	2,955,886
教育給付対象者の所得基準 （基準中位所得の 50%）	878,597	1,495,990	1,935,289	2,374,587	2,813,886	3,253,184	3,694,858

注）基準中位所得：世帯員が 1 人増加するたびに 883,347 ウォンずつ増加

出所：保健福祉部（2020）「2020 年国民基礎生活保障事業案内」を用いて筆者作成

但し、城南市や京畿道で支給された「青年基本手当」をベーシックインカムと言うのは難しい。そもそも、ベーシックインカムは、個人単位に支給される「個別性」、すべての人に支給される「普遍性」、働くことを条件としない「無条件性」、一時ではなく定期的に支給される必要がある「定期性」、現金が支給される「現金支給の原則」、生活に十分なお金が支給されるべき「十分性」を条件としている。この点を考慮すると、城南市や京畿道の「青年基本手当」は、対象を満 24 歳に限定したこと、現金ではなく限定された地域だけで使える地域通貨が支給されたこと、そして生活に十分な金額が支給されていないことから、ベーシックインカムの「普遍性」、「現金支給の原則」、「十分性」を満たしていない。特に、「十分性」が大きく欠如している。1 年間 100 万ウォンは 1 ヶ月で約 8 万 3000 ウォンであり、2020 年の国民基礎生活保障制度の 1 人基準

生計給付額52万7158ウォン（所得と資産を所得に換算した金額の合計が0である時の給付額）を大きく下回っている。

　一方、当時の李在明知事は、2020年6月20日に出演したテレビ番組（MBC、100分討論）で、5月に支給された緊急災難支援金により、消費が増え伝統市場を含めた地域経済が活性化したことを成功例として挙げながら、ベーシックインカムの導入の必要性を主張した。彼は、今後、「青年基本手当」の適用対象を京畿道のすべての住民を対象に拡大した後、将来的には韓国国内のすべての人々に定期的に一定金額の手当を支給したいという意志を明らかにした。具体的には最初は1年に2回程度、すべての国民に一定金額を支給した後、段階的に支給回数や支給金額を増やし、将来（10〜15年後）には増税分を財源に一人当たり実質月50万ウォン程度のベーシックインカムを支給することが望ましいと主張した。この金額は上記で言及した国民基礎生活保障制度の1人基準生計給付額52万7158ウォンに匹敵する金額である。2019年の人口約5200万人を基準に計算すると、必要財源は年間312兆ウォンに至る。ちなみに、312兆ウォンは2020年の政府予算の約6割に該当する金額である（図表6-16）。

　保守系の最大与党である「未来統合党」もベーシックインカムの導入に積極的な立場を見せた。当時の未来統合党の金鍾仁（キム・ジョンイン）非常対策委員長は、2020年7月14日に開かれたフォーラムで「4次産業革命により、仕事が多くなくなる時期に備え、市場経済を保護しながら市場での需要を持続させるためには所得を国民に支給することがベーシックインカムの本来の概念である」と主張した。しかしながら、「今すぐ推進することは難しく、すべての国民に同じ金額を支給することも現実的に不可能である… まずは低所得層中心に支給すべきだ」と与党や李在明知事の主張とは距離を置いた。

　当時の呉世勲（オ・セフン）前ソウル市長は年間所得が一定基準を下回る世帯に対して、世帯の所得に合わせて差等的に不足分を現金で支給する「安心所得制」の導入を提案している（図表6-17）。安心所得制は、負の所得税を参考にしたもので、稼働などにより当初所得が多いと給付後世帯所得も多くなるように設計されている。例えば、基準額を年6,000万ウォンに設定した場合の世帯所得別支給額や給付後の世帯所得は図表6-17の通りである。

図表 6-17　「安心所得制」の例（4 人世帯、基準額 6,000 万ウォン基準）

基準額	当初世帯所得	給付対象額 （基準額－当初所得）	給付率	給付額 （給付対象額×給付率）	給付後世帯所得 （当初世帯所得＋給付額）
6,000	1,500	4,500	0.5	2,250	3,750
6,000	2,500	3,500	0.5	1,750	4,250
6,000	3,500	2,500	0.5	1,250	4,750
6,000	4,500	1,500	0.5	750	5,250

　一方、ベーシックインカムの導入に反対する声もある。延世大学のヤンゼジン教授は 7 月 21 日開催されたベーシックインカム関連フォーラムで「コストパフォーマンスが低いベーシックインカムでは貧困の死角地帯を解消することも所得を保障することも難しい。韓国の福祉国家の発展は社会保障を強化することで解決すべきである」とベーシックインカムの導入に反対の意見を表明した。

むすびにかえて

　韓国で新型コロナウイルスの感染者が初めて確認されてから 2023 年 7 月時点で約 3 年と 6 カ月が過ぎた。1 日の最大新規感染者数は第 1 派の 909 人から 2022 年 3 月 17 日には 621,197 人と過去最高を記録した。その後ワクチンの接種者が増えたこと等により下感染者は減少傾向を見せ、2023 年 5 月時点の 1 日の新規感染者数は 2 万人を下回ることになった。

　韓国政府は、新型コロナウイルスの新規感染者数が減少傾向を見せると、2023 年 1 月 30 日から屋内のマスク義務を解除した。また、韓国政府は、3 月 20 日からはマスク着用義務を一部の場所・施設を除き解除すると発表した。これにより公共交通機関（バス、鉄道、都市鉄道、旅客船、渡船、タクシー、航空機等）、マートや駅舎等の大型施設内にある開放型薬局についても、マスク着用義務が解除された。人々はマスクの拘束

から自由になり、筆者が韓国を訪ねた 6 月末にもマスクを着用している人はごく一部であった。

2022 年 6 月から外国人観光客の受け入れを再開した結果、外国人観光客の姿が増え、観光地は外国人観光客で賑わっている。2023 年 5 月に韓国を訪ねた外国人観光客数は約 86.7 万人で、前年同月の 17.5 万人より 5 倍近く増加した。同期間における海外出国者数も 31.6 万人から 168.3 万人に増えた。

WHO は 2023 年 5 月 5 日に新型コロナウイルスの感染拡大を受けて出していた「国際的に懸念される公衆衛生上の緊急事態」の宣言を終了すると発表した。新型コロナウイルスによる死者の減少、入院や集中治療室利用の減少、集団免疫の高さなどが緊急事態の宣言を終了した主な理由である。従って、今後はパンデミック時代からエンデミック時代に移行することになる。エンデミックとは、ウイルスや細菌による感染症の流行が一定の地域や季節に繰り返されることを意味する。韓国政府はエンデミック時代にどのように国民の健康や生活を守り、国民の効用を高める政策を実施するかを慎重に検討していくべきである。

コラム：韓国の新型コロナウイルスの勝者は
「フライドチキン専門店」？

韓国のプライドチキン専門店の数は日本のコンビニ店舗数を上回る

＜韓国退職者の生きる縁として日本のコンビニよりたくさんあるフライドチキン専門店に追い風が吹いているが、実態は3年しか続かない厳しい現実＞

　コロナ禍で多くの飲食店が業績悪化に苦しんでいる中で、一時は「自営業者のお墓」とも言われていたフライドチキン専門店の売上が好調である。新型コロナウイルスの影響でデリバリや持ち帰りによる中食が増加したからである。

　韓国のフライドチキン専門店業界1位の「KyoChon」チキンの上半期の売上は2,156億ウォンで、昨年の上半期より15.8%も増加した。業界2位の「bhc」の売上の増加幅も約30%に達した。売上の増加をきっかけに「KyoChon」チキンを展開するKyoChon F&Bは11月12日にKOSPI（大手優良企業を対象とした韓国の有価証券市場）に上場し、上場日に上限価格を達成した。飲食業（外食）のフランチャイズとしては初めての上場である。KyoChon F&Bは、現在、韓国を含めた世界7カ国に1234店を展開している店舗数を2025年までに1,500店まで増やす計画である。

　韓国は「チキン共和国」と言われるほど、フライドチキン専門店が多い。韓国統計庁の発表によると、2018年時点の韓国のフライドチキン専門店の数は37,000店に達している。一方、民間シンクタンクのKB経営研究所は、フライドチキン専門店に「ビール＆フライドチキン専門店」（以下、フライドチキン専門店）で認可を受けたお店を加えて、韓国のフライドチキン専門店は2019年2月現在約87,000店に達すると発表した。2019年3月末時点の日本のコンビニ店舗数5万8340店を大きく上回る数値である。

　韓国にフライドチキン専門店が多い理由としては、2016年に「高齢者雇用促進法」が施行される前までに定年が法律により義務化されていなかったことが挙げられる。韓国では2013年4月30日に「高齢者雇用促進法」

　が国会で成立したことにより、2016 年からは従業員数 300 人以上の事業所や公的機関に、さらに 2017 年からは従業員数 300 人未満のすべての事業所や国、そして地方自治体に 60 歳定年が義務化された。

　定年が法律により義務化されていなかった時代に会社を辞めた 50 代前半や 50 代中半の中高年者は退職金等を使って、フライドチキン専門店をオープンした。デリバリや持ち帰り中心にお店を運営すると、お店が狭くても問題なく、他の飲食店に比べて賃貸料などの費用や開店費用（平均 5,725 万ウォン、日本円で約 549 万円（2020 年 12 月 4 日為替レート適用））で負担が小さい、また、簡単な研修を受けて一週間ぐらい練習をすれば開店できること等がフライドチキン専門店の人気の秘訣だった。フライドチキン専門店の年間開店数は「高齢者雇用促進法」が施行される前の 2014 年に約9,700 件でピークに達した以降は減少傾向に転じたものの、2018 年時点にも約 6,200 店が新しくお店を開いている。2015 年以降開店数が減少したのは 2016 年に「高齢者雇用促進法」が施行され、60 歳定年が義務化されたのが一つの原因ではないかと考えられる。

韓国におけるフライドチキン専門店の年開店・閉店数

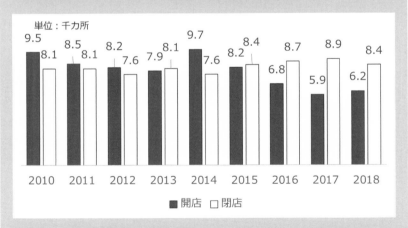

出所：行政安全部「地方行政認・許可データ」ホームページ（2020 年 12 月 4 日接続）、キムテファン（2019）「KB 自営業分析報告書：チキン店の現状及び市場分析」

問題は、フライドチキン専門店を含めた自営業者の生存期間が長くないことである。韓国銀行の経済研究院が2017年に発表した報告書によると、飲食・宿泊業の平均生存期間は3.1年に過ぎないことが明らかになった。フライドチキン専門店の閉店数は2015年から開店数を上回り、2018年には約8,000店が閉店に至った。同時点の開店数6,200店を大きく上回っている。

　新型コロナウイルスの影響でフライドチキン専門店の売上が一時的に増加しているものの、韓国経済が回復しないとフライドチキン専門店の繁栄も長くは続かない。特にフライドチキン専門店の多くはお店の開業のために退職金を使い切り、さらに多くの債務まで抱えている。お店がつぶれると再就職も難しく後がない。パンデミック時代からエンデミック時代への移行をきっかけに、世界経済がいち早く正常化されることを強く願うところである。

第7章
韓国経済は今後どうなるだろうか?

1. 一人当たり GDP が増えても普通の韓国人が豊かになれない理由

　韓国における 2017 年の一人当たり GDP（国内総生産：国内で 1 年間に生産されたモノやサービスの付加価値の合計額を人口で割ったもの）は 31,617 ドル[62] と、ようやく 3 万ドルの壁を超えた。韓国戦争が終わった時点の 1953 年の一人当たり GDP が 67 ドル[63] であったことに比べると、目覚ましい成長であり、2006 年に一人当たり GDP が 2 万ドルを超えてから 11 年ぶりの成果である。一方、2017 年の一人当たり GNI（国民総所得＝国民が国内外から 1 年間に得た所得の合計額を人口で割ったもの）も 30,300 ドル に達している[64]。一人当たり GDP や一人当たり GNI 3 万ドルは一般的に先進国入りの基準として認識されてきたので、韓国はようやく先進国の仲間入りを果たしたといえるだろう。しかしながら、なぜか国民の体感度はそれほど高くない。

　その理由の一つとして GDP の中には家計の所得だけではなく、企業や政府の所得も含まれている点が挙げられる。つまり、GDP から政府や企業の所得を引いて、税金や社会保険料などの支出を除いた総所得を人口で割った 1 人あたりの家計総可処分所得（PGDI：Personal Gross Disposable Income）の 1 人あたり GDP に対する比率は 2017 年現在 55. 7 ％ で、2016 年の 56.2％ より低下している。また、GDP の増加率が 2000 年から 2017 年の間に 172％ であったことに比べて、1 人あたりの家計総可処分所得の増加率は 122％ で GDP の増加率を下回っている。GDP の中で家計の所得が占める割合が高くないのが 1 人あたり GDP が増加しても、国民が実感しにくい一つの理由になっていると考えられる。

　一方、韓国経済は貿易への依存度が高く、輸出額に占める大企業の割

62　THE WORLD BANK, GDP per capita（current US$）- Korea, Rep.

63　韓国銀行（2014）「国民会計（1953 ～ 99 年）改編結果」『Quarterly National Accounts Review』4th 2014

64　国統計庁ホームページ「一人当たり国民総所得（名目）」https://kosis.kr/statHtml/statHtml.do?orgId=101&tblId=DT_2KAA902_OECD

合が高いことも一般国民が所得の増加を実感できない一つの理由ではないかと思われる。例えば、2017年の対GDP比貿易依存度は68.8％で、日本の28.1％を大きく上回っている。さらに、企業数では0.9％に過ぎない大企業の輸出額が輸出総額に占める割合は66.3％（2017年）に達している。大企業で働いている労働者は輸出増加により企業の利益が増えると、成果給が支給されるので、景気回復を実感しやすいものの、輸出に占める割合が低い中小企業に従事している労働者は所得の増加を体験する可能性が低い。このような点を含めて、現在韓国社会は二極化が進んでいる。

　韓国統計庁の「2022年経済活動人口調査勤労形態別付加調査」によると、2022年8月時点の非正規労働者の割合は37.5％まで上昇した。雇用が減少し非正規労働者が増加すると、今後所得格差が広がる恐れがある。韓国統計庁の「2023年第1四半期家計動向調査」によると、所得が最も低い所得下位20％世帯（第Ⅰ階級）の「1カ月平均所得」は、107.6万ウォンで対前年同四半期比と比べて3.2％増加した。しかしながら、所得下位20％世帯の「1カ月平均勤労所得」は22.6万ウォンで、同期間に1.5％減少した。一方、所得が最も高い所得上位20％世帯（第Ⅴ階級）の「1カ月平均勤労所得」は同期間に6.0％増加している。所得下位20％世帯の所得は、政府からの移転所得が約半分を占めており、政府からの移転所得がなかった場合、所得下位20％世帯と所得下位20％世帯の所得格差はさらに広がっただろう。

　大企業の不動産投資の拡大は大企業と中小企業の格差を広げる要因となっている。2019年2月26日に経済正義実践市民連合（以下、経実連）が発表した調査結果によると、サムスン、現代自動車、SK、LG、ロッテという、いわゆる5大財閥グループ（以下、5大グループ）の土地の帳簿価格（会計上で記録された資産や負債の評価額）は2007年の23.9兆ウォンから2017年には67.5兆ウォンへ、43.6兆ウォンも増加していることが明らかになった。5大グループが保有している土地資産の帳簿価格は10年間に2.8倍も上昇し、同期間における売上高の増加倍数2.1倍を上回っている。物価上昇等を反映した公示地価と実際の取引価格が帳簿価格を大きく上回っていることを考慮すると、土地の取得により企業が得られる利益はさらに大きいと考えられる。

　さらに、地域間の格差も広がっている。人口は首都圏に集中し、一部

の地域の高齢化率は40％近くまで上昇し、過疎化が進んでいる。外国人の投資もソウルを中心とした首都圏や一部の地域に偏り、財政力指数も地域間で大きな差を見せている。持てる者と持たざる者の間の意識の差も広がっており、政治的スタンスも保守と改革に分かれている。つまり、現在、韓国社会は経済や意識などの多様な分野で二極化が進んでいると言える。

　韓国政府が、家計の可処分所得の増加と国民の所得増加に対する満足度を高めるためには、大企業や貿易の偏っている現在の経済システムを変え、中小企業を育成すると共に、内需を活性化する対策を行わなければならないだろう。また、韓国社会に広がっている様々な二極化を解決し、皆が望む公正な社会を実現するために、どのような政策を優先的に実施すべきなのか等、慎重に議論を行う必要がある。

2．韓国の破産も招きかねない家計債務の実態

　韓国における家計債務は継続的に増加傾向にある。家計債務とは、家計部門が抱える金融機関などからの借金のことであり、住宅や自動車のローン、クレジットカードを使った借り入れなどが含まれる。2021年の家計債務は1862兆ウォンで、対前年同期比で7.7％も増加した。一方、2022年の家計債務は1867兆ウォンで過去最高を記録したものの、対前年同期比は0.2％増加にとどまった（図表7-1）。2022年の対前年同期比増加率が低かった理由は政策金利の引き上げにより住宅ローンを含めた金融機関の金利が大幅上昇したことが挙げられる。

図表 7-1　家計債務と家計債務の対 GDP 比の推移

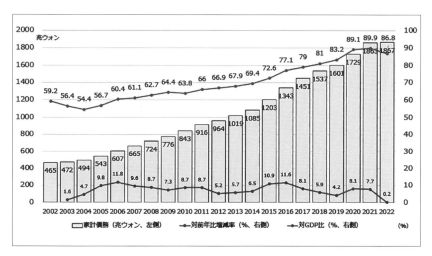

出所：統計庁（2022）「2022 年家計金融福祉調査結果」より筆者作成

　一方、韓国統計庁、金融監督院、韓国銀行が 2022 年 12 月に発表した「2022 年家計金融・福祉調査結果」によると、債務を抱える世帯の割合は 63.3％で、その債務金額は「1.1 億ウォン以上～ 2 億ウォン未満」が 16.5％で最も多く、次いで、「1 千万ウォン以上～ 3 千万ウォン未満」（16.1％）、「1 千万ウォン未満」（13.1％）、「3 億ウォン以上」（12.4％）の順であった。世帯属性別に見ると、40 代世帯と自営業者世帯の家計債務がそれぞれ 12,328 万ウォンと 12,381 万ウォンで最も多かった。

　では、なぜ家計債務は増加しているのだろうか。第 1 に考えられる理由として、低金利が長期間続いたことが挙げられる。2008 年 8 月に 5.25％まで上がっていた韓国銀行の基準金利は、その後低下し続け、2019 年 12 月には 1.25％まで低下した。基準金利の影響を受け、金融機関の貸出金利も低下している。例えば、アジア経済危機の影響により 1998 年第 2 四半期に 17.7％まで上昇した「銀行の信託勘定家計貸出金利」は、2017 年第 2 四半期には 2.89％まで低下した。不動産価格が上昇する中で、低金利貸出に対する需要が増加したと考えられる。但し、最近は韓国の中央銀行である韓国銀行が政策金利を大きく引き上げている。

　家計債務が増加した二つ目の理由としては、貸し出しに対する韓国政

府の規制が緩和されたことが挙げられる。韓国政府は2014年に不動産市況活性化のために、個人向け貸し出しLTV（担保認定比率：住宅を購入するときにその住宅価値のどのぐらいまで銀行から貸してもらえるかの比率＝Loan to Value Ratio）とDTI（住宅担保貸出に対する元利金返済額が所得に占める比率＝Debt to Income Ratio）という家計貸出の審査基準を緩和した（LTVは全国同一に70％で、首都圏にだけ適用するDTIは60％）。その結果、住宅を購入するときにその住宅価値の70％までを銀行から借り入れることが可能となり、所得の60％水準までは借金して、不動産を購入することができるようになった。

　しかし、それでも家計債務が増え続け、不動産投機による不動産価格の高騰が続くと、韓国政府は2017年6月に「6.19不動産対策」を発表し、2017年7月からLTVは既存の70％から60％に、DTIは既存の60％から50％に引き下げ、貸出審査を厳しくした。また、2017年8月には「8.2不動産対策」を発表し、「投機過熱地区」に指定された地域に対してはLTVとDTIの基準を40％に引き下げるなど貸出基準を引き上げた。さらに、金融委員会は、DTIには反映されない信用貸出、自動車ローンなどすべての貸し出しの元利金返済能力を表す指標である「DSR」を2018年10月から銀行圏（一般銀行、地方銀行、特殊銀行）に導入し始めた。

　DSRとはDebt Service Ratioの頭文字で、債務返済額（元利金）が可処分所得に占める比率である。金融委員会は、DSRが70％を超える場合を「高リスク」と分類し、一般銀行の場合、新規貸出のうちDSRが70％を超える貸出は全貸出の15％以内に、DSRが90％を超える貸出は全貸出の10％以内に制限するように勧告している。

　家計債務が増加した三つ目の理由としては景気低迷などの影響で早期退職した中高年齢者などがチキン店などの自営業を始めるために貸出をするケースや低所得層が生活費をまかなうために貸出をするケースが増加したことが考えられる。韓国では2013年4月30日に「雇用上の年齢差別禁止および高齢者雇用促進法改正法」（以下、「高齢者雇用促進法」）が国会で成立したことにより、2016年からは従業員数300人以上の事業所や公的機関に、さらに2017年からは従業員数300人未満のすべての事業所や国、そして地方自治体に60歳定年が義務化されている。しかしながら60歳定年が義務化される前には多くの労働者が50代前半に会社を辞めており、生活のために自営業者になるケースが多く、2021年

時点でも自営業者の割合は 23.9% [65] に達している。

　家計債務の増加は家計の消費支出の減少による内需の縮小や経済成長率の鈍化、そして金融システムのリスク増加をもたらす恐れがある。最近、韓国政府が貸出に対する規制を強化することにより、家計債務の増加速度は少し緩やかになっている。しかしながら、規制が強化されることにより、所得に占める元利金の返済比率が高い低所得層や非正規労働者世帯、そして零細自営業者は、以前よりお金を借りることが難しくなり、返済や家計のやりくりに苦労している。また、彼らの多くは債務を返済するために消費を減らす選択をするだろう。もっぱら債務の返済のために働き続けると、生きることに精一杯になり、将来の夢について考える余裕もなくなっている。働いても働いても豊かになれない世帯が増え続け、格差は広がる一方である。従って、今後、韓国政府は家計債務の問題を慎重に受け入れ、解決のための対策を講じる必要がある。現在、韓国が抱えている家計債務の問題はただ個人の問題ではなく、金融危機やそれによる国家破産の原因にもなりえることを忘れてはならないだろう。

3．なぜ韓国の若者は仮想通貨に熱狂するのか？

　韓国では仮想通貨に対する若者の関心が高まる中で、価格の乱高下により被害を受ける者も増加している。仮想通貨とは、国家やその中央銀行によって発行された法定通貨ではなく、ブロックチェーン [66] という仕組みにより管理される「暗号資産」で、主にインターネット上で電子的な決済手段として広く流通している。

　最近は、法定通貨との混同を防止するために、「暗号資産」という名

65　OECD-Data Self-employment rate
66　「ブロックチェーン」とは複数の取引を1つのブロックにまとめて記録し、それを鎖のようにつなぐ技術である。すべての取引が公開されるので、不正取引を防止する仕組みとなっている。

称も使われており、仮想通貨の代表的な例として「ビットコイン」や「イーサリアム」などが挙げられる。

　韓国では2013年4月に「コービット（新韓銀行と提携）」が初めて仮想通貨取引所を設立した後、2014年12月に「ビットサム（NH農協銀行と提携）」と「コインワン（NH農協銀行と提携）」が次々と取引所を設立。仮想通貨の市場規模が急速に拡大した。

　韓国の代表的な仮想通貨取引所である「ビットサム」は2017年8月19日の1日の取引高が約2.6兆ウォンに達したと発表した。これは2017年8月18日の韓国証券取引所(KOSDAQ)の1日取引高約2.4兆ウォンを上回る金額である。

　さらに、仮想通貨の元祖とも言える「ビットコイン」の2017年12月初めの価格は年始の20倍以上に暴騰した。8万ウォン（約7,800円）を投資して資産が280億ウォン（約27.4兆円）まで増加した人などの成功事例がマスコミから次々に報道され、若者を中心に仮想通貨市場への関心はさらに高まった。

　韓国のリクルート情報サイト「サラムイン」が2017年12月に会社員941人を対象に実施した調査では、回答者の31.3％が仮想通貨に投資していると回答した。一人当たりの投資金額は100万ウォン（約9.8万円）未満が44.1％で最も多く、1000万ウォン（約98万円）以上を投資した人も12.9％に達した。一人当たりの平均投資金額は566万ウォン（約55万円）だった。

　仮想通貨取引の急増を受けて、韓国政府は仮想通貨の不正利用や過剰な投機ブームを防ぐ目的で規制を強化し始めた。2017年12月28日には、実名での取引を義務付ける「仮想通貨取引実名制」や仮想通貨のオンライン広告への規制強化などを柱とする特別対策を実施すると発表した。

　さらに、2018年1月には当時の朴サンギ法務部長官が仮想通貨取引所の閉鎖に向けた特別法を制定する方針を明らかにした。すると、市場が反応し仮想通貨の価格は急落した。また、「取引所閉鎖」という発言に対して、20代や30代が強く反発し、文政権の支持率を下げる原因にもなった。

　実際、仮想通貨に対する20代と30代を中心とする若者の関心は他の世代より高い。不動産や株式より投資しやすく、デバック（デバックは韓国語で、大儲けという意味）が期待できるからだ。2021年4月21日に

野党「国民の党」の権垠希議員が公開した韓国の大手仮想通貨取引所4カ所（ビットサム、アップビット、コインワン、コービット）の投資家内訳を見ると、2021年の第1四半期の上記した取引所4カ所の新規加入者は249万5,289人で、このうち20代と30代の割合はそれぞれ32.7％と30.8％で、全体の6割を超えていることが明らかになった。

　また、就業情報サイト「アルバ天国」が大学生1750人を対象に実施したアンケート調査（5月24日に公開）でも、回答者の半分以上（52.9％）が仮想通貨を肯定的に考えており、回答者の約4分の1（23.6％）は現在仮想通貨に投資していると答えた。

　同調査によると、若者が仮想通貨への投資を始めた最大の理由は「比較的に小額で投資が可能な点」（25.2％）であり、次いで「多様な投資を経験するため」（16.3％）、「既存の財テク手段より収益率が高い」（15.1％）などの順であった。

　大学生の平均投資金額は141万ウォン（約13.7万円）で、上述した会社員の566万ウォン（約55万円）を大きく下回った。投資金額は、アルバイトからの収入（66.4％）、親からのお小遣（15.7％）、預貯金を解約した資金（11.1％）などから調達されていた。

　一時は1日の取引高が20兆ウォン（約1.95兆円）を超えるなど、若者を中心に仮想通貨が再び過熱気味な傾向にあり、韓国政府は再び規制強化に動き出している。殷成洙（ウン・ソンス）金融委員長は2021年4月22日、「仮想通貨については税金を賦課する計画である。但し、金融資産としては認めることはできないので政府の保護の対象にはならない。（中略）特定金融情報法が3月に施行されたことにより、今年の9月まで政府に登録した仮想通貨取引所のみ運営が許可されるが、4月22日時点で登録した仮想通貨取引所は1カ所もない。登録をしないと200ぐらいある仮想通貨取引所はすべて閉鎖される可能性がある」と話した。

　殷委員長発言を受けて、4月23日に韓国の仮想通貨取引所で取引された「ビットコイン」等の仮想通貨は大きく下落した。また、殷委員長の発言に対して、仮想通貨の投資家の間では投資家を保護するなどの措置は何もなく、税金だけ賦課しようとしているという不満の声が出てきた。さらに、殷委員長の自主的な辞任を促す青瓦台国民請願が始まり、5月23日には20万人を超える同意を受けた。

　若者を中心に不満の声が沸き上がると、殷委員長は5月26日に「9

月までに申告を終えた仮想通貨事業者（仮想通貨取引所）を通じて取引する投資家の投資資金は自然に保護される」と発言の強度を弱めた。仮想通貨の主な投資家である 20 代や 30 代の若者を意識したからである。

実際、2017 年末から 2018 年初にわたる、仮想通貨に対する規制強化は若者の政権離れの一因となり、2021 年 4 月 7 日のソウルと釜山のダブル市長選での与党の敗北の原因にもなった。若者の心を取り戻すことは簡単ではない。386 世代や既存世代とは違い、彼らの多くは安定的な職に就いていない。また、生まれつきの不平等の拡大や、文政権の指導部を中心とした公正の欠如により大きな挫折を経験した。

不動産や株式に投資できる経済的余裕がない若者にとって仮想通貨は「デバック（大儲け）」が実現できる、そして既存世帯との格差を縮める最後のチャンスかも知れない。だから、彼らは仮想通貨に対する政府の規制強化を受け入れようとしない。

従って、韓国政府は仮想通貨に対する規制を強化する対策のみならず、なぜ若者が仮想通貨に熱狂しているのかを十分に把握した上で仮想通貨による被害が拡大しないための対策などを講じる必要がある。また、仮想通貨以外にも世代間の格差が解消できるように多様な機会を提供すべきである。

4．なぜ最近韓国では不動産価格が暴落しているだろうか？

高騰を続けてきた韓国の不動産価格が下落に転じた。特に「投資の対象」であったマンション価格の下落が止まらない。韓国不動産院が 2023 年 1 月に発表した「全国住宅価格動向 2022 年 12 月」によると、2022 年 12 月における全国の住宅売買価格指数[67] は 99.7 で、11 月の 101.7 と比べて 1.98％低下した（図表 7-2）。さらに、全国のマンション売買価格指数は同期間に 2.91％も低下（11 月の 101.1 から 12 月には 98.2 に）し、

---

[67]　住宅売買価格指数とマンション売買価格指数ともに 2021 年 6 月の指数が 100

住宅売買価格指数より大きな下落率を見せた。両方とも韓国不動産院が統計を公表し始めた 2003 年 11 月以来最も大きな落ち込み幅である。

図表 7-2　売買価格指数の推移

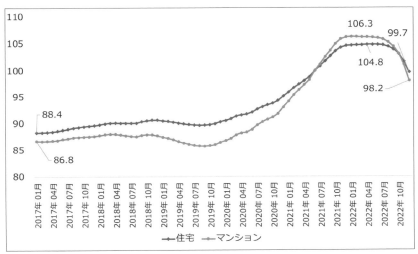

出所：韓国不動産院ホームページから筆者作成、最終利用日 2023 年 2 月 2 日

　高騰を続けてきた韓国の不動産価格が下落に転じた最も大きな理由の一つとして考えられるのが「金利の急上昇」である。韓国の中央銀行にあたる「韓国銀行」は、2020 年 5 月から 1 年 3 カ月間維持してきた政策金利を 0.50％から 2021 年 8 月に 0.75％に引き上げて以来、2023 年 1 月 13 日まで継続して金利引き上げを実行した。その結果、政策金利は 3.5％まで上昇することになった（図表 7-3）。

図表 7-3　韓国銀行の政策金利の推移

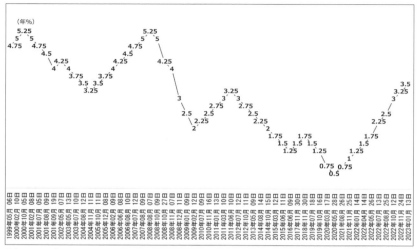

注）2008 年 2 月まではコール金利の目標
出所：韓国銀行ホームページから筆者作成、最終利用日 2023 年 2 月 2 日

　韓国銀行は政策金利を引き上げた理由について、高い水準でのインフレ率が続く中で、物価安定のための政策対応を継続する必要があるからだと説明した。しかし、実際は米連邦準備理事会（ＦＲＢ）が 2022 年に政策金利の大幅利上げに踏み切り、韓国とアメリカの政策金利の差が広がっていることが利上げの判断につながったものとみられる。つまり、韓国の政策金利がアメリカの政策金利を大幅に下回ってしまった場合、海外投資家による投資資金が韓国から引き揚げられ、ウォン安が一気に進むことを防止するための対策だと言える。

　韓国銀行の政策金利の大幅引き上げに伴い、住宅ローンに対する金利負担も急増した。例えば、5 大銀行（KB 国民・新韓・ハナ・ウリィ・NH 農協銀行）の住宅担保ローンの変動金利は 2022 年 1 月の年 3.57 ～ 5.07% から 2023 年 1 月には 5.27 ～ 8.12% まで上昇した。エネルギー高の影響で光熱水道費や生活必需品の価格が上昇し家計を圧迫する中、金利上昇による住宅ローンの返済負担増は不動産投資を躊躇させる要因になった。その結果マンションは売れず、価格は低下し続けている。

　韓国人がマンションを含め不動産への投資を継続する理由は、不動産

を買えば、必ず上がるという不動産不敗神話があったからである。低金利の銀行にお金を預けるよりも、マンション等に投資をした方が収益率が高かった。だからお金を借りてでも投資をし続けたのである。しかしながら銀行から借りられるお金には制限があり、住宅ローンだけで家を買うには限界があった。そこで、マンションを購入するための対策として活用したのが韓国独特の賃貸住宅制度である伝貰（以下、チョンセ）を利用した「ギャップ投資」である。

　チョンセとは、毎月家賃（ウォルセ）を支払う代わりに住宅価格の5〜8割程度のお金を貸主に「保証金」として預ける賃貸制度である。貸主はこの多額の「保証金」を運用して収益を稼ぐ。一方、借主は賃貸契約時にまとまった保証金を支払うことで、月々の家賃を支払う必要がなく、さらに、引っ越しする際には預けた保証金は全額戻ってくるので家賃をセーブすることができる。

　アジア経済危機以前とアジア経済危機直後の金利が高かった時期には、銀行にお金を預けておくだけでも1年間に10％前後の利子収入が得られた。しかし近年は銀行の預金金利が大きく下がっていたため、チョンセの物件は減り、ウォルセの物件が増えた。これは貸主のチョンセ保証金の運用収入が低下したからだ。さらに、2022年6月ごろまではマンション価格の上昇に伴ってチョンセの価格も急騰した。

　一方、「ギャップ投資」とは、住宅の売買価格とチョンセ価格の差額（ギャップ）だけで中高物件を購入する投機の一種である。例えば、10億ウォンの中古マンションに借主が8億ウォンのチョンセで入居している場合、「ギャップ投資」でこのマンションを購入する人は2億ウォンの差額（ギャップ）だけ支払えばマンションを手に入れることができる。仮に2億ウォンを用意することが難しい場合は、チョンセの価格を8億ウォンから9億ウォン等に引き上げて負担を減らすことも可能だ。

　「ギャップ投資」をする人は売買価格とチョンセ価格の差額が小さい物件、つまり、「チョンセ価率」が高い物件を選好する。「チョンセ価率」とは、不動産の売買価格に対するチョンセ価格（チョンセで家を借りるときの保証金の額）の割合であり、「チョンセ価率」が高いとその分初期資金がかからない。ソウルで「ギャップ投資」を利用して住宅を購入している割合は半分[68]（2022年1月〜8月の住宅売買件数基準）を超えている。

---

[68]　中央日報 2022年10月13日「ソウルの「ギャップ投資」割合がさらに上昇53％・・・」

人々は「ギャップ投資」と低金利の住宅ローンを活用し、より良い地域の優良マンションに投資を続けた。その理由は「不動産不敗神話」を強く信じていたからだ。韓国では「魂までかき集めて不動産に投資する」、つまり「ギリギリまで借金をしてでも家を買う」という言葉が流行するほど、無理をしてでも不動産に投資をする人が多かった。

　しかしながら状況は急変した。金利の急上昇によりマンションの需要が急減し、マンションの価格が暴落し始めた。マンションの価格が下落すると資産価値が低下するため、売却する際にその分の損失が発生する。また、マンション価格の下落とともにチョンセの相場も下落し、貸主からチョンセ保証金を返してもらえない借主が続出した。チョンセの相場が下がると、貸主は契約満了時に新たな資金を調達する必要がある。

　例えば、8億ウォンであったチョンセの相場が7億ウォンに下落すると、新しい入居者からは7億ウォンしか保証金をもらえないので貸主は1億ウォンを新たに用意して、チョンセ契約が終わった既存の入居者に渡さなければならない。しかしながら多くの貸主は借主から預けられた保証金と上限ギリギリまで借りた住宅ローンを合わせて、本人が住むためのマンションを購入するかチョンセの保証金として預けているため、短時間に資金を用意できず貸主が借主にチョンセ保証金を返せない例が増えているのである。

　韓国政府は2022年12月21日に「2023年経済政策方向」を発表し、不動産価格の急落を防ぐために、住宅購入者の住宅担保の認定比率（LTV）の引き上げに加え、譲渡税、不動産総合税、取得税の重課税負担を緩和するとともに、ソウルなどの特定地域での複数の住宅所有者に対し、譲渡税の重課税の適用期限を延長することを明らかにした。

　しかしながら、専門家の多くは韓国における不動産価格は今後もしばらくの間は下落し続けると予想している。今後の不動産価格は韓国政府の不動産対策のみならず、金利の動向に影響を受けると考えられる。今回の経験から「魂までかき集めて不動産に投資する」という望ましくない習慣が韓国社会から断ち切られることを強く望むところでる。

５．尹政権の今後のエネルギー政策は？
－原発の比重を拡大し、化学燃料の輸入依存度を縮小

　産業革命以後、地球の温度は持続的に上昇しており、世界の温室効果ガス排出量も増加し続け、二酸化炭素（CO2）をはじめとする大気中の温室効果ガスの濃度は年々高くなっている。国際社会はますます深刻化している気候変動問題に対する国際的な取り組みの重要性を認識し、1992年5月に開かれた国連総会では国連気候変動枠組条約が採択された。そしてこの条約に基づいて1995年からは毎年、国連気候変動枠組条約締約国会議（COP）が開催されている。

　さらに、2015年12月にフランスのパリで開催された第21回国連気候変動枠組条約締約国会議（COP21: Conference of the Parties 21）では、2020年以降の温室効果ガス排出削減等のための新たな国際枠組みとして、パリ協定（Paris Agreement）が採択された（2016年に発効）。パリ協定では、世界の平均気温の上昇を産業革命以前に比べて2度より十分低く保ち、1.5度に抑える努力を追求し、21世紀後半には、温室効果ガスの排出量と吸収量のバランスをとるという世界共通の目標が掲げられた。

　これに対して韓国の文在寅（ムン・ジェイン）前政権は2020年10月に「2050年までにカーボンニュートラル」を宣言し、2021年10月には2030年までに2018年と比べて温室効果ガスを40%削減（達成のためには年平均4.17%の削減が必要）するという国家温室効果ガス削減目標（NDC）を決め、2021年11月に第26回国連気候変動協約当事国総会（COP26）で国際社会に発表した。発電分野では、石炭火力発電を縮小し、再生可能エネルギーを拡大するという考えを示した。

　一方、2022年5月に発足した尹錫悦（ユン・ソンニョル）政権は、原子力発電所を増やし、原子力と再生可能エネルギーの調和によるカーボンニュートラルを推進する方針である。2022年7月5日には「新政権のエネルギー政策方向」が閣議決定・発表され、気候変動に対する対応、エネルギーの安全保障強化、エネルギー新産業創出を通じた強力なエネルギーシステムの実現をビジョンに、原発の比重拡大、化石燃料の輸入

依存度縮小、エネルギー革新ベンチャー企業の拡大が目標として設定された。

「新政権のエネルギー政策方向」では、2030年までに原子力発電所を18基に減らし、エネルギーミックスに占める原発の割合を減らすという文政権の脱原子力政策を廃棄することを明らかにした。そして、施工設計を見合わせていた新ハヌル原発3・4号機の建設再開や安全性確保を前提とした継続運転などを通じ、2030年までに原子力発電所を28基に増やすことにより、原発の割合を30%以上に拡大することを明記した。

韓国におけるエネルギーミックスの割合は、2020年現在、石炭が36.3%、原子力が27.9%、天然ガスが26.7%、再生エネルギーが6.5%、石油が1.2%、水力が0.7%、廃棄物及びその他が0.7%になっており、石炭や原子力、天然ガスの割合が相対的に高い。2021年時点で韓国のエネルギーの海外依存度は92.8%で、輸入額に占めるエネルギーの割合は22.3%に達している。さらに、最近は天然ガス等の価格も大きく上昇し、政策的に抑えられている電気料金も引き上げられ、国民や企業の負担も増加することになった。尹政権としては原子力の比重を高めて、エネルギー価格の高騰が経済に与えるダメージを最小化したいと考えているだろう（OECD平均を100にした場合、韓国の電気料金は家庭用が61、産業用が88程度である）。

太陽光・風力などの再生エネルギーについては産業競争力を強化するための対策として、関連技術の開発、専門人材の養成支援などを言及しているものの、関連政策の具体的な実行を裏付けるような対策は具体的に提示していない。

石炭火力発電は需給状況や系統負荷を考慮し、合理的に削減していく方針である。また、老朽化した石炭火力発電設備をLNG発電に代替し、安定的な電力需給および電力市場状況などを考慮し石炭発電を弾力的に運営する。さらに、水素やアンモニアなどの無炭素電源も、技術力を考慮した上で活用する計画だ。

資源・エネルギー安全保障の不確実性に対応するために「資源安全保障特別法」を制定し総合的資源安全保障体系を構築する。　特別法には国家資源安全保障コントロールタワー（資源安全保障委員会、資源安全保障センターなど）の構築等、資源安全保障の概念や範囲を拡大する内容

が含まれている。核心資源としては既存の石油、ガス、石炭に核心鉱物、水素、再生エネルギー（素材・部品）、ウランなどを新たに含ませる予定だ。

　産業、家庭・建物、輸送など３大主要部門の需要効率化を推進することにより、エネルギーを供給中心から需要中心の効率化政策に転換する。産業部門はエネルギーの消費量が多い企業を対象に効率革新目標設定等自発的協約を推進し、EERS(エネルギー供給者効率向上制度)を義務化する。家庭・建物部門はエネルギーキャッシュバック制度（住居している地域の電気の平均節電量より節電量が多い世帯に電気代の一部をキャッシュバックする制度）を全国に拡大する。輸送部門は電気自動車を対象に電費等級制を実施し、大型・中型貨物車等に対する燃費制度を導入する。

　原発産業については輸出を支援し、2030年までに10基の原発を輸出、独自の小型モジュール炉（SMR）の開発（約4000億ウォンを投入）を推進する。また、潜在力の大きい5大核心分野（水分解、燃料電池、水素燃料船、水素自動車、水素タービン）と素材・部品分野における核心技術の自立を目指す。さらに、低所得層を対象に実施しているエネルギーバウチャー制度を拡大する予定だ。

　韓国政府は今回のエネルギー政策により、化石燃料の輸入依存度が2021年の81.8%から2030年には60%台に減少すると見通した（図表7-4）。また、エネルギーの新産業創出と輸出産業化によりエネルギー関連ベンチャー企業が2020年の2,500社から2030年には5,000社に増え、約10万人の新しい雇用が創出されると期待した。

　尹大統領は2022年12月14日に慶尚北道蔚珍郡で開催された新ハヌル原子力発電所1号機の完工式に祝辞（大雪と寒波の影響で参加できず、祝辞は李昌洋（イ・チャンヤン）産業通商資源部長官が代読）を送り、「新ハヌル1号機の完工は終わりではなく、新たな始まりだ…中略…新政権が発足した以降、前政権で無理に推進された脱原発政策を廃棄し、原発政策を正常化した。今年を原発産業再跳躍の元年にする。」と原発に対する期待感を明らかにした。

図表 7-4　新政権のエネルギー政策目標

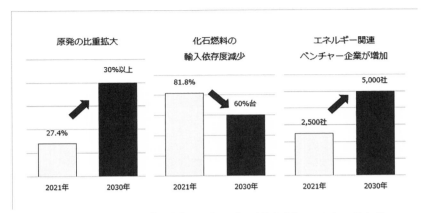

原発の比重拡大

30%以上

27.4%

2021年　2030年

化石燃料の
輸入依存度減少

81.8%

60%台

2021年　2030年

エネルギー関連
ベンチャー企業が増加

5,000社

2,500社

2021年　2030年

出所：関係部処合同（2022）「新政権のエネルギー政策方向」2022 年 7 月 5 日

　ロシアのウクライナ侵攻のような外部環境の急変はエネルギーの海外
依存度が高い韓国にとっては大きなリスクである。予測が難しい動態的
リスクに対して尹政権は今後どのように対応をするだろうか、また、エ
ネルギー政策をどのように実施し、経済発展と国民の生活安定につなげ
るだろうか。尹政権の今後の対応に注目したい。

第8章
日韓における外国人労働者受け入れ対策について

はじめに

　日本で働く外国人労働者の数が毎年増加している。日本で就労している外国人労働者の数は、2022 年 10 月末現在 182 万 2725 人で、届出が義務化された平成 19 年以降、過去最高を更新した。

　日本政府は深刻な人手不足に対応するために、2019 年 4 月に、改正出入国管理・難民認定法を施行し、特定技能 1 号と特定技能機能 2 号という新しい在留資格を新設した。

　改正法の特徴は、今までは許容しなった単純労働分野でも外国人労働者を正式に受け入れることが可能となったことである。日本政府は、特定技能により 2019 年 4 月から 5 年間で最大 345,150 人を受け入れる方針であったものの、新型コロナウイルスの影響もあり、特定技能の在留資格で日本に滞在する外国人の人数は、2023 年 6 月末現在 17 万 3089 人（2 号は 1 2 人）に留まっている。

　一方、韓国政府は 2004 年 8 月に非専門外国人労働者を効率的に活用するために「雇用許可制」を導入した。雇用許可制は、慢性的な労働力不足に苦しんでいる中小企業が政府から外国人雇用の許可を受け、合法的に外国人労働者を労働者として雇用する制度である。

　韓国と同様に、急速な少子高齢化により将来労働力不足の問題を抱えている日本において、韓国の雇用許可制は、単純技能労働者に対する受け入れ対策として参考になるかもしれない。しかしながら雇用許可制が実施された以降にも外国人労働者と関連した問題はすべて解決されていない。

　日韓共に外国人労働者がより安心して活躍できる社会を作るためには、（1）外国人労働者が働く労働条件を改善する、（2）外国人労働者に対する差別の問題を解決する、（3）悪質ブローカーを排除するための対策をより徹底的に行う、（4）企業の負担を最小化する支援を行うなどの対策が必要である 。

1．日本における外国人や外国人労働者の現状

（1）日本における外国人や外国人労働者の現状

　2016年に初めて100万人を突破した日本における外国人労働者数は、2022年10月末現在182万2725人で、届出が義務化された2007年以降、過去最高を更新した（前年比95,504人増加、増加率は5.5％）。また、外国人を雇用する事業所数も298,790所で、前年比13,710所増加した。務化されて以降、最大を記録した。その結果、外国人労働者の就業者全体に占める割合は2.7％まで上昇することになった（図表8-1）。

図表 8-1 外国人労働者数・外国人労働者の就業者全体に占める割合の推移

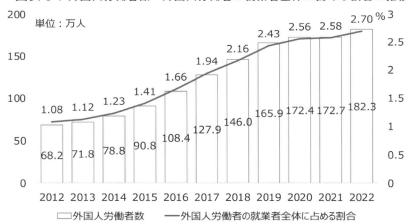

出所：総務省「労働力調査」（各年10月、原数値）：（最終アクセス日は2023年10月22日）、厚生労働省「「外国人雇用状況」の届出状況まとめ【本文】（令和4年10月末現在）」：（最終アクセス日は2023年10月22日）により筆者作成。

　外国人労働者を在留資格別に見ると、定住者（主に日系人）、永住者、日本人の配偶者等の「身分に基づき在留する者」が約59.5万人（外国人労働者全体の32.7%）で最も多く、次いで、「専門職・技術的分野の在留資格」が約48.0万人（同26.3%）、開発途上国からの「技能実習制度（以下、技能実習）」が34.3万人（同18.8%）、留学生のアルバイト等の「資格外活動」が33.0万人（同18.2%）の順となっている。産業別にはその他（59.5万人）

を除いて、製造業が 48.5 万人（外国人労働者全体の 26.6%）、サービス業（他に分類されないもの）が 29.6 万人（同 16.2%）、卸・小売業が 23.8 万人（同 13.1%）で上位 3 位を占めた。

　日本における外国人労働者の特徴は、長期間にわたる就労を目的としている専門職より、資格外活動や技能実習のような短期間の在留資格で働く割合が高いことである。しかしながら、2020 年以降は水際対策が強化され、技能実習生や留学生の受け入れは減少した。実際のデータをみてみると、外国人労働者に占める資格外活動や技能実習の割合は 2019 年の 45.6% から 2022 年には 37.0% に大きく低下していることが明らかとなっている（図表 8-2）。

　国籍別の外国人労働者数では、ベトナムが 462,384 人（外国人労働者全体の 25.4%）で最も多く、次いで、中国が 385,848 人（同 21.2%）、フィリピンが 206,050 人（同 11.3%）、ブラジルが 135,167 人（同 7.4%）の順となっている。対前年と比べて、インドネシアは 47.5%、ミヤンマーは 37.7%、ネパールは 20.3% 増加したことに比べて、中国は 2.8%、韓国は 0.4%、ペルーは 0.4% 減少した。

図表 8-2 在留資格別外国人労働者数と構成比

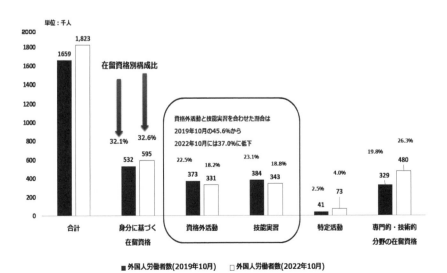

出所：厚生労働省「「外国人雇用状況」の届出状況まとめ【本文】（令和 4 年 10 月末現在）」より筆者作成。

（2）外国人労働者受け入れ拡大の背景

　日本政府が、外国人労働者の受け入れを拡大した理由としては、少子高齢化にともなう人手不足の問題が挙げられる。2021 年 10 月 1 日現在（確定値）の日本の総人口は 1 億 2,550 万人で、2008 年 10 月の 1 億 2,806 万人から 256 万人も少なくなった1。国立社会保障・人口問題研究所は 2017 年に「日本の将来推計人口（平成 29 年推計）」2 を発表し、2065 年には日本の総人口が 8,808 万人まで減少すると予想した。しかしながら 2022 年の出生率は 1.26 まで低下する等、2017 年の将来人口推計に使われた合計特殊出生率（出生率「中位」の 2022 年の出生率は 1.42）を下回っている（図表8- 3）。つまり、今後日本の総人口は 2017 年の推計より減少する可能性が高い。

図表 8-3 日本における合計特殊出生率の推移

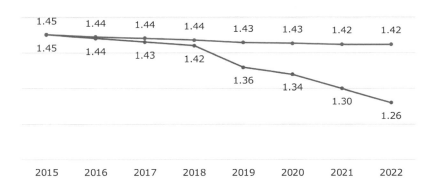

出所：国立社会保障・人口問題研究所（2017）「日本の将来推計人口（平成 29 年推計）：出生中位（死亡中位）推計（仮定値表 11-1　合計特殊出生率の推移）」（最終アクセス日：2022 年 10 月 1 日）等より筆者作成。

　一方、労働力人口は、女性や高齢者の労働市場への参加が増えたことにより、2013 年以降はむしろ増加している。しかしながら、15 〜 64 歳の生産年齢人口の減少は著しく、日本における 2020 年 10 月 1 日現在の 15 〜 64 歳人口は、7,508 万 8,000 人と 2019 年 10 月 1 日に比べ 45.4 万人も減少した。15 〜 64 歳人口が全人口に占める割合は 59.5％と、ピーク時の 1993 年（69.8％）以降、一貫して低下しており、その傾向は、今

後も続く見通しだ（図表8-4）。このように少子高齢化が進行し、生産年齢人口が減少しているなかで、企業は労働力を確保するために、既存の男性正規職労働者を中心とする採用戦略から、女性、高齢者、外国人などより多様な人材に目を向ける必要性が生じた。

図表 8-4 生産年齢人口の推移

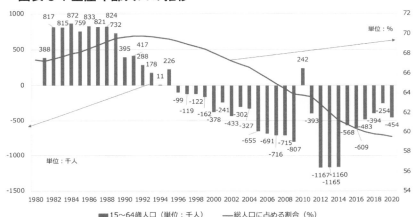

注1）2010 年における 15 〜 64 歳の人口が増えた原因として、国勢調査による人口のうち、年齢不詳の人口を各歳別にあん分したことが挙げられる。
注2）15 〜 64 歳人口と総人口に占める割合は 10 月 1 日基準、2020 年は 8 月 1 日基準（確定値）。
出所 :e-stat「人口推計：長期時系列データ」から筆者作成。

（3）外国人労働者受け入れのための法改正

　日本政府は深刻な人手不足に対応するために、2019 年 4 月に、改正出入国管理・難民認定法を施行し、特定技能 1 号と特定技能 2 号という新しい在留資格を新設した。改正法の特徴は、今までは許容しなった単純労働分野でも外国人労働者を正式に受け入れることが可能となったことである。特定技能 1 号と 2 号は、①求められる技能水準、②対象業種、③日本に滞在できる期間が異なる。その詳細は次のとおりである。

①求められる技能水準

　特定技能 1 号が、相当程度の知識又は経験を要する技能を要する業務に従事する外国人労働者に発給される在留資格であることに比べて、特

定技能2号は、熟練した技能を要する業務に従事する外国人向けに発給する在留資格である。原則として特定技能1号の修了者が試験に合格すると特定技能2号の資格取得が可能になる。

②対象業種

特定技能1号の対象業種は、介護、ビルクリーニング業、素形材・産業機械・電気電子情報関連製造業分野（2022年に製造業の3分野を統合）、建設業、造船・舶用工業、自動車整備業、航空業、宿泊業、農業、漁業、飲食料品製造業、外食業であることに比べて、特定技能2号の対象業種は、建設業と造船・舶用工業（溶接区分のみ）の2業種のみであった。しかし、2023年6月9日に閣議決定により、建設業と造船・舶用工業（溶接区分のみ）以外に、ビルクリーニング、素形材・産業機械・電気電子情報関連製造、自動車整備、航空、宿泊、農業、漁業、飲食料品製造業、外食業の9分野と、造船・舶用工業のうち溶接区分以外の業務区分全てが新たに特定技能2号の対象と追加された。この結果、特定技能1号の12の特定産業分野のうち、介護分野以外の全ての特定産業分野において、特定技能2号の受入れが可能となった[69]。

③日本に滞在できる期間

特定技能1号が通算5年までしか日本に滞在できない在留資格なのに対して、特定技能2号は日本滞在の期間に制限がない。

特定技能1号と2号の在留資格を取得した外国人労働者の受け入れが可能な業種は、人材を確保することが困難な状況にあるため、不足する人材を外国人の確保により図るべき業種に制限されているものの、受け入れ可能な業種は入管法ではなく、法務省令で定められるので、今後、深刻な人手不足が発生したことが認められれば、省令改正により他の業種にも広がっていく可能性がある。

図表8-5は、1993年に導入された技能実習と2019年4月から導入された特定技能の違いについて説明している。両制度の最も大きな違いと

69　本取扱は、2023年8月31日、出入国管理及び難民認定法別表第一の二の表の特定技能の項の下欄に規定する産業上の分野を定める省令等が改正・施行されたことにより、同日から開始されている。

しては在留資格の目的が挙げられる。厚生労働省は、技能実習の目的を「我が国が先進国としての役割を果たしつつ国際社会との調和ある発展を図っていくため、技能、技術又は知識の開発途上国等への移転を図り、開発途上国等の経済発展を担う「人づくり」に協力すること」だと定義している。この定義によると、技能実習の目的は労働ではなく国際貢献であることが分かる。

　しかしながら、公益財団法人国際研究協力機構（JITCO）の「平成29年度技能実習実施機関従業員規模別構成比（団体管理型）」によると、外国人技能実習生を受け入れている企業の従業員数は、10人未満が50.0％で最も多く、次いで10～19人が15.0％、20～49人が14.1％、50～59人が9.5％の順であり、100人以上の企業は11.5％（100～299人は7.5％、300人以上4.0％）に過ぎない。この結果をみると、技能実習は国際貢献よりは中小零細企業における人手不足を解消するために利用されていることがうかがえる。一方、特定技能の目的は人手不足を解消するための労働力の獲得が主になる。技能実習生とは異なり、即戦力として現場で活躍することが期待されている。

図表 8-5 技能実習と特定技能 1 号の制度比較（概要）

	技能実習（団体監理型）	特定技能（1号）
制度の目的	現場での実習を通じて日本の様々な技術を習得した後で帰国し、その技術を母国に広めるという国際貢献を目的とする	人材の確保が困難な一部の産業分野等における人手不足に対応するため、一定の専門性・技能を有する外国人材を即戦力としての労働者として受け入れる
関係法令	外国人の技能実習の適正な実施及び技能実習生の保護に関する法律／出入国管理及び難民認定法	出入国管理及び難民認定法
二国間取決めを結んでいる国（2023年10月現在）	インド、インドネシア、ウズベキスタン、カンボジア、スリランカ、タイ、パキスタン、バングラデシュ、フィリピン、ベトナム、ペルー、ミャンマー、モンゴル、ラオスの14カ国	インドネシア、ウズベキスタン、カンボジア、スリランカ、タイ、ネパール、パキスタン、バングラデシュ、フィリピン、ベトナム、ミャンマー、モンゴル、インド、マレーシア、ラオス、キルギスの16カ国
在留資格	技能実習	特定技能
在留期間	技能実習1号：1年以内、技能実習2号：2年以内、技能実習3号：2年以内（合計で最長5年）	1年、6か月又は4か月ごとの更新、通算で上限5年まで
外国人の技能水準	なし	相当程度の知識又は経験が必要
入国時の試験	なし（介護職種のみ入国時N4レベルの日本語能力要件あり）	技能水準、生活や業務に必要な日本語能力を試験等で確認（技能実習2号を良好に修了した者は試験等免除）
家族の帯同	基本的に認めない	基本的に認めない
送出機関	外国政府の推薦又は認定を受けた機関	なし

監理団体	あり（非営利の事業協同組合等が実習実施者への監査その他の監理事業を行う。主務大臣による許可制）	なし
支援機関	なし	あり（個人又は団体が受入れ機関からの委託を受けて特定技能外国人に住居の確保その他の支援を行う。出入国在留管理庁による登録制）
"外国人と受入れ機関のマッチング"	通常監理団体と送出機関を通して行われる	受入れ機関が直接海外で採用活動を行い又は国内外のあっせん機関等を通じて採用することが可能
受入れ機関の人数枠	常勤職員の総数に応じた人数枠あり	人数枠なし（介護分野、建設分野を除く）
働ける業種	農業関係（2職種6作業）、漁業関係（2職種10作業）、建設関係（22職種33作業）、食品製造関係（11職種18作業）、繊維・衣服関係（13職種22作業）、機械・金属関係（16職種31作業）、その他（20職種37作業）、社内検定型の職種・作業（2職種4作業）合計88職種161作業（2023年7月1日現在）	介護、ビルクリーニング業、素形材・産業機械・電気電子情報関連製造業分野（2022年に製造業の3分野を統合）、建設業、造船・舶用工業、自動車整備業、航空業、宿泊業、農業、漁業、飲食料品製造業、外食業の12分野
活動内容	"技能実習計画に基づいて、講習を受け、及び技能等に係る業務に従事する活動（1号）	
技能実習計画に基づいて技能等を要する業務に従事する活動（2号、3号）（非専門的・技術的分野）"	相当程度の知識又は経験を必要とする技能を要する業務に従事する活動（専門的・技術的分野）	
転籍・転職	原則不可。ただし、実習実施者の倒産等やむを得ない場合や、2号から3号への移行時は転籍可能	同一の業務区分内又は試験によりその技能水準の共通性が確認されている業務区分間において転職可能

出所：出入国在留管理庁（2023）「外国人材の受入れ及び共生社会実現に向けた取組」等より筆者作成。

　在留資格は技能実習（団体管理型）制度が技能実習1号・2号・3号になっていることに比べて、特定技能は、特定技能1号・2号となる。在留期間は、技能実習では、技能実習1号は1年以内、技能実習2号は2年以内、技能実習3号は2年以内と定められている（合計で最長5年）。一方、特定技能1号では通算5年間とされている。特定技能2号の場合は、特に在留期間の制限が設けられていない。

　技能実習と特定技能共に送出国との間で二国間取決め（協力覚書）を作成することになっており、2021年12月現在、技能実習は14カ国（ベトナム、カンボジア、インド、フィリピン、ラオス、モンゴル、バングラデシュ、スリランカ、ミャンマー、ブータン、ウズベキスタン、パキスタン、タイ、インドネシア）、特定技能は16カ国（インドネシア、ウズベキスタン、カンボジア、スリランカ、タイ、ネパール、パキスタン、バングラデシュ、フィリピン、ベトナム、ミャンマー、モンゴル、インド、マレーシア、ラオス、キルギス）

と二国間取決め3を結んでいる。

（4）外国人労働者活躍のための環境整備

　今後、特定技能が拡大・定着していくと、日本にはより多くの外国人労働者が働くことになると思われる。しかしながら、外国人労働者がより安心して活躍できる社会を作るためには改善すべき点も多い。

　第1に外国人労働者が働く労働条件を改善する必要がある。特定技能という在留資格で働く分野は、相対的に労働条件が厳しい業種や仕事が多い。政府は、少子高齢化により若い人口が減少する中で、このような業種や仕事には日本の若者が集まらないので、外国人労働者を受け入れ、人手不足の問題を解決しようとしている。最初は日本という国に憧れ、日本に来てくれるかもしれないが、労働条件が他の業種あるいは他の国に比べてよくないことが耳に入ると、政府の計画どおりに外国人労働者を確保することが難しくなる可能性も高い。

　第2に外国人労働者に対する差別の問題を解決する必要がある。残念ながら、日本には外国人労働者に対する差別やいじめ、パワハラ問題が今でも根深く残っている。旅券の取り上げや恋愛・結婚・妊娠禁止といった人権侵害も起きている。その結果、うつ病やPTSD（心的外傷後ストレス障害）の症状になるケースもあり、最悪の場合は自殺に至ることもある。特に、アジア系の労働者に対する差別が多く、外国人の間では出身国によって日本人の「まなざし」が変わるという話まで広がっている。

　第3に悪質ブローカーを排除するための対策をより徹底的に行うことが大事である。以前から実施されてきた技能実習の場合、悪質ブローカーによる搾取が大きな問題になっていた。実習生は入国前の費用調達のため多額の借金を背負っている。日本に来るために渡航する前に、母国の送り出し機関（ブローカー）に多額の費用を支払っているからである。実習生の多くは借金を返済するために、長時間労働や賃金の未払い、そしてパワハラ等があっても我慢するケースが多い。さらに、国内でも技能実習生の受け入れを仲介する監理団体が、不当に高額な費用を徴収するケースもあると報告されている。新しく導入した制度でも相変わらずブローカーと関わる問題は残されていると思われる。政府は、今後、送り出し国や国内の悪質なブローカーの活動を規制する対策を徹底的に行う必要がある。

　第4に制度をよりシンプルにし、企業の負担を最小化する支援を行うべきである。企業が外国人労働者のために日本語教育を企業負担で実施、常勤で通訳スタッフを配置、安価な寮費で住まいを提供するなど経済的なサポートを実施している例がある。このようなサポートについて、企業のみに負担させるのではなく、公的支援の導入も考えていくべきであろう。

　第5に技能実習生は、働く企業を変える「転籍」が原則認められていない。雇い主がひどいので、監理団体（実習生がトラブルに巻き込まれたとき、実習生と企業の間に立って支援・指導をする役割をする非営利団体）に新しい会社を探してほしいと相談しても何も解決してくれない。だから我慢できなくて避難（失踪）を選択する技能実習生が多い。

　日本政府は、特定技能により 2019 年 4 月から 5 年間で最大 345,150 人を受け入れる方針であったものの、新型コロナウイルスの影響もあり、特定技能の資格で日本に在留する外国人は 2023 年 6 月末現在 17 万 3089 人（2 号は 12 人）に留まっており、このままでは日本政府が計画している受入れ目標を達成することは厳しい状況である 4。新制度により外国人労働者を雇用する企業の経済的負担を減らすと共に、手続きをより簡単にするために制度を再点検する必要がある。

2．韓国における外国人労働者の受け入れ対策

（1）韓国における外国人労働者の現状

　韓国では最近、少子高齢化による生産年齢人口の減少に対する対策の一つとして外国人労働者を受け入れようとする動きが広がっている。韓国における在留外国人数は 2022 年末時点で 224.6 万人まで増加した。一方、2018 年に 88.4 万人まで増加していた外国人就業者数はその後は減少傾向にあり、2022 年には 84.3 万人まで減少した。

　韓国における外国人労働者の受け入れ政策は大きく「優秀専門外国人労働者の誘致戦略」と「非専門外国人労働者の効率的活用」に区分することができる。優秀専門外国人労働者の誘致戦略としては、「電子ビザの発給」、「点数移民制の施行」、「留学生の誘致及び管理強化」、「投資移民の活性化」等が挙げられる。また、非専門外国人労働者の効率的活用

と関連した代表的な政策としては、2004 年 8 月に施行された雇用許可制がある。雇用許可制とは、国内で労働者を雇用できない韓国企業が政府（雇用労働部）から雇用許可書の発給を得て、合法的に外国人労働者を雇用する制度である。

（2）外国人労働者増加の背景

韓国で在留外国人及び外国人労働者が急激に増加し始めたのは、2004 年 8 月に、「外国人勤労者の雇用などに関する法律」を施行し、「外国人産業技術研修生制度」を「雇用許可制」に転換・実施してからだと言える。雇用許可制を導入する前に、韓国では雇用許可制を導入すべきなのか、労働許可制[70] を導入すべきなのかに対して議論があった。雇用許可制と労働許可制の大きな違いは制度の主体を誰にするかにあるだろう。つまり、雇用許可制は使用者に外国人労働者を使用する権利を与えることを中心にしていることに比べて、労働許可制は外国人労働者が労働する権利を重視している。また、雇用許可制は事業場の移動を原則的に制限していることに比べて、労働許可制は事業場の移動を保障し、同一労働同一賃金の実施を重視している。韓国では 2002 年に民主労働党と民主労総により労働許可制の導入が主張されたものの、十分な議論が行われていないことや政治的状況により実施までは至らなかった。その結果雇用許可制が導入され、現在まで施行されている。

では、なぜ韓国政府は雇用許可制を導入するなど、外国人労働者の受け入れに積極的な政策を実施することになったのだろうか。その最も大きな理由としては、①出生率低下による将来の労働力人口の減少と成長率低下に対する懸念が増加したことと、②日本をモデルとした「外国人産業技術研修生制度」の問題点が深刻化したことが挙げられる。

韓国の出生率は 1950 年代後半を頂点として急速に低下し、1983 年以降は、人口の置き換え水準である 2.1 を下回った。さらに、韓国の 2022 年の出生率は 0.78 となり、2021 年の 0.81 を下回り 2015 年の 1.24

70　労働許可制は、事業場の移動を保障し、同一労働同一賃金の実施を重視しており、ドイツやシンガポールなどが導入している。一方、雇用許可制は、国内で労働者を雇用できない企業が韓国政府から雇用許可書の発給を得て、合法的に外国人労働者を雇用する制度であり、韓国が導入している．

を記録して以降、7年連続で過去最低を更新した。

　一方、2022年における韓国の高齢化率は17.5％で、同時点の日本の29.1％に比べてまだ低い水準であるものの、高齢化率の上昇のスピードが速く、2060年には高齢化率が43.9％まで上昇することが予想されている。2017年に発表された日本の将来人口推計による2060年の日本の高齢化率38.1％を上回る数値である。出生率が低下し、高齢化率が高まると労働力人口の減少は避けられない。従って、将来の労働力人口の減少とそれによる成長率の低下を懸念した韓国政府は、既存の消極的な外国人労働者受け入れ政策を積極策に転換することになったのである。

　外国人労働者受け入れ政策を積極策に転換したもう一つの理由としては、日本の「技能実習生」をモデルとした「外国人産業技術研修生制度」が、「現代版奴隷制度」と呼ばれるほど様々な問題点を漏出させた点が挙げられる。ブローカーによる送り出し過程の不正により、不法滞在者が多数発生（2002年の場合、外国人労働者の8割が不法就労者）し、賃金未払いを含めた人権侵害の問題が続出した。

（3）外国人労働者受け入れ政策

　韓国における外国人労働者の受入れ戦略は大きく「非専門外国人労働者の効率的活用政策」と「優秀専門人材の誘致戦略」に区分することができる。非専門人材の効率的活用政策としては「雇用許可制」が、優秀外国人労働者の誘致戦略としては、「電子ビザの発給」、「点数移民制の施行」、「留学生の誘致及び管理強化」、「投資移民の活性化」等が挙げられる。本章では、まず、韓国における外国人労働者受け入れ政策の変遷過程を述べてから、「非専門外国人労働者の効率的活用政策」である雇用許可制とそれ以外の「優秀専門人材の誘致戦略」について論ずる。

1）韓国における外国人労働者受け入れ政策の変遷過程

　韓国政府は1993年に外国人産業技術研修制度を導入することで単純労働の外国人労働者を合法的に受け入れ始めた。外国人産業技術研修制度を導入する前には、単純技能の外国人労働者の受け入れは原則的に禁止されていたものの、実際には違法な雇用が発生しており、その規模すら把握できない状況であった。韓国政府は開発途上国との経済協力を図り、1980年後半から急速に増加した人件費負担や3K業種への就職忌避

現象などによる労働力不足の問題を解決するために、外国人産業技術研修制の導入を決めた[71]。この制度は、産業研修生として入国した外国人が事業場で一定期間、研修を受けてから帰国する仕組みであった。しかしながら、労働力不足が深刻な事業場では、彼らが研修生の資格であるにもかかわらず、研修はおざなりにして、すぐに労働に従事させるなどの問題が発生した。また、外国人研修生が指定された事業場から離脱して不法滞在者になるケースも頻発した。さらに、外国人研修生の資格で働く場合の賃金や労働権、労働者の地位や保険、悪質な送出機関やブローカーの存在などが新しい問題として浮上した。

　韓国政府は、外国人産業技術研修制と外国人労働者管理の問題点を解決するために、2000 年から既存の外国人産業技術研修制を修正して「研修就業制」を実施した。 研修就業制は、外国人労働者が国内の事業場で技能を習得する産業研修生という身分で研修を受けてから、研修就業者という資格で制限的に労働者の地位を認め、決まった期間の間に合法的に就業を可能にした制度である。2000 年から産業研修生は 2 年の研修を受けると 1 年間就業することが可能になった。また、2002 年以降は 1 年の研修後、2 年間就業ができるように就業期間を拡大した。そして、2002 年には単純サービス分野の労働力不足を解消するために、韓国国籍ではない外国の同胞、特に中国同胞と旧ソ連地域の同胞が一部のサービス業種で働くことを許可する「就業管理制」が導入された。さらに、2003 年には「外国人労働者の雇用などに関する法律」が制定・公布され、2004 年からは単純技能の外国人労働者の導入を合法的に許可する雇用許可制が施行されることになった。その結果、既存の外国国籍の同胞を対象にした就業管理制は雇用許可制の特例制度として雇用許可制に統合されることになった。

　他方、海外専門人材の導入の場合、関連政策は科学技術政策の一環として始まった。韓国政府は 1968 年から、遅れていた韓国の科学技術の水準を向上させるため、「在外韓国人科学技術者誘致事業」を実施した。この事業は 1990 年代まで持続される。韓国政府は、1990 年代以降、韓

71　金 ジュヨン・その他（2015）「外国人人材導入の現況と課題」産業研究院から引用。

国の産業構造が急速に高度化すると、国家競争力において科学技術及び専門知識などの重要性を認識し、海外の優秀な外国人人材の誘致にも力を入れることになった。1993年には新経済5ヵ年計画により、科学技術分野でBrain Pool制度が設けられ、その結果、「海外高級科学頭脳招聘活用事業」が実施され、既存の関連事業もこの事業に吸収されることになった。その後、科学技術人材の誘致支援は人文社会系列の優秀人材分野にも拡大されて1999年からはBK21事業、2004年からはStudy Koreaプロジェクト、2008年からはWCU、そして1年後にはWCI事業が実施された。そして、BK21事業とWCU事業の後続事業として、2013年からはBK21プラス事業が、2015年からはKRF事業が実施されている。

2）非専門外国人労働者の効率的活用政策：雇用許可制
①雇用許可制の基本概念

雇用許可制が導入される前に、企業は外国人産業研修生制度を利用し、制限的に外国人産業研修生を受け入れることにより、人材不足を少しは解消することができたものの、送り出し過程を民間機関やブローカーが担当していたので不正が多発し、不法残留者が増加する問題が発生した。そこで、韓国政府は2003年6月の臨時国会で外国人労働者の雇用などに関する法律が成立し、2004年8月17日から雇用許可制が施行されることにより、より幅広く、そして合法的に外国人労働者を雇用することが可能になった。

雇用許可制は、慢性的な労働力不足に苦しんでいる中小企業が政府から外国人雇用の許可を受け、合法的に外国人労働者を労働者として雇用する制度である。外国人労働者を合法的・透明的に管理し、労働力不足の問題を解決することが目的であるものの、すべての企業が利用できる制度ではなく、外国人労働者をいつまでも雇用できる制度でもない。

雇用許可制は、純粋外国人労働者の雇用を許可する一般雇用許可制（E-9）と韓国系外国人（在外同胞）を対象とした特例雇用許可制（訪問就業制：H-2）に区分される。一般雇用許可制の対象国は、フィリピン、タイ、インドネシア、ベトナム、モンゴル、ウズベキスタン、カンボジア、パキスタン、中国、バングラデシュ、キルギス、ネパール、ミャンマー、スリランカ、東ティモール、ラオスの16カ国であり、韓国政府は16カ

国政府との間でMOU[72]を締結し、毎年、決定される外国人労働者の受け入れ人数枠に合わせて外国人労働者を受け入れている。図表8-6は、雇用許可制による2023年度新規外国人労働者割当計画を示している。

図表 8-6 雇用許可制による 2023 年度新規外国人労働者割当計画

区分	人員	製造業	建設業	サービス業	農畜産業	漁業
一般 (E-9)	"89,970[79,970 + α (10,000)]"	"58,870 + α"	"2,900 + α"	960 + α	"10,900 + α"	"6,250 + α"
再入国就業者	"20,030"	"16,130"	10	40	"3,100"	750
合計	"110,000[100,000 + α (10,000)]"	"75,000 + α"	"3,000 + α"	"1,000+ α"	"14,000 + α"	"7,000 + α"

出所：韓国雇用労働部「雇用許可制ホームページ」https://www.eps.go.kr

外国人労働者に対する雇用許可制が適用される業種は、鉱業、製造業（常用労働者300人未満あるいは資本金80億ウォン以下の事業場）、建設業、サービス業（廃棄物処理、冷凍倉庫等）、漁業、農畜産業の6業種である（2021年に鉱業、果実類卸売業等を追加、図表8-7）。また、業種別に雇用許容人員を定めている（図表8-8）。

図表 8-7 外国人労働者に対する雇用許可制が適用される業種

	一般雇用許可制	特例雇用許可制
鉱業		許容除外項目ではない場合すべて許容
製造業	常時300人未満の労働者を使用する事業場あるいは資本金80億円以下の事業場（この基準を満たしていない企業でも地方中小企業で発給した「中小企業確認書」を提出すると適用対象になりえる）	
建設業	すべての建設工事（発電所、製鉄所、石油化学と関連した建設現場の建設会社の中で建設免許が産業環境設備である場合には適用除外）	
サービス業	・建設廃棄物処理業 ・再生用材料収集及び販売業 ・冷蔵・冷凍倉庫業 ・書籍、雑誌及びその他の印刷物出版業 ・音楽及びその他のオーディオ出版業 ・次の業種の標準職業分類上荷役及び積載を担当する単純労働者 再生用材料収集及び販売業 冷蔵・冷凍倉庫業 書籍、雑誌及びその他の印刷物出版業 音楽及びその他のオーディオ出版業	・H2許容除外業種以外の業種 再生用材料収集及び販売業 冷蔵・冷凍倉庫業 書籍、雑誌及びその他の印刷物出版業

72　了解覚書（Memorandum of Understanding）：行政機関等の組織間の合意事項を記した文書であるものの、法的拘束力はない。

漁業	沿岸漁業	沿岸漁業
	養殖漁業	養殖漁業
	天日塩及び岩塩性産業	天日塩及び岩塩性産業
農畜産業	作物栽培業	作物栽培業
	畜産業	畜産業
	作物栽培及び畜産関連サービス業	作物栽培及び畜産関連サービス業

注）H2 許容除外業種：石炭、原油及び天然ガス鉱業、情報サービス業、電気、ガス、蒸気及び空気調節供給業、金融業、保険及び年金業、水道業、金融及び保険関連サービス業、環境浄化及び復元業、不動産業、自動車及び部品販売業、研究開発業、陸上運送及びパイプライン運送業、専門サービス業、建築技術、エンジニアリング及びその他の科学技術サービス業、水上運送業、事業施設管理及び造園サービス業、航空運送業、倉庫及び運送関連サービス業、雇用斡旋及び人材供給業（但し、「家事労働者の雇用改善等に関する法律」に基づく家事サービス提供機関は除く）、出版業、公共行政、国防および社会保障行政、郵便及び通信業、教育サービス業、コンピュータプログラミング、システム統合及び管理業、国際及び外国機関

出所：韓国雇用労働部「雇用許可制ホームページ」https://www.eps.go.kr

図表 8-8 業種別雇用許容人員

鉱業及び製造業

韓国人被保険者数	雇用許容人員
1 人以上 10 人以下	内国人被保険者数＋ 10 人以下
11 人以上 50 人以下	30 人（内国人被保険者数の 2 倍を超過することはできない）
51 人以上 100 人以下	35 人
101 人以上 150 人以下	40 人
151 人以上 200 人以下	50 人
201 人以上 300 人以下	60 人
301 人以上	80 人

注 1）韓国人の雇用機会保護のため韓国人（3 カ月平均）が 1 人以上雇用されていること。
注 2）プリ産業は、雇用許容人員の 20％まで追加雇用が許可され、新規雇用許可書の発給限度より 1 人を追加雇用することができる。プリは日本語では根本という意味で、プリ産業は完成品を作る産業ではなく、完成品を作るために欠かせない溶接、鋳造、金型、熱処理、表面処理等の産業を称する。

建設業

年平均工事金額	係数
15 億ウォン未満	10 人（係数未適用）
15 億ウォン以上	工事金額 × 0.8

サービス業

韓国人被保険者数	雇用許容人員	
	一般	宅配
5 人以下	4 人	12 人
6 人以上 10 人以下	6 人	18 人
11 人以上 15 人以下	10 人	30 人
16 人以上 20 人以下	14 人	42 人
21 人以上 100 人以下	20 人	60 人
101 人以上	25 人	75 人

注 1）個人看病人、世帯内の雇用活動は 1 世帯当たり 1 人に限る。
注 2）サービス業のうち飲食店業の場合は、内国人被保険者 6 ～ 10 人の場合、特例外国人労働者を 8 人まで雇用可能。
注 3）宅配分野の許容業種は物流ターミナル運営業、陸上貨物取扱業に該当する。

天日塩及び岩塩性産業

塩田面積	雇用許容人員
37,000㎡以下	4人
37,000㎡超過	8人

農畜産業

<table>
<tr><th colspan="2">業種</th><th colspan="5">営農規模別（単位：㎡）</th></tr>
<tr><td rowspan="6">作物栽培業
（011）</td><td>施設園芸〜特殊作物</td><td>4,000〜6,499</td><td>6,500〜11,499</td><td>11,500〜16,499</td><td>16,500〜21,499</td><td>21,500以上</td></tr>
<tr><td>キノコ栽培施設</td><td>1,000〜1,699</td><td>1,700〜3,099</td><td>3,100〜4,499</td><td>4,500〜5,899</td><td>5,900以上</td></tr>
<tr><td>果樹</td><td>20,000〜39,999</td><td>40,000〜79,999</td><td>80,000〜
119,999</td><td>120,000〜
159,999</td><td>160,000以上</td></tr>
<tr><td>朝鮮人参、一般野菜</td><td>16,000〜29,999</td><td>30,000〜49,999</td><td>50,000〜69,999</td><td>70,000〜89,999</td><td>90,000以上</td></tr>
<tr><td>豆もやし〜種苗栽培</td><td>200〜349</td><td>350〜649</td><td>650〜949</td><td>950〜1,249</td><td>1,250以上</td></tr>
<tr><td>その他の園芸・特殊作物</td><td>12,000〜19,499</td><td>19,500〜34,499</td><td>34,500〜49,499</td><td>49,500〜64,499</td><td>64,500以上</td></tr>
<tr><td rowspan="8">畜産業
（012）</td><td>乳牛</td><td>1,400〜2,399</td><td>2,400〜4,399</td><td>4,400〜6,399</td><td>6,400〜8,399</td><td>8,400以上</td></tr>
<tr><td>韓牛・肉牛</td><td>3,000〜4,999</td><td>5,000〜8,999</td><td>9,000〜12,999</td><td>13,000〜16,999</td><td>17,000以上</td></tr>
<tr><td>豚</td><td>1,000〜1,999</td><td>2,000〜3,999</td><td>4,000〜5,999</td><td>6,000〜7,999</td><td>8,000以上</td></tr>
<tr><td>馬・アメリカアカシカ</td><td>250〜499</td><td>500〜999</td><td>1,000〜1,499</td><td>1,500〜1,999</td><td>2,000以上</td></tr>
<tr><td>養鶏</td><td>2,000〜3,499</td><td>3,500〜6,499</td><td>6,500〜9,499</td><td>9,500〜12,499</td><td>12,500以上</td></tr>
<tr><td>養蜂</td><td>100〜199群</td><td>200〜299群</td><td>300〜399群</td><td>400〜499群</td><td>500〜599群以上</td></tr>
<tr><td>その他の畜産</td><td>700〜1,699</td><td>1,700〜3,699</td><td>3,700〜5,699</td><td>5,700〜7,699</td><td>7,700以上</td></tr>
<tr><td colspan="2">差物栽培及び畜産関連サービス業
（014）</td><td>内国人被保険者
1〜10人</td><td>-</td><td>内国人被保険者
11〜50人</td><td>内国人被保険者
51〜100人</td><td>内国人被保険者
100人以上</td></tr>
<tr><td colspan="2">雇用許容人員</td><td>15人</td><td>20人</td><td>25人</td><td>30人</td><td>40人</td></tr>
</table>

注1）営農規模は、国立農産物品質管理院長が発給した農漁業経営体登録（変更登録）確認書で確認

養殖漁業：面積基準

免許（許可、申告）種類	養殖漁業の種類	雇用許容人員	3人以内	10人	15人
〜養殖産業発展法第10条 第1項1号 （海藻類養殖漁業）〜	垂下式養殖	面積	199,999㎡以下	200,000〜299,999㎡	300,000㎡以上
	地撒き式養殖	面積	99,999㎡以下	100,000〜199,999㎡	200,000㎡以上
養殖産業発展法 第10条第1項2 号〜5号（貝類養殖業、魚類等養殖 業、複合養殖業、協同養殖業）	垂下式養殖、複合式 養殖	面積	19,999㎡以下	20,000〜39,999㎡	40,000㎡以上
	地撒き式養殖	面積	99,999㎡以下	100,000〜199,999㎡	200,000㎡以上
	縄やそだ建による養 殖、区画養殖	面積	9,999㎡以下	10,000〜14,999㎡	15,000㎡以上
〜養殖産業発展法 第41条 第1項第1号（陸上海水養殖漁業）〜	水田養殖	面積	6,600㎡以下	6,601〜8,250㎡	8,251㎡以上
	区画養殖	面積	9,999㎡以下	10,000〜14,999㎡	15,000㎡以上
水産種苗育成法 第21条（水産 種苗生産業）	陸上種苗生産業	面積	990㎡以下	991〜1,652㎡	1,653㎡以上
	海上種苗生産業	面積	59,999㎡以下	60,000〜99,999㎡	100,000㎡以上
〜養殖産業発展法 第10条 第1項7号及び第43第1項2号〜	陸上養殖業	面積	6,600㎡以下	6,601〜8,250㎡	8,251㎡以上

沿岸漁業

沿岸漁業の種類	雇用許容人員（船員法が適用される漁船は除外）
小型船網漁業、沿岸釣り漁業、沿岸刺し網漁業、沿岸アンコウ網漁業、沿岸棒受網漁業、沿岸クマノミあぐり網漁業、沿岸ウナギ筒漁業、沿岸タコ壺漁業、沿岸筒漁業、沿岸桁網漁業、カタクチイワシ漁業	
沿岸船引網漁業、定置網漁業	1隻当たり7人以内で、全船員の70%を超過することはできない。
沿岸刺し網漁業、沿岸改良アンコウ網漁業、沿岸 巻まき網漁業、沿岸筒漁業、沿岸複合漁業、沿岸引き網漁業、沿岸鳥網漁業、潜水器漁業、区画漁業	

出所：韓国雇用労働部「雇用許可制ホームページ」https://www.eps.go.kr

　韓国政府は国務総理室に「外国人材政策委員会」を設置し、毎年の国内の労働力需給動向とに応じて外国人労働者の導入規模及び許容業種等を決め、送出国を選定している。「外国人材政策委員会」は、企画財政部、外交通商部、法務部、知識経済部、雇用労働部の次官、中小企業庁の庁長（長官）及び大統領が定める関連中央行政機関の次官（文化体育観光部、農林水産食品部、保健福祉部、国土海洋部）等を委員とした委員長（国務総理室長）を含めた20人で構成されている。また、雇用労働部は「外国人材政策委員会」に上程される議案を事前に議論する「外国人材雇用委員会」（雇用労働部の次官が委員長）を設けて運営している。外国人労働者の受け入れ、送出国との連絡、労働契約の締結等実務と関連した業務は韓国産業人力公団が担当する。中小企業協同組合中央委員会、大韓建設協会、農業協同組合中央会、水産業共同組合中央会等は民間代行機関として指定され、便宜提供業務、就業教育、事後管理を含めた使用者代行業務をしている。就業教育は過去には韓国産業人力公団と国際労働協力院が担当してきたものの、2007年7月からは一般外国人労働者の教育は国際労働協力院（ベトナム、モンゴル、タイ、中国）、中小企業協同組合中央会（その他の国家）、大韓建設協会、農業協同組合中央会、水産業協同組合中央会等の民間代行機関に移管された。

②雇用許可制の基本原則
　雇用許可制は基本的に次のような基本原則に基づいて運営されている。

a. 単純労務分野限定の原則
　雇用許可制では、雇用できる外国人労働者を非専門就業（E-9）と訪

問就業（H-2）に限定し、就業できる業種を鉱業・製造業、建設業、サービス業、農畜産業、養殖漁業、沿岸漁業

のうち、単純労務分野に制限している。

b. 労働市場補完の原則

　雇用許可制は、内国人の雇用を保護するために労働市場補完性の原則を適用している。この原則は外国人労働者の雇用が韓国の労働市場に否定的な影響を与えてはならないという趣旨に基づき、足りない労働力は高齢者、女性等国内の人財を優先的に活用し、補充的に外国人労働者を活用するようにしている。この原則はドイツの外国人雇用許可制と類似である。つまり、ドイツの場合も国内労働市場でドイツ人労働者の雇用ができない場合のみ外国人の雇用を許容している。

c. 需要主導的制度（demand driven system）の原則

　雇用許可制は、需要主導的制度（demand driven system）を原則としており、企業が自由に外国人労働者を選択することを保障している。企業は雇用が許可された範囲（人数）内で外国人労働者の雇用を申し込むことが可能であり、事前に求職者（外国人労働者）の経歴、写真などの人的事項を確認することができる。企業は企業が提示した労働条件を受け入れた外国人労働者から選別し、雇用契約を締結する。韓国政府は、人材を利用するのは企業や事業主であることを考慮し、事業主が必要な外国人労働者を雇用できるように需要主導的制度の原則を推進している。

d. 選定や導入手続きの透明性の原則

　外国人労働者の選定や導入手続きを透明にし、外国人労働者の送出過程で発生する不正行為や副作用を最大限抑制しようとしている。そのために外国人労働者の導入過程で民間機関の介入を排除しており、送出国と了解覚書（MOU）を締結して外国人労働者の選抜条件、方法、機関、相互間の権利義務事項などを規定している。韓国国内でも外国人労働者の紹介や就業斡旋などは、雇用労働部（以前は労働部）の雇用支援センターが担当するなど、公的機関が外国人労働者の受け入れ関連業務を担当することにより、プロセスの透明化と不正の減少を図っている。

e. 定住化防止の原則

　外国人労働者を短期にローテーションさせることにより定住化を防止している。外国人労働者の就職許容期間（雇用期間）は3年に制限しており、使用者が継続雇用を希望する場合に限って1年10ヶ月までの雇用延長を許可している。

f. 差別禁止及び均等処遇の原則

　合法的に就業した外国人労働者に対する不当な差別を禁止すると同時に、国内の労働関連法を同等に適用し、外国人労働者の権益を保護することを原則にしている。つまり、外国人労働者も内国人と同様に、労働関連法が適用され、労災保険、雇用保険、国民年金、健康保険、最低賃金、労働三権が利用できるなど基本的な権益が保障されている。

③雇用許可制の手続き

　雇用許可制により外国人労働者を雇用することを希望する使用者は、まず管轄雇用センターに求人申請をする必要がある。つまり、雇用許可制は、内国人の雇用機会を保護するために、外国人労働者の雇用を希望する使用者に一定期間、内国人の求人努力を義務化（農畜産業、漁業：7日、製造業、建設業、サービス業：14日[73]）しており、このような努力（労働市場テスト）をしたにもかかわらず、雇用ができなかった事業場に限定して、単純技能外国人労働者の雇用を許可している。雇用許可制を利用するために事業場は次の条件を満たす必要がある。

※雇用許可制による外国人労働者雇用可能事業場の資格要件
・外国人労働者の許容業種及び雇用可能な事業（事業場）であること。
・一定期間（7日～14日）の間、内国人労働者を雇用するために求人活動（労働市場テスト）を行っていたにもかかわらず、内国人労働者（全員あるいは一部）が雇用できなかった事業場であること。
・内国人に対する求人申請をした前日の2ヶ月前から雇用許可書の発給日まで雇用調整により内国人労働者を離職させないこと。

73　例外的に新聞・放送・生活情報誌等を通じた求人活動をした場合は7日（製造業、建設業、サービス業）と3日（農畜産業、漁業）に短縮。

・求人申請をした日の5ヶ月前から雇用許可書の発給日まで賃金の未払いがないこと。
・申請日現在、雇用保険及び労災保険に加入していること。

　また、一般外国人に対する求人手続きと一般外国人の就業手続きは図表8-9と図表8-10の通りである。

図表 8-9 一般外国人に対する求人手続き

出所：韓国雇用労働部「雇用許可制ホームページ」https://www.eps.go.kr

図表 8-10 一般外国人の就業手続き

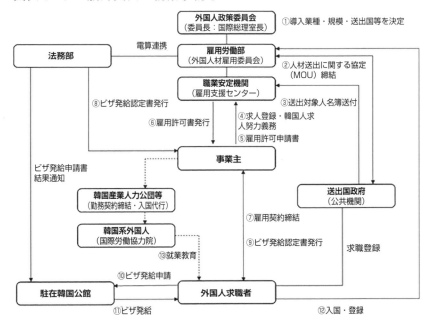

出所：韓国雇用労働部「雇用許可制ホームージ」https://www.eps.go.kr

　一方、特例外国人の使用を申し込む使用者は、まず雇用労働部の雇用センター(Work-Net)に求人申請をする必要がある。一般事業者の場合は、on-line申請が可能であり、家政婦や看護人等の使用を希望する個人は、訪問及びファクス手続きによる申請のみ可能である。申請期限は、内国人の求人努力(7日〜14日、労働市場テスト)をしてから3ヶ月以内であり、特例として雇用できる外国人の数は内国人の求人を申請した際の不足人員のうち、特例雇用可能確認書の発給申請日まで採用できなかった人員に制限している。申請時には、特例雇用可能確認発給申請書、事業者登録証（家庭の場合には住民登録謄本）及びその他の書類（業種別）の提出が必要である（図表8-11）。

図表 8-11 業種別必要書類

業種	業種別／事例別雇用許可申請時の準備書類	備考
製造業	事業者登録証のコピー 1)	
	（当該企業）中小企業猶予確認書	中小企業猶予企業だけ提出
	（当該企業）本社と支社における勤務中の外国人人材現況表	本社と支社の事業所が雇用保険に一括して加入している場合のみ提出
	（当該企業）工場登録証のコピー（但し、工場登録証がない場合は工場の賃貸契約書のコピーでも可能）	
	（当該企業）決算書、原価契約書、買い入れ及び売り出し申告書類等	製造業であることを判断する追加書類の提出で申請可能
	（当該企業）国税（地方税）納税証明書	地方の優待企業の確認時に提出
建設業	事業者登録証のコピー	
	建設業登録証あるいは建設業免許証（手帳）のコピー	
	工事金額が明示された契約書のコピー	
	建設現場における勤務中の外国人現況表	
農畜産業	事業者登録証のコピー（個人の場合は除外）	
	営農規模証明書のコピー	
ホテル業	事業者登録証のコピー	
	観光事業者登録証のコピー 6)	観光振興業の施行規則書式5
サービス業	事業登録証のコピー	
	営業申告（許可）証のコピー	飲食業、下水・廃水及び分尿処理業、廃棄物の収集運搬、処理及び原料再生業、宿泊業等
	旅客自動車運送事業免許証	陸上旅客運送
	住民登録謄本あるいは家族関係証明書	家政婦、個人看護人
	長期療養認定書	個人看護人
	在職証明書	家政婦
	健康診断書あるいは入院確認書や障碍者手帳等	看護人
	社会福祉設立許可証及び社会福祉施設申告証	社会福祉サービス
	自動車管理事業登録証	自動車、モーターサイクル
	衛星状態申告書、請負契約書	建築物の一般清掃業、事業施設及び産業用品清掃業
再生用材料収集販売業	事業者登録証のコピー	
冷凍・冷蔵倉庫業	事業者登録証のコピー	
	水産物加工業（冷凍・冷蔵業）登録証	
漁業	事業者登録証のコピー	
	漁業免許証（水産業法第8条）、漁業許可証（水産業法第43条）	
	船舶検査証のコピー	沿海漁業のみ提出
	漁業申告証	養殖業のみ提出
	漁業の種類を特定しない場合、管理船使用指定券、許可証（定置網漁の許可証）、漁業券原簿等 定置網漁の実施事実関連証憑資料（沿海漁業）	

出所：韓国雇用労働部「雇用許可制ホームページ」https://www.eps.go.kr

個人における看護人の雇用は、認知症などにより、身動きが不便な患者がいる場合や80歳以上の高齢者がいる場合に制限している。また、病院に入院中の者の看護のために韓国系外国人を雇用することも可能である。

　家政婦の雇用は、一人以上の子どもがいる共稼ぎ夫婦であることを証明できた世帯や6ヶ月以上の身動きが不便な重症患者がいる場合にのみ許容される[74]。但し、3ヶ月未満の短期滞留者、研修就業（E-8）、非専門就業（E-9）、訪問就業（H-2）の滞留資格を持つ外国人の雇用は許可していない。

　使用者と特例外国人労働者は標準勤労契約書を使用して、勤労契約を締結すべきであり、勤労契約の内容には勤労契約期間、就業場所、業務内容、始業及び終業時間、休日、休憩時間、賃金、賃金の支給時期等を記載するようにしている。図表8-12と図表8-13は、特別外国人に対する求人手続きと就業手続きを示しており、一般外国人に対する手続きに比べるとかなりシンプルであることが分かる。

図表 8-12 特例外国人の求人手続き

| ①内国人の求人努力 | ②特例雇用可能確認書の発給 | ③勤労契約の締結 | ④勤労開始を申告 |

出所：韓国雇用労働部「雇用許可制ホームページ」https://www.eps.go.kr

74　韓国では日本のように介護の担い手として外国人労働者を受け入れる仕組みがまだ制度として整備されていない。

図表 8-13 特例外国人の就業手続き

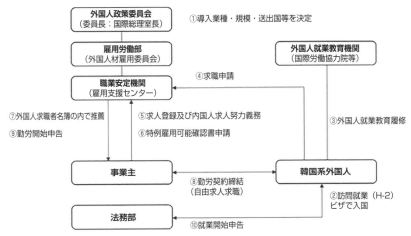

出所：韓国雇用労働部「雇用許可制ホームページ」https://www.eps.go.kr

④点数制の実施

　韓国政府は、農畜産業など一部の使用者が雇用許可書の発給を受けるために、雇用センターの前で長時間待機するという申請者の不便を解消するために、従来の先着順方式を点数制に変更し、2013年度の新規人財の配置からすべての業種に対して点数制を実施している。

　雇用センターでは事業場に対して雇用許可書の発給要件及び欠格事由を検討し、発給要件を満たし、欠格事由がない事業場に対しては電算プログラムにより点数を算定し、点数が高い事業場から雇用許可書を発給している（雇用センターに訪問する日時を通知）。点数制評価指標は基本項目、加点項目、減点項目に区分される。以下は2021年度における点数制評価指標の内容である。

※ 2023年度点数制評価指標
a. 基本項目
・外国人雇用の許容人員に対する実際の外国人雇用人員の比率
→　最高30点~最低22.4点
→　比率が低いほど高い点数を付与

・外国人雇用人員に占める再雇用満了者の割合
→ 最高 30 点 ~ 最低 22.4 点
→ 比率が高いほど高い点数を付与
・新規雇用申請人員（最高 20 点 ~ 最低 15 点）
→ 製造業：最高 20 点 ~ 最低 19 点（偏差 0.2 点）
→ 製造業以外：最高 20 点 ~ 最低 15 点（偏差 1 点）
→ 申請人員が少ないほど高い点数を付与
・内国人の求人努力により採用した人員（最高 20 点 ~ 最低 14 点）
→ 製造業：最高 20 点 ~ 最低 14 点（偏差 2 点）
→ 製造業以外：最高 20 点 ~ 最低 18 点（偏差 0.5 点）
→ 内国人の求人努力期間中に、雇用センターで斡旋した内国人を多く
雇用した事業場ほど高い点数を付与

b. 加点項目
・農畜産業、漁業分野標準勤労契約書作成ガイドライン適用事業場（最
高 2.5 点〜最低 0 点）、次の基準をすべて適用した勤労契約書 1 件当た
り 0.5 点加点（最大 2.5 点）
→ 労働時間：月 234 時間未満
→ 休憩：1 日 60 分（1 時間）以上
→ 休日：週 1 回
→ 住居タイプ別寝食費控除上限の順守
・優秀寮設置及び運営事業場（実施日から最大 2 年間：5 点）
・使用主教育履修事業場（2 点）
・帰国費用保険や傷害保険に全員が加入し、保険料を完納した事業場（1.5
点）
・産業安全保健法上「危険性評価認定」または「安全保健経営システム
（kosha 18001）認証」を受けた事業場に各 1.5 点付与
・造船業事業場に対する加点付与（10 点）
造船業特別雇用支援業種指定告示の支援対象事業場
→ 造船業特別雇用支援業、指定業種に含まれた事業から請負を受け
て製造、修理などを行う事業で、売上高の 2 分の 1 以上が指定業種に
関連する事業場であること

c. 減点項目

・安全保健上の措置義務違反で死亡災害が発生した事業場（各−10点）

・労働関係法を違反した事業場（−10点〜−5点）

・療の施設基準を未達した事業場（1件当たり−1点、最大−10点）

・療の情報を提供しない事業場（−3点）、虚偽の情報を提供した事業場（−3点）

・出国満期保険料の滞納事業場（−1点〜−5点）

・労災を隠蔽したことが摘発された事業場（各−5点）

・家畜の伝染病予防法を違反した事業場（−1点〜−5点）

⑤外国人労働者の雇用管理

a. 外国人労働者の雇用変動等の申告

　使用者は、外国人労働者の勤務中の離脱、負傷、死亡、勤労契約の更新等、外国人労働者の雇用と関連した変動事項が発生した場合は、その理由を把握した日から15日以内に雇用センターと法務部の出入国管理事務所に申告をする義務がある。違反した場合には100万ウォン未満の罰金を負担しなければならない。

※雇用変動事由（外国人労働者の雇用などに関する法律第17条及び施行令第23条）

── 外国人労働者との勤労契約を解約した場合

── 外国人労働者が死亡した場合

── 外国人労働者が負傷などにより当該事業で勤務を続けるのができない場合

── 外国人労働者が使用者の承認を得るなど正当な手続きをせずに5日以上欠勤した場合と外国人労働者の所在が把握できない場合

── 外国人労働者が伝染病予防法第2条第1項第1号から第4号の規定による伝染病（コレラ、型肝炎、結核、AIDSなど）の患者になった場合と麻薬中毒などで公衆衛生上の問題を及ぼす懸念がある場合

── 外国人労働者の雇用許可期間が満了した場合

── 外国人労働者が滞在期間満了などで出国（一時的な出国を除く）した場合

── 使用者又は勤務先の名称が変更された場合

―　使用者の変更手続きをせずに勤務場所を変更した場合など

b. 外国人労働者の事業場変更
　外国人労働者は最初に働き始めた一つの事業所で勤務を続けるのが原則である。 但し、事業場の休業や廃業、そして賃金未払いなどにより、正常的な労働関係の持続が困難であると認められる場合に限って、外国人労働者の基本的な人権保障のために例外的に事業場の移動を最大４回まで許容している。

※事業場の移動（変更）の事由
―　使用者が正当な理由で勤労契約を解約したり、勤労契約の更新を拒絶した場合
―　休・廃業など外国人労働者の責任ではない理由で、その事業場で勤労を続けられなくなった場合
―　暴行など人権侵害、賃金未払いや勤労条件の低下などで外国人雇用許可の取消または雇用制限措置が行われた場合
―　傷害などにより該当事業場で働きつづけることは難しく、他の事業場で働くことが可能な場合
―　外国人労働者の事業又は事業場の変更を妨害した者は１年以下の懲役や禁錮または１千万ウォン以下の罰金が賦課される

c. 外国人労働者の雇用許可の取り消し及び制限
　使用者が入国前に労働者と契約した賃金その他の労働条件を違反する場合には雇用許可が取り消される場合がある。また、雇用許可書が発給されていない外国人労働者を雇用した場合には３年間、外国人労働者の雇用が制限される。

　※外国人雇用許可が取り消されるケース
　・使用者が入国前に契約した賃金とその他の労働条件を違反した場合
　・使用者の賃金未払いやその他の労働関係法の違反などで労働契約の維持が困難であると認められる場合
　・偽りやその他の不正な方法で雇用許可を受けた場合

※外国人労働者に対する雇用が制限されるケース

・雇用許可書を発給されずに外国人労働者を雇用した者

・外国人労働者の雇用許可が取り消された者

・帰国の際に必要な金品の清算をしなかったり、外国人労働者の事業場変更を妨害　するなど、外国人雇用法を違反したり、出入国管理法を違反した者

・雇用許可書が発行された日から6ヶ月以内に内国人労働者を雇用調整により転職させた者

・外国人労働者に対して勤労契約に明示された事業、または事業場以外で労働を提供するようにした者

d. 不法滞在者の雇用禁止

　使用者が不法滞在者を雇用した場合、健康保険の未適用による人権侵害問題、安全事故の問題、不法滞在者の取締りの過程で発生し得る事故など様々な問題が発生する恐れがあるので、不法滞在者の雇用を禁止している。使用者が不法滞在者を雇用して摘発された場合、使用者は「出入国管理法」により罰金賦課及び刑事処罰（3年以下の懲役あるいは2千万ウォン以下の罰金）の対象になると共に、合法的な外国人労働者の雇用が制限される。

e. 外国人労働者の専用保険や公的社会保険

　外国人労働者を使用する使用者は外国人労働者のために出国満期保険や保障保険に加入する必要がある（図表8-14）。また、外国人労働者は帰国費用保険や傷害保険に加入しなければならない。

　4大公的社会保険に対しては、健康保険及び労災保険は義務加入が、雇用保険は任意加入が適用される（労働者が加入を希望する場合、雇用センターに「外国人雇用保険加入申請書」を提出、常時30人以上の労働者を使用する事業あるいは事業場は2021年1月1日より強制加入、常時10人以上30人未満の労働者を使用する事業あるいは事業場は2022年1月1日より強制加入、常時10人未満の労働者を使用する事業あるいは事業場は2023年1月1日より強制加入、）。また、国民年金は相互主義原則に基づいて図表8-15のように適用される。

図表 8-14 外国人労働者の専用保険

保険種類	加入者	趣旨及び加入対象	加入方法	保険料	注意事項
出国満期保険	事業主	・外国人労働者の出国などによる退職金を支給するため、常時労働者 1 人以上の事業場（常時労働者 4 人以下の事業所は 2011 年 8 月 1 日から適用）で外国人労働者を雇用する使用者は勤労契約の効力発生日から 15 日以内に義務的に加入しなければならない ・常時労働者 4 人以下の事業場は、勤労契約の効力発生日が 2011 年 8 月 1 日以降の新規入国者や事業場変更者が出国満期保険の加入対象	・外国人労働者の就職教育機関または三星火災海上保険株式会社を通じて加入	・当該外国人労働者の 1 ヶ月の通常賃金の 8.3%（4 人以下の事業所は 2011 年 8 月 1 日から 2012 年 12 月 31 日まで 4.15%、2013 年 1 月 1 日以降は 8.3%）を毎月外国人労働者専用保険の事業者（三星火災保険株式会社）に納付	・「勤労者退職給与保障法」上の退職金に及ばなかった場合には差額を支給しなければならない ・未加入の場合 500 万ウォン以下の罰金
賃金滞納保証保険	事業主	・外国人労働者に対する賃金未払いに備えて使用者が勤労契約の効力発生日から 15 日以内に義務的に加入しなければならない保険で、賃金債権保障法が適用されない場合と常時 300 人未満の労働者を使用する事業場の使用者が加入対象である	・使用者は外国人労働者就業教育機関あるいはソウル保証保険株式会社の全国支店を通じて加入可能	・外国人労働者一人当たり 15,000 ウォン	・未加入した場合に 500 万ウォン以下の罰金
帰国費用保険	外国人労働者	・外国人労働者が帰国経費を確保するために勤労契約の効力発生日から 3 ヶ月以内に加入しなければならない保険で一般の外国人労働者だけではなく、外国国籍の同胞も義務的に加入しなければならない	・外国人労働者は、就職教育機関で保険約定を締結し、保険料の納入期間内に指定口座に支払わなければならない ・再入国した外国人労働者は再び約定を締結しなければならない	・40 万ウォン（中国、フィリピン、インドネシア、タイ、ベトナム） ・50 万ウォン（モンゴル及びその他の国） ・60 万ウォン（スリランカ）	・未加入した場合に 500 万ウォン以下の罰金
傷害保険	外国人労働者	・外国人労働者が業務上の災害以外の傷害または疾病などに備えて、労働契約の効力発生日から 15 日以内に加入する保険で、一般の外国人労働者だけではなく、外国国籍の同胞も、義務的に加入しなければならない	・外国人労働者は、就職教育機関で保険の約定を締結して保険料を現金として支払わなければならない	・性別、年齢によって差があり、25 歳男性の場合\`約 19,400 ウォン /3 年	・未加入した場合に 500 万ウォン以下の罰金

出所：韓国雇用労働部「雇用許可制ホームページ」https://www.eps.go.kr

図表 8-15　国別国民年金の適用状況

事業場・地域対象（3 ヵ国）	事業場対象・地域除外（5 ヵ国）	適用除外（7 ヵ国）
中国、フィリピン、ウズベキスタン	キルギス、モンゴル、スリランカ、インドネシア、タイ	ベトナム、カンボジア、パキスタン、バングラデシュ、ネパール、ミャンマー、東ティモール

出所：韓国雇用労働部「雇用許可制ホームページ」https://www.eps.go.kr

f. 外国人労働者の入国及び就業規則

　外国人労働者が雇用許可制を通じて韓国で働くためには、韓国語能力試験を受ける必要がある。韓国産業人力公団は、外国人労働者の選抜過程における公正性や透明性を維持し、国内の早期定着のために、2005 年 8 月から外国人雇用許可制韓国語能力試験（Employment Permit System-Test of Proficiency in Korean, EPS-TOPIK）を実施している。応募者は、満 18 歳以上～満 39 歳以下であること、禁錮以上の犯罪経歴がな

いこと、過去に韓国から強制退去及び出国された経歴がないこと、出入国に制限（欠格事由）がないことという条件を満たす必要がある。韓国語能力試験の評価基準は、韓国生活に必要な基本的な意思疎通能力、産業安全に関する基本知識及び韓国文化に対する理解を求めるように設定されており、総得点80点以上の者（200点満点）から高得点者の順で選抜している。合格の有効期限は合格者の発表から2年間である。

　非専門就業（E-9）のビザを受けた外国人労働者は、送出国の関係者と共に国内に入国し、入国場（仁川国際空港）で韓国産業人力公団の関係者に引き継がれて確認の手続きをする。その後、各国家別・業種別の就業教育機関の引率者と共に、就業教育機関に移動し2泊3日（16時間）間の就業教育を受けることになる。使用者は、外国人労働者が入国後15日以内に外国人就労教育機関で国内活動に必要な就業教育を受けさせる必要があり（外国人雇用法第11条）、就業教育期間は勤労基準法上の労働時間として見なされる。

　就業教育は、製造業・サービス業の場合は二つのグループに分けて、ベトナム、モンゴル、タイは労使発展財団が、それ以外の国は中小企業中央会が担当している。一方、農畜産業は農協中央会が、漁業は水協中央会が、そして建設業は大韓建設協会が担当することになっている。

　就業教育にかかる費用は一般外国人労働者の場合は使用者が負担[75]（製造業・サービス業234,000ウォン、農畜産業260,000ウォン、漁業258,000ウォン、建設業280,000ウォン）し、韓国系外国人の場合は労働者本人が負担（合宿148,000ウォン、非合宿102,000ウォン）する。就業教育の目的は外国人労働者の早期定着であり、その内容は韓国語、韓国文化の理解、関係法令、産業安全保健、基礎機能等で構成されている。

　就業教育期間中に使用者は退職金対策の出国満期保険や賃金未払い対策の保証保険に加入する必要があり、外国人労働者は帰国費用保険や傷害保険に加入することが義務化されている。

⑥外国人労働者（E-9）の労働状況や処遇水準

　中小企業中央会が2022年12月に発表した報告書[76]によると、外国

75　一般外国人労働者の就業教育費用は、雇用保険の能力開発事業から一部金額の支援が受けられる。
76　中小企業中央会（2022）「2022年外国人材雇用関連総合難点実態調査結果報告書」

人労働者の1週間の平均労働時間は45.3時間で、内国人労働者の44.2時間より1.1時間長いことが確認された。一方、内国人労働者の生産性を100%とした場合、外国人労働者の生産性は3ヶ月未満の場合53.8%で低かったものの、勤続年数が長くなればなるほど生産性が向上し、3年以上では93.0%まで上昇した。

外国人労働者の1ヶ月平均基本給は265.7万ウォンで、内国人労働者の93.9%水準であり、宿泊施設や食事の提供を含めると内国人労働者とほぼ差がないことが明らかになった。

3）優秀専門外国人労働者の誘致戦略
①優秀人材複数国籍制度
単一国籍主義をとっていた韓国は2010年5月4日、「国際的な潮流と国益に合致する（科学・経済・体育などの分野で優秀な能力を保有する者で、韓国の国益に貢献する外国人優秀人財を受け入れる）方向に複数国籍を制限的に許容する一方、複数国籍の許容による兵役回避などの副作用と社会的な違和感を最小化する方向で関連規定を補完するため国籍法を改正（2011年1月1日施行）し、限定的な複数国籍制度を導入した。

改正国籍法を施行する前の韓国の国籍法では厳格な単一国籍主義を原則にした。つまり、国民が自ら外国籍を取得すると韓国国籍は自動的に失われ、外国人が韓国国籍を取得するためには必ず外国籍を放棄しなければならなかった。特に1997年の第4次改正時に導入された国籍選択制度は、先天的複数国籍者に対しても、法律が定めた期限内に外国籍を放棄しないと韓国国籍が維持できないようにすることで、複数国籍の不許可政策を強化した。

このような複数国籍の不許可政策は、韓国が必要とする優秀外国人材や韓国国籍の回復を希望する在外同胞や韓国から国際養子縁組で海外に渡った者、そして、結婚移民者が韓国国籍を取得するのにおいて大きなバリアになり、2000～2009年の間に複数国籍者の95%が韓国国籍を放棄したり、国籍を選択する手続きをしなかったことが原因で韓国国籍が自動的に喪失されることになった。出生率が低下し続ける中、絶対多数の複数国籍者が韓国国籍を放棄するという事実は韓国政府に制度改正の必要性を認識させた。そこで、韓国政府は国籍法を改正し、2011年1月から制限的に複数国籍を認める制度を実施した。改正の主な内容は次

の通りである。

a. 優秀外国人財の韓国国籍取得条件の緩和

　従来には韓国に何の縁もない外国人が韓国に帰化するためには、5年間国内に住所を置いて居住する必要があったが、改正法では、科学・経済・文化・体育など特定分野で非常に優れた能力を保有しており、韓国の国益に貢献すると認められる優秀外国人財に対しては、国内居住期間に関係なく特別帰化許可の手続きをした後韓国国籍を取得できるようにした。

b. 韓国国籍を取得した外国人の外国籍放棄方式の変更

　従来の法律では、外国人が韓国国籍を取得した場合、6ヶ月以内に韓国以外の国籍を完全に「放棄」した後、これが証明できる証明書を提出する必要があり、この手続きを行わなかった場合、韓国国籍が失われた。改正法では、外国人が韓国国籍を取得する場合、原国籍を放棄せずに外国籍を不行使するという誓約をするだけで複数国籍が維持できるようにした。対象者は、①婚姻関係を維持している結婚移民者、②韓国に特別な功績があったり、優秀外国人財として特別帰化した者、③国籍回復許可を受けた者で、特別な功績があったり、優秀外国人財として認められた者、④成年になる前に海外に養子縁組され、外国国籍を取得した後、韓国国籍を回復した者、⑤外国に長期間居住してから、65歳以降に永住帰国して韓国国籍を回復した者、⑥本人の意思にもかかわらず、外国の法律または制度により外国籍を放棄する義務の履行が困難な者で、大統領令で定めた者などである。

c. 用語変更及び「複数国籍者」に対する国内の法的地位を明文化

　従前の規定は、二つ以上の国籍を持つ者をすべて「二重国籍者」と規定し、三つ以上の国籍を持つ者を含むことができなかった。また、「二重」という用語が韓国社会では過度に否定的なイメージを内包しており、複数国籍者の法的地位を明確に規定していなかった。このような理由から、改正法では「二重国籍者」を「複数国籍者」に用語を変更し、また、「複数国籍者」に国内法を適用するにあたり、大韓民国国民としてのみ扱うことを明確にした。

　この結果、複数国籍者が韓国に出入国する場合には、外国のパスポー

トではない韓国のパスポートを使用する必要があり、国内に生活拠点を置いて暮らすためには、従来とは異なり、外国人登録をすることができず、一般国民と同様に住民登録をして韓国国民として生活しなければならなくなった。

d. 先天的複数国籍者の国籍選択方式の変更

　従来は、複数国籍者が韓国国籍を選択するためには、国籍選択期間内に必ず外国籍を放棄しなければならなかったが、実際は22歳前に外国籍放棄手続きを終え、その証拠を揃えて韓国国籍を選択する人が極めて少なく、韓国国籍選択を容易な方法で変更する必要性があった。そこで改正法は、満20歳になる前に複数国籍者となった場合は満22歳まで、満20歳以降に複数国籍者となった場合は2年以内に韓国国籍を選択しようとする場合には「外国籍を放棄」する代わりに「外国籍を行使しないという誓約」をする方式で韓国国籍を選択できるように改善した。

　ただし、出生当時、母が子供に外国籍を取得させる目的で外国に滞在中であった事実が認められた者（いわゆる「遠征出産者」）は、外国籍の「不行使誓約」方式を許容しないことにより、複数国籍の認定対象者から除外した。

e.「複数国籍者」の韓国国籍離脱（放棄）方式の改善

　従来は、国内に生活基盤があって国内に暮らしながらも、国内で韓国国籍の離脱（放棄）を申請することが可能であったため、国籍を離脱（放棄）した後、外国人として継続して生活した者が、必要な時期に再び韓国国籍を回復する事例も少なくなかった。改正法では、外国に住所がある場合のみ在外公館を通じて国籍離脱（放棄）の申請ができるようにし、国内に生活基盤を置いている者に対しては韓国国籍の離脱（放棄）を制限した。

f.「複数国籍者」に対する国籍選択命令制度の導入

　従来は、「複数国籍者」が一定期間内に国籍選択義務を履行しないと、韓国国籍が自動的に失われた。改正法では、国籍選択期間内に国籍を選択しなかった場合、韓国国籍が自動的に失われる従来の規定を削除し、法務大臣が国籍選択命令をした後、その選択期間（1年）内に韓国国籍

を選択しなかった場合、韓国国籍が失われるように改正した。また、外国籍の「不行使誓約」により複数の国籍が認められた人の場合でも、繰り返し外国のパスポートを使用して出入国したり、外国人登録をする等、誓約の趣旨に著しく反する行為をした場合には、国籍選択命令を通じて複数の国籍を整理し、一つの国籍のみを選択するようにする規定を新設した。この場合、同命令を受けてから6ヶ月以内に一つの国籍を選択しないと韓国の国籍が失われる。

g. 国籍喪失決定制度の導入

　改正法では、複数国籍者が韓国の国益に反する行為をしたり、社会秩序の維持に著しく支障をもたらす行為などを行うことにより、韓国国籍を保有することが適切ではないと判断された場合、法務大臣が韓国国籍の喪失を決定できるようにする「国籍喪失決定制度」を導入した。

　このような改正にも関わらず優秀人材特別帰化または国籍回復手続きにより韓国の国籍を取得した外国人の数は少なかった。そこで、韓国政府は2020年に6月26日から優秀人材特別帰化（国籍回復を含む）制度の適用対象を大幅に拡大した。

　改正国籍法の施行結果、2011年に15,235人であった複数国籍者は2018年には107,388人まで増加した。しかし、優秀人材特別帰化または国籍回復手続きにより韓国の国籍を取得した外国人の数は少なかった（最も多いのは出生による先天的複数国籍者で、次は婚姻帰化者）。その理由は、許可対象が非常に限られており、要件も非常に厳しかったためである。そこで、韓国政府は、①優秀人材特別帰化制度の適用対象を拡大、②曖昧な部分の明確化、③要件の緩和等を中心に国籍法を改正し、2020年に6月26日から施行している。改正国籍法の改正により申請対象はa. 著名人、b. 学術分野の研究実績優秀者、c. 文化・芸術分野の優秀能力者、d. スポーツ分野の優秀能力者、e. 国内外企業勤務者、外国人投資企業勤務者、f. 新産業分野、先端技術分野勤務者、g. 新産業分野、先端技術、科学など分野の源泉技術保有者、h. 国内外の知的財産権保有者、i. 専門分野の特別な知識・技術保有者、j. 国際機関等勤務経験者まで拡大された。各対象別の基本要件は次の通りである。

a. 著名人：元国家元首、政府首脳、または閣僚級以上、元国際機関代表など、ノーベル賞、ピューリッツァー賞、ゲーテ賞（ドイツの文化賞）、ゴンクール賞（フランスで最も権威のある文学賞のひとつ）、マンブッカー賞、フィールズ賞、チューリング賞、オリンピック銅メダル以上受賞者など。

b. 学術分野の研究実績優秀者：
・国内外の 4 年制大学の准教授以上で 1 年以上在職した経験がある人、または在職中の人で、最近 5 年以内に SCI、SSCI、A&HCI などに登録されている学術誌に 1 本以上の論文が掲載された人、KCI に登録された学術誌などに 2 本以上の論文が掲載された人、権威あるジャーナル、学術誌、学術大会などで 2 回以上論文などを発表したり、論文が掲載された人のうちいずれか一つの条件を満たしている人
・内外の 4 年制大学で教員として 3 年以上在職した経験がある人、または在職中の人で、最近 5 年以内に SCI、SSCI、A&HCI などに登録されている学術誌に 3 本以上の論文が掲載された人、KCI に登録されている学術誌などに 5 本以上の論文が掲載された人、権威あるジャーナル、学術誌、学術大会などで 5 回以上論文等を発表したり、論文が掲載された人のうちいずれか一つの条件を満たしている人
・最近 3 年以内に世界 300 大学に選定された大学で 2 年以上講義をした経験がある人で、最近 5 年以内に SCI、SSCI、A&HCI などに登録されている学術誌に 3 本以上の論文が掲載された人、KCI に登録された学術誌などに 5 本以上の論文が掲載された人、権威あるジャーナル、学術誌、学術大会などで 5 回以上論文等を発表したり、論文が掲載された人のうちのいずれか一つの条件を満たしている人
・国内の人文、政治、社会、経済、科学などの学術分野で、国家研究機関、公共機関が指定した研究機関、大学付設産学協力団及び研究所（科学分野に限る）、企業付設研究所（科学分野に限る）で研究員として 3 年以上在職した経歴がある人、あるいは在職中の人で、最近 5 年以内に SCI、SSCI、A&HCI などに登録されている学術誌に 3 本以上の論文が掲載された人、KCI に登録された学術誌などに 5 本以上の論文が掲載された人、権威あるジャーナル、学術誌、学術大会などで 5 回以上論文などを発表したり掲載された人のうちいずれか一つの条件を満たしている人。

c. 文化・芸術分野の優秀能力者：次の例のうち、2つ以上の条件を満た
　　して人

・自分の属する分野で優れた能力が認められ、国内外の公信力のある団
　体または機関から受賞した経歴がある人

・自分の属する分野で認知度の高い著名人の審査を経て、優れた業績を
　あげた人だけが加入できる協会の会員として加入している人

・専門出版物または主要マスコミに自分の優れた才能に関する記事が掲
　載されたことがある人、または専門出版物に自分の学術論文が掲載さ
　れたことがある人

・自分の属する分野の公信力のある展示会、博覧会、コンテスト、映画
　祭などで、本人が他人の作品を審査したり、審査員として参加した経
　験がある人

・国際的に権威ある芸術展示会、博覧会、公演、映画祭、音楽祭などで
　作品を展示、公演または受賞した経歴がある人、または国際的に権威
　ある出版社、レコード会社等と契約を締結した人

d. スポーツ分野の優秀能力者：

・自分の属する分野で優れた能力が認められ、国内外の公信力のある団
　体または機関から受賞した経歴がある人

・自分の属する分野で認知度の高い著名人の審査を経て、優れた業績を
　あげた人だけが加入できる協会の会員として加入している人

・専門出版物または主要な大衆媒体に自分の優れた才能に関する記事が
　掲載されたり、専門出版物に自分のスポーツに関する記事が掲載され
　たことがある人

・自分の属する分野の公信力のある国際体育行事、大会などで審判また
　は審査員として参加した経歴がある人

・国際的に権威がある体育行事、大会等［例：オリンピック、ワールドカッ
　プサッカー（U大会を含む）、世界（ジュニア）選手権大会、ワールドカッ
　プ大陸別・大陸間（ジュニア）国際大会、パラリンピックに出場した
　経験のある選手又は指導者

・最近3年以内に国際的に権威がある体育大会で個人戦3位以内、団体
　戦8強以内に入賞した選手またはゴルフ大会（PGA、LPGA）などで

20位以内の成績を記録した人。

e. 国内外企業勤務者、外国人投資企業勤務者：
・FORTUNE、ECONOMISTなど世界有数の経済専門誌が最近3年以内に選定した世界300大企業で3年以上勤務した経歴がある人。
・常時労働者数100人以上及び資本金80億ウォンを超過する国内にある企業で3年以上社内取締役以上の職に就いている人。
・3年間の対外輸出実績が年平均アメリカドル500万ドル以上の個人事業者または法人の代表（事業所は「中小企業基本法」の適用を受けている中小企業であり、実質的な経営者であること）
・外国人投資促進法上、アメリカドル50万ドル以上投資した外国人投資企業（個人または法人）の代表取締役以上の役職で韓国に3年以上居住し、納税実績3億ウォン以上、国民30人以上を雇用している人。

f. 新産業分野、先端技術分野勤務者：新産業分野または先端技術分野で2年以上の経験がある人で、国内企業または研究機関に雇用されている人（雇用予定者を含む）。

g. 新産業分野、先端技術、科学など分野の源泉技術保有者：新産業分野、先端技術、科学などの分野で商業化されていないものの、世界レベルの源泉技術を保有している人。

h. 国内外の知的財産権保有者：国内外の知的財産権（特許権、実用新案権、意匠権）を保有し、特許権などによる総収入が1億ウォン以上である人（特許権の譲渡による収入も含む）。

i. 専門分野の特別な知識・技術保有者：医師、弁護士、会計士、技術士などの専門資格を有する人で、国内で3年以上在留し、当該分野で勤務している、または勤務予定が確定している人。
　j. 国際機関等勤務経験者：UN、WHO、OECD、IAEA、UNESCOなどの国際機関で10年以上勤務した経歴がある人、またはそれに準ずるレベルの資格を有する人で、活動経歴が韓国の国益に貢献した、または貢献すると予想される人。

②優秀専門外国人労働者の誘致戦略

韓国政府は、2010年2月から外国人の間接投資を拡大するため、休養目的の滞在施設に投資した外国人に居住（F-2）資格を付与する「観光・休養施設投資移民制度」を導入した。制度導入後、2022年12月末現在、投資実績は1兆3,009億ウォンで、韓国政府は地域観光休養施設関連の建設景気の浮揚とそれに伴う内国人の雇用創出など、韓国経済の活性化に貢献していると判断している。

また、国内に一定資本を投資した外国人に経済活動が自由な居住（F-2）資格を付与した後、5年間投資を維持した場合、永住（F-5）資格への変更を許可する「公益事業投資移民制度」を2013年5月27日に導入した。

投資の種類及び方式は、韓国産業銀行が運用する元金保証・無利子型の公益ファンドと法務部長官が指定・告示した地域開発事業者による損益発生型に区分され、投資基準金額は一般投資移民が15億ウォン以上、高額投資移民は30億ウォン以上になっている。

グローバル人材ビザセンターの開設、投資金送金専担銀行の指定、公共事業投資移民誘致機関の指定、海外説明会の開催など投資誘致を拡大する努力により、2022年12月末現在、公共事業の投資誘致実績は6,479億ウォンに達している。

③電子ビザ制度を導入

韓国政府は、優秀人材を誘致する目的で2013年3月から電子ビザ制度を導入した。電子ビザが申請できる在留資格は次の通りである。

①教授（E-1）、研究（E-3）、技術指導（E-4）、専門職業従事者（E-5）、先端科学技術分野雇用推薦書あるいは素材・部品・装備分野のKOTRAの雇用推薦書をもらった専門人材（E-7）

②①に該当する外国人の同伴家族（F-3）

③認定大学の修士・博士課程の留学生（D-2）

④電子ビザ代理申請者として指定された優秀外国人患者の誘致機関が招待した外国人患者と同伴家族（C-3-3、G-1-10）

⑤科学技術分野政府出捐機関あるいは認定大学が招待した外国人科学者（C-4）

⑥国内企業が招いた商用が目的で頻繁に出入国する人（C-3-4）

④外国人熟練技能人材点数制ビザ

鋳造・金型・溶接などの根幹産業と中小製造業など深刻な人手不足を抱えている分野に熟練技能人材を確保するため、2017 年 8 月 1 日から「外国人熟練技能人材点数制ビザ（E-7-4）」を導入し、試行事業の結果を反映して 2018 年から本格的に実施している。

「外国人熟練技能人材点数制ビザ」とは、国内で非専門就業（E-9）、船員就業（E-10）、訪問就業（H-2）の資格で当該分野で 5 年以上正常に勤務した外国人が、熟練度・年齢・経歴・韓国語能力などの項目で一定の点数要件を満たした場合、長期滞在可能な特定活動（E-7-4）資格に変更できる制度である。

⑤優秀人材点数（ポイント）制居住ビザ

優秀人材点数（ポイント）制居住ビザ（F2-7）は、年齢、学歴、所得、韓国語能力などをポイントに換算し、一定点数を満たした外国人に発給されるビザである。このビザの特徴は滞在期間が 5 年で、転職が自由にできることである。申請対象は、上場法人従事者、有望産業分野従事者、留学人材、専門職従事者、留学人材、潜在的優秀人材である。

⑥ BRAIN POOL（BP）プログラム

韓国政府は海外の優秀な科学者を国内の研究開発の現場に誘致し、国内の研究開発レベルを強化し、国際協力ネットワークを構築する目的でBRAIN POOL（BP）プログラムを実施した。その誘致対象と支援規模は次の通りである。

・誘致対象：科学技術全分野の海外に居住中の博士または博士学位は有しないが海外の企業等で 5 年以上の研究開発経歴を有しているもの（国籍は問わない）

・支援規模：短期の場合 6 〜 12 カ月、長期は 3 年となる。年俸は元の所属先での年俸を保障しつつ、月額 500 万ウォン〜 2,500 万ウォンの間で変動する。また、研究材料費として別途毎年 100 万ウォンが支給されるほか、航空チケット代、保険料、子女の学費、滞在費など経費も支給され、長期の場合は最大年間 1,200 万ウォンまで払われる。2023 年には 122 人程度を新たに誘致する予定である。

⑦ BRAIN POOL PLUS（BP+）プログラム

韓国政府は BRAIN　POOL よりハイレベルの人材を誘致するために BRAIN POOL PLUS（BP+）プログラムを導入した。その誘致対象と支援規模は次の通りである。

・誘致対象：BRAIN　POOL プログラムと同じ
・支援規模：滞在期間は最大 10 年であり、正規職として国内の研究機関で勤務する。人件費や研究活動費の直接経費は年間最大 6 億ウォンまで支給される。その他間接経費も年俸の 5％に相当する金額で支給される。2023 年は新たに 5 人程度誘致予定である。

⑧教育国際化力量認定制（IEQAS）

韓国教育部は 2005 年に「Study Korea Project」を通じて留学生誘致のための政策を本格的に推進した。プロジェクトを実施した結果、韓国国内に流入する留学生の数は増加したが、質的インフラを構築するための努力と管理において限界が現れた。そこで、韓国政府はこのような問題点を解決し、国際化能力の高い大学を「認証」することで、優秀な外国人留学生の誘致拡大及び国内学生の国際化能力を高めることを目的に教育国際化力量認定制（International Education Quality Assurance System（IEQAS））を 2013 年から本格的に導入した（2023 年 3 月現在学位課程→大学 98 校、専門大学 7 校、大学院大学 15 校が認定。語学研究課程→大学 72 校、専門大学 2 校、大学院大学 1 校が認定。）

認定された教育機関には、留学生に対するビザ発行の手続きの簡素化や外国人留学生の定員制限廃止（大学院大学に限る）などのようなインセンティブが提供される。

⑨優秀人材ファーストトラック制度を導入

韓国政府は、2023 年 1 月から科学・技術分野の優秀人材を積極的に発掘し、未来の中心となる人的資源を確保するために「科学・技術分野優秀人材の永住帰化ファーストトラック制度（Fast-track program with Assistance system for global talents in Sci & Tec)」を導入した。

対象は、韓国に入国した外国人留学生のうち、韓国科学技術院（ＫＡＩＳＴ）をはじめ、大邱慶北科学技術院（ＤＧＩＳＴ）、光州科学技術院（Ｇ

ＩＳＴ)、蔚山科学技術院(ＵＮＩＳＴ)、科学技術聯合大学院大学校(ＵＳＴ)
など、理工系に特化した大学および研究機関で修士・博士を取得した外
国人である。

　留学生ビザ保持者が永住権または国籍を取得するまでにかかる期間が
従来の6年から3年に短縮され、手続きの段階も5段階から3段階に縮
小された。

　留学生（D-2）は、これまでは学位取得と韓国内での就職を同時に行っ
た場合、専門職ビザ（E-1,3,7）に変更してから3年が過ぎないと居住ビ
ザ（F-2）を取得することはできなかったが、同制度の導入により、就
職しなくても学位さえ取得すればすぐF-2ビザが取得できるようになっ
た。但し、研究を続けなければいけないという条件がある。

⑩ Study Korea 300K Project（2023-2027）

　韓国教育部は 2023 年 8 月 16 日、留学生誘致政策「Study Korea
300K Project」を公表した。この政策は 2012 年の「Study Korea 2020」
以来 11 年ぶりに打ち出された留学生誘致政策であり、2027 年までに年
間の外国人留学生数 30 万人の達成を目指している。　2022 年 4 月 1 日
時点の韓国国内の留学生数は約 16.7 万人であり、今後 5 年間でおよそ
13 万人の上積みが必要である。2012 年から 2022 年の 10 年間で留学生
の増加が約 8 万人に留まっていることを考えると、目標達成のためには
より抜本的な制度改革が必要と考えられる。

3．韓国における外国人受け入れ政策の課題と日本に与えるインプリケーション

　中小企業等の慢性的な労働力不足問題を解決するために、2004 年 8
月 17 日から施行された雇用許可制は、どのような効果があっただろう
か。まず、毎年数万人の外国人労働者が慢性的な労働力不足を経験して
いる製造業を中心とする中小企業で働くことにより中小企業の労働力不
足が少しは解消できたことは確かであり、これに対しては多くの先行研
究が一致している。

　図表 8-16 を見ると、中小企業の労働力不足率は 2003 年の 6.23 ％か
ら 2014 年には 1.58 ％まで大きく改善されていることが分かる（最近は
少し上昇傾向）[75]。但し、李ギュヨン（2014）によると、外国人労働者の
71.5 ％が訓練を必要としない単純作業に従事していた。

一方、外国人労働者を雇用している事業場の71.2%は外国人熟練技術者が必要であると答えている。従って、今後、外国人熟練技術者に対する企業の需要が拡大することを予想すると、雇用許可制のみならず、優秀専門外国人労働者の誘致戦略による優秀な外国人労働力の確保にもより力を入れる必要があると考えられる。

図表 8-16　労働力不足人員と不足率の推移

出所：中小企業庁「中小企業実態調査」各年

外国人労働者の拡大は労働力不足を解消するのみならず、国に対するイメージを改善する役割もするだろう。幸いに、雇用許可制により雇用された外国人労働者の63.4%が韓国に対する印象が「良くなった」と答えており、「悪くなった」の13.9%を大きく上回っていた。韓流の影響があった可能性もあるものの、将来における16か国との交流等を考慮すると望ましいことであるだろう。

雇用許可制に対する海外での評価も悪くはない。例えば、ILOは2010年に雇用許可制を「アジアの先進的な移住管理システム」と高く評価し、2011年6月に国連は、腐敗防止及び剔抉に対する革新性を認め、「公共行政大賞」を授与した。さらに2017年4月に世界銀行は、「雇用許可制は、情報アクセス性を容易に、アジア太平洋地域の外国人労働者の韓国での就業機会を大幅に増やした」と高く評価した。

しかしながら、雇用許可制に良いところだけがあるとは言えない。労働界では雇用許可制を「反人権的奴隷契約」であると批判している。労働界が最大の問題点として指摘しているのが「事業場変更の制限」である。韓国系外国人に対する特例雇用許可制（訪問就業制）は職場の移動

に制限がないものの、非専門就業ビザを受けて韓国に入ってきた一般雇用許可制による外国人労働者は職場の移動が3年以内に最大3回（延長した場合4年10ヶ月間に最大5回）に制限されている。さらに、職場の移動は使用者の承認がある時と事業場の倒産や賃金未払いがある時など、極めて例外的な場合に制限されている。労働界はこのような移動制限は外国人労働者の強制労働に繋がる恐れが高いと主張し、移動制限の廃止を要求している。

　また、外国人労働者の人権が侵害されるケースもいまだに残存している。慶尚南道の移住民センターは2018年7月に外国人労働者を対象とした人権侵害の事例を公表した。公表された資料によると、2017年から慶尚南道のある農家で働いていたカンボジア出身の女性労働者は農家の雇い主に体の特定の部分を触られるなど10回を越える性的暴行を受けたそうだ[77]。

　給料が払われないケースも少なくない。慶尚北道の高霊郡で金属加工工場の経営者が2018年10月に外国人労働者10人に対して約6000万ウォンの賃金を払わなかった容疑で拘束された。捜査の結果、立場が弱い外国人不法滞在者のみを雇い、意図的に賃金を未払いしたことが明らかになった。韓国の労働日報によると、2016年における外国人労働者に対する給料未払い額は678億ウォンで2012年の240億ウォンに比べて3倍も増加している[78]。さらに、支払われなかった給料の支払を要求したり、職場の移動を要求した外国人労働者が暴行を受けるケースも少なくない。

　一方、供給側による問題もある。外国人労働者に占める不法滞在者の割合は大きく減っているものの、まだ約40万の不法滞在者が存在している。外国人労働者の増加とともに外国人による犯罪件数も増加している。警察庁の発表資料を参考すると、2003年に6,144件であった外国人犯罪件数は2021年には34,511件に5倍以上も増加した。さらに、雇用情勢がなかなか改善されない中で、「外国人労働者に仕事を奪われる」、「外国人労働者が増加すると単純労働の賃金が下がる」など今後の雇用

77　京郷新聞（2018）「外国人労働者人権侵害事例公開」2018年8月1日
78　労働日報（2017）「昨年、外国人労働者の給料未払い687億ウォン…4年間で3倍も増加」2017年10月3日

や賃金削減を懸念する声も出ている。このような問題を解決するためには、職場において外国人と内国人が互いに良い影響を及ぼし合うような仕組みを確立し、両者の補完性を高めていく必要がある。

　今後、外国人労働者をより韓国社会に定着させるためには、人権侵害や賃金未払い等により外国人労働者が被害を受けないように、事業場に対する監視体制を強化する必要がある。雇用許可制の一つの原則である需要主導的制度（demand driven system）が使用者の権力を強化させる手段として利用されてはならない。外国人労働者に最低賃金や決まった賃金がきちんと払われるように使用者に対する教育や啓蒙活動も徹底すべきである。合法的で良心的に外国人労働者を雇用している使用者に対してはインセンティブを提供する反面、悪徳使用者に対しては処罰を強化すべきである。

　また、非熟練労働者に偏っている外国人労働者の受け入れ政策を見直さなければならない。外国人労働者に占める専門人材の割合を見ると、韓国は2022年時点で6.0%で、同時点の日本の26.3%を大きく下回っている（図表8-17）。今後、経済成長や国家競争力を高めるためにも外国人専門人材は欠かせない。日本や他の先進国の事例を参考にして外国人専門人材の受け入れに力をいれる必要があるだろう。

図表8-17 日本と韓国における外国人労働者に占める専門人材の割合

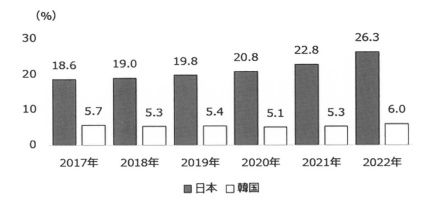

出所：厚生労働省（2023）「「外国人雇用状況」の届出状況まとめ」などより筆者作成

では、日本が韓国の雇用許可制から参考にできる点は何だろうか。一つ目は、技能実習制度に比べて外国人労働者が働く労働条件が改善された点である。上述したように韓国における外国人労働者の1ヶ月平均基本給は内国人労働者の93.9％水準であり、宿泊施設や食事の提供を含めると内国人労働者とほぼ差がないことが明らかになった。二つ目は悪質ブローカーが減少したことだ。韓国政府は外国人労働者の導入過程で民間機関の介入を排除し、韓国国内でも外国人労働者の紹介や就業斡旋などは、雇用労働部（以前は労働部）の雇用支援センターが担当するなど、公的機関が外国人労働者の受け入れ関連業務を担当することにし、プロセスの透明化と不正の減少につながった。三つ目は中小企業における労働力不足の問題が少しは解消されたことだ。

　福島大学の佐野孝治教授は、韓国の雇用許可制を日本が参考とすべき理由として、(1) 年々高齢化が進み、外国人労働者の割合が低いなど日本と韓国社会は類似点が多いこと、(2) 単純機能労働者を受け入れる際に、ドイツのように事業場移動が可能な「労働許可制」を導入することに比べて、「雇用許可制」はハードルが低く、「技能実習制度」からの転換が比較的容易であることを挙げている[79]。

　2022年12月に、日本政府は有識者会議を立ち上げ、技能実習制度及び特定技能制度の在り方について議論を開始した。会議では技能実習生制度を新しい制度に移行し、最初の在留期間を現在の5年から3年にする（特定技能の移行で延長可能)、制度の目的を人材確保と人材育成にする、すべての職種で特定技能に移行できるようにする、より高度な技能試験に合格し、日本語能力が下から2番目の「N4」相当になれば、同じ業務で「特定技能1号」の資格に移れる。監理団体の要件を厳格化する、外国人労働者が来日前に借金を背負わないように、受け入れ企業が来日前の手数料を負担する仕組みの導入を検討する、「やむを得ない事情がある場合」の転籍については、その範囲を拡大・明確化し、手続を柔軟化する。その上で、転籍が認められる範囲やそのための手続について、

79　佐野孝治（2017)「韓国の「雇用許可制」にみる日本へのインプリケーション」『日本政策金融公庫論集』第36号

関係者に対する周知を徹底することなどを提案した。

　ただし、技能実習生制度を速やかに廃止し、外国人材の受け入れ体制を立て直すべきだという議論も少なくない。今後、日本政府は現在検討している「新制度」とともに、韓国が導入した雇用許可制や他の国の労働許可制など、外国人労働者受け入れ対策の成功と失敗の事例を参考とし、より日本に適切な単純技能労働者受け入れ対策の導入を考慮する必要がある。

付録1：韓国における生命保険市場の動向

1. 加入状況

　韓国の生命保険協会が 2021 年 12 月に発表した「生命保険性向調査」によると、2021 年における生命保険の世帯加入率は 81.0% で、2018 年の 86.0% に比べて 5.0% ポイントも低下した。世帯主の年齢階級別の加入率は 50 代が 91.4% で最も高く、次いで 40 代（85.1%）、30 代（75.2%）、60 代以上（63.7%）、20 代（56.8%）の順であった。一方、生命保険加入世帯の平均加入件数は 2021 年現在 4.3 件で 2018 年の 4.5 件に比べて 0.2件減少していることが明らかになった（付録図表 1-1）。

付録図表 1−1　韓国における生命保険の世帯加入率や生命保険加入世帯の平均加入件数の動向

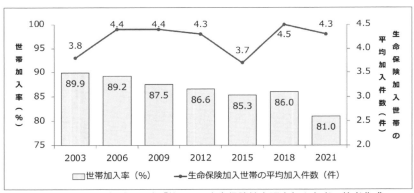

出所：韓国生命保険協会（2021）「第 16 回生命保険性向調査」を参考に筆者作成。

　最近加入した生命保険商品は、疾病保障保険（42.8%）、実損填補型医療保険（22.7%）、災害傷害保険（16.6%）、死亡保障保険（6.2%）が上位 4位を占めた。生命保険の加入目的は「医療費保障」が 75.8% で最も高く、次いで「家族の生活保障」（44.3%）、「一時的な所得喪失に対する対策」（17.4%）の順で、2018 年の調査結果と大きく変わっていない。一方、生命保険に対する満足度は 82.7% で 2018 年の 87.8% に比べて 5.0% ポイント低下した。

2. 収入保険料推移

　2021 年の収入保険料は、一般勘定の収入保険料（77.1 兆ウォン）が対前年比 3.4％減少したものの、特別勘定の収入保険料（42.4 兆ウォン）が対前年比 6.5％増加した結果、対前年比 0.1％減少した（119.4 兆ウォン、付録図表 1-2）。一般勘定の収入保険料を保険種類別に見ると、「死亡保険」（44.3 兆ウォン、対前年比 0.1％減少）が最も多く、次いで、「生存保険」（17.1 兆ウォン、同 0.3％増加）、「生死混合保険」（14.9 兆ウォン、同 15.7％減少）、「団体保険」（0.8 兆ウォン、同 1.1％増加）の順であった。特別勘定の場合は、退職年金と変額保険の輸入保険料が対前年比それぞれ 6.5％（24.4 兆ウォン）と 8.3％（17.9 兆ウォン）増加した。

付録図表 1-2　収入保険料の推移

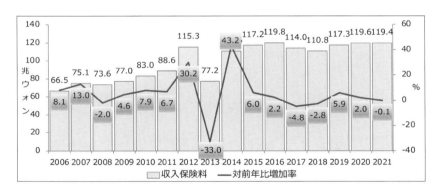

出所：生命保険協会『生命保険 Factbook』各年より筆者作成。

　2021 年時点の収入保険料の払込方法は、月納が 75.0％（89.6 兆ウォン）で最も多く、次いで、一時納（14.5％、17.3 兆ウォン）、年納（10.3％、12.3 兆ウォン）の順であり、月納の割合が毎年低下傾向を見せていることに比べて、年納の割合は増加傾向であった（付録図表 1-3）。

付録図表 1-3　保険料の払込方法の推移

出所：生命保険協会『生命保険 Factbook』各年より筆者作成。

　景気に敏感に反応する初回保険料（2021年）は、代理店チャネルの変額保険の新契約増加などにより対前年比5.4％増加した。初回保険料の販売チャネル別シェアはバンカシュアランスチャネルが51.5％で最も高く、次いで、職員販売（30.5％）、代理店（9.2％）、保険外交員（8.6％）、保険仲介人（0.1％）などの順であった（付録図表1-4）。

付録図表 1-4　募集形態別初回保険料

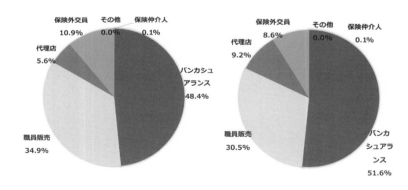

出所：生命保険協会（2022）『2022年生命保険 Factbook』

3. 保険商品

　韓国における生命保険商品は基本的に生存保険、死亡保険、生死混合保険に分類される。生存保険は、被保険者が保険期間満期日まで生存した時にのみ、保険金が支払われる保険であるものの、現在、韓国で販売されている生存保険はほとんど被保険者が保険期間中に死亡しても死亡保険金を受け取ることができるように設計されている。代表的な生存保険の商品としては教育保険と年金保険がある。

　死亡保険は生存保険とは反対に、被保険者が保険期間中に死亡した際に保険金が支給される保険である。この保険は保険期間をあらかじめ決めておいて被保険者が保険期間内に死亡した際、保険金を支給する定期保険と一定の期間を定めず、被保険者がいつ死亡しても保険金を支給する終身保険（終身保険）に分けられる。

　生死混合保険は被保険者が一定期間内に死亡したときに死亡保険金を支給する定期保険と満期まで生存した時に満期保険金を支給する生存保険を合わせたものである。つまり、生存保険と死亡保険の長所と短所を相互に補完したものとして死亡保険金の保障機能と生存保険の貯蓄機能を同時に兼ね備えた商品だと言える。

　付録図表1-5は、生命保険の種類別新規契約の動向を示しており、死亡保険の件数や金額が最も多いことが分かる。但し、1年前と比べた2021年の新規契約金額は、生存保険が28.9％増加したことに比べて、死亡保険及び生死混合保険はそれぞれ16.9％と9.7％減少した。特に死亡保険の新規契約金額は2015年の277.8兆ウォンから2021年には186.3兆ウォンに約33％も減少した。このように死亡保険の新規契約金額が大きく減少した理由としては一人世帯の増加と物価上昇による給付金の価値下落が考えられる。

単位：千件、億ウォン

年	①生存保険		②死亡保険		③生死混合保険		④個人保険小計 (①＋②＋③)		⑤団体保険		一般勘定小計 (④＋⑤)		⑥特別勘定	
	件数	金額	件数	金額	件数	金額	件数	金額	件数	金額	件数	金額	件数	金額
2015	1,256	470,323	8,623	2,778,474	778	240,968	10,657	3,489,765	3,980	371,246	14,638	3,861,011	2,627	91,483
2016	817	320,705	8,598	2,603,254	672	242,675	10,087	3,166,634	4,265	378,919	14,352	3,545,553	2,199	107,346
2017	716	307,411	8,430	2,254,013	452	185,549	9,598	2,746,973	4,380	374,699	13,978	3,121,672	2,167	98,962
2018	505	209,105	8,870	2,169,843	361	148,800	9,736	2,527,748	4,302	382,297	14,039	2,910,044	2,498	117,655
2019	462	198,782	9,525	2,149,559	282	106,471	10,269	2,454,812	5,034	434,815	15,304	2,889,627	2,386	113,244
2020	417	197,415	9,185	2,223,162	277	134,340	9,878	2,554,917	4,936	413,838	14,814	2,968,755	2,848	123,160
2021	486	254,437	8,384	1,862,828	277	121,244	9,096	2,238,509	4,864	492,938	13,961	2,731,447	2,867	103,471

出所：生命保険協会（2022）『2022年生命保険Factbook』より筆者作成

4. 販売チャネルと販売制度

　生命保険の販売チャネルの推移を初回保険料を基準としてみてみると、過去には保険外交員による販売が多かったものの、バンカシュアランスが登場してからは保険外交員のシェアは低下傾向にある。2022年第2四半期における生命保険の販売チャネル（初回保険料基準）は、バンカシュアランスが60.4％で最も高く、次いで、職員販売（20.4％）、保険外交員（9.5％）、代理店（9.1％）などの順であった（付録図表1-6）。バンカシュアランスチャネルと代理店チャネルのシェアが減少した理由としては貯蓄保険と変額保険の販売不振が考えられる。一方、職員販売チャネルと保険外交員チャネルのシェアは、それぞれ退職年金や年金保険の新規販売拡大により増加した。

付録図表 1-6　生命保険の販売チャネルの推移（初回保険料基準）

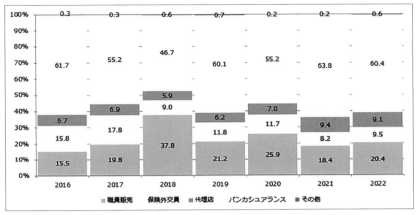

注）毎年第2四半期基準
出所：保険研究院「保険動向」各号より筆者作成。

　保険商品販売における保険外交員のシェアが減少することにより、2008年に173,277人でピークであった保険外交員の数は2020年には112,780人まで減少した。さらに、2021年には新型コロナウイルスの感染拡大の影響で保険外交員の数は86,006人まで急減した。保険外交員の性別は女性が76.4％で男性の23.6％を大きく上回った。

　最近は若者の保険外交員離れが続いており、保険外交員の高年齢化も進んでいる。つまり、保険外交員に占める30歳未満と30〜39歳の割合はそれぞれ2011年の7.1％と28.3％から2021年には3.9％と13.2％に低下したことに比べて、50〜59歳と60歳以上の割合は同期間に19.8％と2.6％から37.7％と15.5％に大きく上昇した（付録図表1-7）。

　若者が保険外交員になろうとしない理由は、韓国では保険外交員が個人事業主で働くケースが多く、安定的な収入が保障されていないからである。今後労働力人口の減少が予想される中で保険業界がどのように若手人材を確保するのか、また、どのような販売チャネルをより活用するのか注目したい。

付録図表 1-7　保険外交員の年齢階層別割合

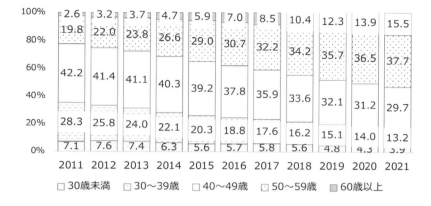

出所 : 生命保険協会（2022）『2022年生命保険Factbook』より筆者作成

5. 収支動向

　2021年における生命保険業界の当期純利益は約3.7兆ウォンで、前年と比べて8.0％増加した。付録図表1-8は2006年から2021年までの当期純利益を示しており、2010年に4兆ウォンまで増加した当期純利益が2013年には2.1兆ウォンまで減少したものの、その後は増減を繰り返している。

付録図表 1-8　当期純利益の動向

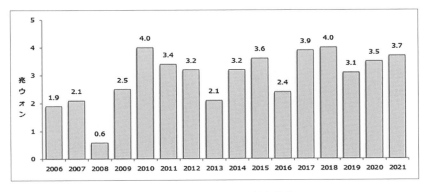

出所：生命保険協会『生命保険 Factbook』各年より筆者作成。

むすびにかえて

　新型コロナウイルスの影響が長期化する中、韓国における 2021 年の生命保険の総資産は 992.4 兆ウォンで、2020 年の 977.3 兆ウォンに比べて 1.5％増加した。しかし、生命保険の総資産は増えたものの、今後、韓国における生命保険市場の見通しは明るいとは言えない。若者の保険離れが続いており、合計特殊出生率が継続して低下しているからである。ちなみに 2022 年における韓国の合計特殊出生率は 0.78（暫定値）まで低下し、過去最低を更新した。韓国における少子化の主な原因としては、若者がおかれている経済的状況が良くないこと、若者の結婚及び出産に関する意識が変化したこと、育児政策が子育て世代に偏っていること、男女差別がまだ残存していること、女性が労働市場に参加する代わりに結婚や出産を選択することにより発生する機会費用が高くなったこと、子育ての経済的負担感が重いこと等が考えられる。

　韓国の生命保険業界は若者の保険離れと少子高齢化、そして人口減少にどのように対応するだろうか。韓国の生命保険業界の今後の対応に注目したい。

付録2：ホワイト企業とワーク・エンゲージメント

―ホワイト企業において重要度が高まるワーク・エンゲージメント―

1. ホワイト企業の定義

　2019年4月から働き方改革関連法が順次施行されたことにより労働問題についての関心が高まっている。近年は平均労働時間が減り、テレワークも利用できるようになるなど労働環境は少し改善されたものの、未だに労働者の半分以上が仕事や職業生活に関することで強い不安、悩み、ストレスを感じている。自殺者数総数に対する、勤務問題を原因・動機の1つとする自殺者の割合は2007年の6.7％から2018年には9.7％（2021年は9.2％）まで上昇した[80]。多くの労働者は仕事の量や質、過度な責任、職場での対人関係、パワーハラスメント等で悩みながら、もしかして自分の会社が「ブラック企業」ではないかと疑っているかもしれない。

　厚生労働省は特にブラック企業に対して定義をしていないが、ブラック企業被害対策弁護団[81]は、「ブラック企業とは、『狭義には「新興産業において、若者を大量に採用し、過重労働・違法労働によって使い潰し、次々と離職に追い込む成長大企業」である』と定義している。また、ブラック企業が行う典型的な違法行為として、長時間労働（安全配慮義務違反）、残業代の不払い、詐欺まがいの契約（固定残業代、直前での雇用形態の変更など）、管理監督者制度・裁量労働制の濫用、パワーハラスメント、過労鬱・過労自殺・過労死の隠ぺいを挙げている。

　一方、ブラック企業の対義語として「ホワイト企業」という言葉が使われている。厚生労働省はホワイト企業に対する定義もしていないが、ホワイト企業は「一般的に従業員への待遇や福利厚生が充実していて、社員の健康や労務管理などを重視するとともに、労働安全衛生に関して積極的な取組[82]を行い、生き生きと長く働くための環境が整っている

---

[80]　厚生労働省（2022）「我が国における過労死等の概要及び政府が過労死等の防止のために講じた施策の状況」

[81]　ブラック企業被害対策弁護団とは日本に存在するブラック企業の被害者を救済することを目的として2013年に発足した弁護士団体。

会社」だと定義することができるだろう。

一般財団法人日本次世代企業普及機構は、「私たちが考えるホワイト企業とは、いわゆる世間で言われているブラック企業ではない企業ではなく、家族に入社を勧めたい次世代に残していきたい企業であり、具体的には3つの要素（①長期にわたって健全な経営を続けられる優れたビジネスを行う企業、②従業員が安心して働き続けられるために優れた社内統治を行う企業、③時代のニーズに合わせた従業員の働きがい（エンゲージメント）を高く保つ企業）を併せ持っている企業こそホワイト企業と呼ぶにふさわしい企業ではないかと考える」と説明している[83]。

2. ホワイト企業の主な特徴

　株式会社 AlbaLink が、現在仕事をしている自社の男女職員 507 人（男性 255 人、女性 252 人）を対象に実施した「ホワイト企業だと思う職場の特徴に関する意識調査」[84] によると、ホワイト企業だと思う職場の特徴（複数回答）は「休みが多い・休みやすい」が 27.0%最も多く、次いで「残業なし・少なめ」（23.7%）、「残業代がきちんと支払われる」（19.7%）、「福利厚生が充実している」（16.4%）、「満足できる給与がもらえる」（15.8%）、「人間関係がよくハラスメントがない」（15.6%）等の順であった（付録図表 2-1）。

82　厚生労働省では、2015 年 6 月より「安全衛生優良企業公表制度」を実施している。「安全衛生優良企業公表制度」は、労働安全衛生に関して積極的な取組を行っている企業を認定・企業名を公表し、社会的な認知を高め、より多くの企業に安全衛生の積極的な取組を促進するための制度である。

83　同機構は「人材育成／働きがい」「ワーク・ライフ・バランス」「ダイバーシティ（多様性）／インクルージョン（包括性）」「健康経営」「ビジネスモデル／生産性」「リスクマネジメント」「労働法遵守」の 7 項目、70 の設問でホワイト企業認定審査を実施している。

84　調査期間：2022 年 12 月 27 日～ 2023 年 1 月 6 日

付録図表 2-1　ホワイト企業だと思う職場の特徴（複数回答）

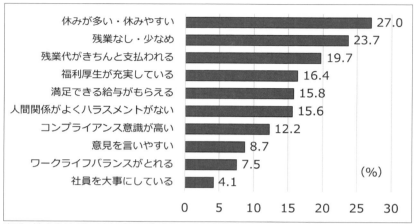

出所：株式会社 AlbaLink（2022）「ホワイト企業だと思う職場の特徴に関する意識調査」
https://wakearipro.com/white-companies/

　上記の調査結果に基づいて、ホワイト企業の主な特徴について考えてみた内容は次の通りである。

（1）労働時間が短い

　特に、「休みが多い・休みやすい」、「残業なし・少なめ」、「ワーク・ライフ・バランスがとれる」という項目は労働時間と関係があり、従業員に長時間労働を強要せず、労働時間の自由度が高い働き方が実現できる企業ほどホワイト企業に含まれる可能性が高いことがうかがえる。

　確かに近年日本の雇用者の労働時間は減少傾向にある。パートタイム労働者を含めた労働者一人当たり総実労働時間は 1993 年の 1,920 時間から 2021 年には 1,633 時間に 287 時間も減少した。一方、一般労働者（フルタイム労働者）の一人当たり総実労働時間は同期間に 2,045 時間から 1,945 時間に 100 時間減少したものの、パートタイム労働者を含めた労働者の労働時間減少幅を大きく下回っている（付録図表 2-2）。つまり、パートタイム労働者の割合は同期間に 14.4％から 31.3％まで上昇しており（ピークは 2019 年で 31.5％）、労働者 1 人当たりの年間総実労働時間の中長期的な減少は、パートタイム労働者の割合の増加の影響が大きいと考えられる。

付録図表 2-2　日本における労働者の労働時間等の推移

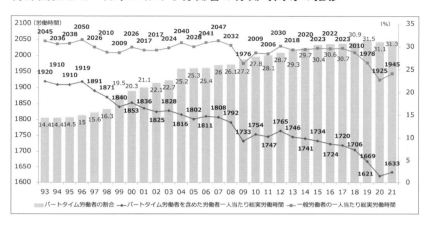

注：事業所規模 5 人以上
出所：厚生労働省「毎月勤労統計調査」より筆者作成

　労働時間の減少とともに、長時間労働も減少傾向にある。総務省の「労働力調査」によると、月末 1 週間の就業時間が 60 時間以上の長時間雇用者の割合をみると、2000 年以降は 2003 年と 2004 年の 12.2％をピーク（60 時間以上の長時間雇用の雇用者数 639 万人（2004 年））に減少傾向にあり、2021 年には 5.0％（同 290 万人）まで減少した。

　企業規模別には、従業員数「1 〜 29 人」が 5.4％で最も高く、次いで「30 〜 99 人」（4.9％）、「500 人以上」（4.6％）、「100 〜 499 人」（4.5％）になっており、規模の小さい企業ほど比較的に長時間雇用者の割合が高い傾向にあることが確認された。また、月末 1 週間の就業時間が 60 時間以上の雇用者の割合を業種別にみると、近年すべての業種で低下傾向がみられる中で、2021 年は、「運輸業，郵便業」（12.5％）、「建設業」（7.6％）、「教育，学習支援業」（7.5％）が上位 3 位を占め、「複合サービス事業」（2.0％）、「医療，福祉」（2.7％）、「電気・ガス・熱供給・水道業」（3.0％）が下位 3 位を占めた（ただし「鉱業，採石業，砂利採取業」を除く。）

　以上の結果から他の条件が同じであるならば、月末 1 週間の就業時間が 60 時間以上の長時間雇用者の割合が低い従業員数「500 人以上」と「100 〜 499 人」企業、「1000 人以上」企業と、業種が「複合サービス事業」、「医療，福祉」、「電気・ガス・熱供給・水道業」の企業は、ホワイ

ト企業に含まれる可能性が高いと考えられる。

（2）休暇が取りやすい

　また、「休みが多い・休みやすい」と「ワーク・ライフ・バランスが
とれる」という項目から有給休暇が取りやすい企業ほどホワイト企業で
ある可能性が高いと推測できる。日本の労働基準法35条1項では、「使
用者は、労働者に対して、毎週少なくとも1回の休日を与えなければな
らない」と規定している。また、労働基準法では1日8時間、1週間に
40時間を法定労働時間として定めている。違反時には6か月以下の懲役、
あるいは30万円以下の罰金が課される。

　但し、労働基準法第36条（一般的にサブロク協定と呼ばれている）では「労
使協定をし、行政官庁に届け出た場合においては、その協定に定めると
ころによって労働時間を延長し、又は休日に労働させることができる。」
と労働基準監督署長に届け出た場合は、その協定内の範囲内で残業や休
日労働を可能にしている。

　さらに、時間外労働時間の限度時間は「月45時間」等に制限されて
いるものの、「臨時的に、限度時間を超えて時間外労働を行わなければ
ならない特別の事情が予想される場合には、従来の限度時間を超える一
定の時間を延長時間とすることができる。」という「特別条項」を付け
て協定を締結することも可能である。但し、2019年4月から（中小企業
は2020年4月から）時間外労働の上限規制が導入されたことにより、臨
時的な特別の事情があって労使が合意する場合でも、時間外労働の上限
時間は年720時間以内（休日労働を含まない）に制限されることになった。

　労働者が法定労働時間、つまり1日8時間、1週間に40時間だけを
働く場合は、「完全週休2日制」が適用されていると言えるだろう。し
かしながら労働基準法では「完全週休2日制」を強要しておらず、企業
によっては「週休2日制」を適用するケースも少なくない。「完全週休
2日制」は、1年を通して毎週2日の休みがあることを意味する。一方、
「週休2日制」は1年を通して、月に1回以上2日の休みがある週があり、
他の週は1日以上の休みがあることを表す。厚生労働省の「令和4年就
労条件総合調査の概況」によると2022年現在「完全週休2日制」（48.7%）
や「完全週休2日制より休日日数が実質的に多い制度」（8.6%）を採用
している企業の割合は合計57.3%で、企業の間に休日数の格差があるこ

とが分かる。

　労働基準法第39条では、「使用者は，採用の日から6か月間継続して勤務し，かつ全労働日の8割以上出勤した労働者に対しては、少なくとも10日の年次有給休暇（以下、年休）を与えなければならない」と年休の付与を義務化している。厚生労働省では、年休を取得しやすい環境整備を推進するため、毎年10月を「年次有給休暇取得促進期間」として、集中的な広報を行っており、少子化社会対策大綱（令和2年5月29日閣議決定）などでは、2025年までに年休の取得率を70%とすることが目標として掲げられている。このような政府の努力の結果、2022年現在の年休の取得率は58.3%まで大きく上昇しているものの、まだ政府の目標値には及んでいない。

　年休の取得率を企業規模別にみると、従業員数「1000人以上」が63.2%で最も高く、次いで「300〜999人」(57.5%)、「100〜299人」(55.3%)、「30〜99人」(53.5%)の順であり、企業規模が大きいほど年休の取得率が高いことが明らかになった。また、業種別には、「複合サービス事業」(72.4%)、「電気・ガス・熱供給・水道業」(71.4%)、「情報通信業」(63.2%)が上位3位を、「宿泊業，飲食サービス業」(44.3%)、「電気・ガス・熱供給・水道業」(71.4%)、「電気・ガス・熱供給・水道業」(71.4%)が下位3位を占める等、業種別の年休の取得率は大きな差があった。

　以上の結果から他の条件が同じであるならば、年休の取得率が高い従業員数「1000人以上」企業と、業種が「複合サービス事業」、「電気・ガス・熱供給・水道業」、「情報通信業」の企業は、ホワイト企業に含まれる可能性が高いと考えられる。

（3）福利厚生制度が充実している

　福利厚生が充実している企業もホワイト企業である可能性が高い。独立行政法人労働政策研究・研修機構（2020）によると、現在、実施している福利厚生施策の数を企業規模でみた場合、実施している福利厚生施策の数が「20以上」である企業の割合は、従業員数「300人以上」が40.6%で最も多く、次いで「100〜299人」(18.6%)、「30〜99人」(7.7%)、「30人未満」(4.0%)の順であることが明らかになった（付録図表2-3）。

付録図表 2-3　従業員規模別にみた「施策のある数」

	\multicolumn{6}{c}{(n=2745 無回答除)}					
	\multicolumn{6}{c}{施策数}					
	5つ未満	5〜10未満	10〜15未満	15〜20未満	20以上	合計
30人未満	19.5%	38.7%	26.6%	11.2%	4.0%	100%
30〜99人	7.2%	31.0%	35.3%	18.7%	7.7%	100%
100〜299人	2.8%	16.8%	30.9%	30.9%	18.6%	100%
300人以上	2.3%	12.0%	18.8%	26.3%	40.6%	100%
規模計	13.3%	32.9%	29.3%	16.2%	8.4%	100% 注：事業所規模5人以上

出所：独立行政法人労働政策研究・研修機構（2020）「企業における福利厚生施策の実態に関する調査― 企業／従業員アンケート調査結果 ―」JILPT 調査シリーズ No.203

　また、福利厚生施策の数と従業員の定着状況について、この 5 年間で「よくなった」（「よくなった」と「ややよくなった」の合計）と回答した企業の割合は、福利厚生施策の数が多い企業ほど高い傾向が出ている。さらに、企業業績との関係は、過去 3 年間のおおよその企業業績の傾向が「上向き」（「上向き」と「やや上向き」の合計）の企業ほど施策数が多い傾向が確認された（付録図表 2-4）。

付録図表 2-4 「施策数」と従業員の定着状況（5 年間の変化）

	\multicolumn{6}{c}{(n=2745 無回答除)}					
	\multicolumn{6}{c}{施策数}					
	5つ未満	5〜10未満	10〜15未満	15〜20未満	20以上	合計
よくなった＋ ややよくなった	10.0%	30.3%	33.1%	17.4%	9.3%	100%
変わらない	14.1%	34.1%	28.3%	15.3%	8.2%	100%
やや悪くなった＋ 悪くなった	15.8%	32.6%	27.9%	15.8%	7.8%	100%
合計	13.2%	32.8%	29.6%	16.0%	8.4%	100%

出所：独立行政法人労働政策研究・研修機構（2020）「企業における福利厚生施策の実態に関する調査― 企業／従業員アンケート調査結果 ―」JILPT 調査シリーズ No.203

　以上の結果から他の条件が同じであるならば、福利厚生施策の数が多く、従業員の定着状況がよくなり、企業業績が上向きである従業員数「300人以上」の企業は、ホワイト企業に含まれる可能性が高いと考えられる。

（4）給与が平均より高く、安定した給与制度がある

　給与が高いと業務量が多くなることもあるものの、他の条件が同じである場合、労働者にとっては給与が平均より高く、安定した給与制度がある企業ほどホワイト企業であると考えられる可能性が高い。

　国税庁（2022）によると、1 年を通じて勤務した給与所得者の 1 人当たりの平均給与を事業所規模別にみると、従事員 10 人未満の事業所においては 358 万円となっているのに対し、従事員 5,000 人以上の事業所においては 515 万円となっており、事業所規模が大きいほど平均給与が高いという結果が得られた。また、資本金 2,000 万円未満の株式会社においては 381 万円となっているのに対し、資本金 10 億円以上の株式会社においては 616 万円となっており、資本金が多い企業ほど平均給与が高かった。一方、業種別には「電気・ガス・熱供給・水道業」が766 万円で最も高く、最も低い「宿泊業，飲食サービス業」の 260 万円と大きな差があった（付録図表 2-5）。

　また、厚生労働省の「令和 3 年度の未払賃金立替払事業の実施状況」を見ると、2021 年度現在の立替払状況は、企業規模別には 30 人未満の企業が全体の 88.4％を占めて最も高く、業種別には「製造業」（23.3％）、「商業」（21.8％）、「接客娯楽業」（12.5％）、「建設業」（11.0％）が上位 4 位を占めた（企業数基準）。 未払賃金立替払事業とは、企業倒産に伴い、賃金が支払われないまま退職を余儀なくされた労働者に対して、未払賃金の一部を国が事業主に代わり、立て替えて支払うものである。

　以上の結果から他の条件が同じであるならば、1 年を通じて勤務した給与所得者の 1 人当たりの平均給与が全体平均 443 万円より高い、従業員数「100 ～ 499 人」、「500 ～ 599 人」、「1000 ～ 4,999 人」、「5000 人以上」の企業、資本金「1 億円以上～ 10 億円未満」、「10 億円以上」の企業、「複合サービス事業」、「建設業」、「製造業」、「学術研究，専門・技術サービス業，教育学習支援業」、「情報通信業」、「金融業・保険業」、「電気・ガス・熱供給・水道業」の企業はホワイト企業に含まれる可能性が高いと考えられる。また、安定した給与制度の側面からは従業員数が多く企業規模が大きい企業がホワイト企業になる可能性が高い。

付録図表 2-5　事業所規模・資本金・業種別 1 年を通じて勤務した給与所得者の 1 人当たりの平均給与

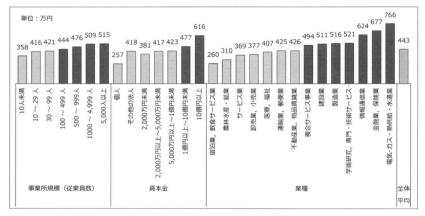

出所：国税庁（2022）「令和 3 年分民間給与実態統計調査」

むすびにかえて

　生産年齢人口の減少により将来の労働力不足が予想される中で、企業がホワイト企業を目指すことは将来の優秀な人材を確保する近道の 1 つであるだろう。企業は自社がホワイト企業であることを自ら証明する必要があり、そのためには本文でホワイト企業の特徴として挙げた「労働時間が短い」、「休暇が取りやすい」、「福利厚生制度が充実している」、「給与が平均より高く、安定した給与制度がある」等と関連したデータを可視化して公開することが大事だ。

　日本政府が、2019 年 4 月から「働き方改革関連法」（正式名称は、「働き方改革を推進するための関係法律の整備に関する法律」）を順次施行したことにより、法律が施行される前と比べて労働者の労働時間は減少し、有給休暇の取得日数も増加した。多くの企業が残業削減に取り組んだ結果であり、労働時間の減少だけを見ると日本企業の多くがホワイト企業になりやすい環境になったと言えるだろう。

　しかしながら、残業削減に取り組んでいる企業であっても、残業が規制されただけで業務量が減っておらず、「隠れ残業」をしている労働者もまだ多い。特に、最近は新型コロナウイルスの感染拡大を受けて、テレワークが普及したことに伴い、隠れ残業が生じやすくなっており、企業が公開する労働時間と実際の労働時間の間にギャップが発生する可能性もある。従って、企業は見せかけのホワイト企業にならないように固定業務を見直して労働者の負荷を減らす等の対策を講ずる必要がある。

　また、労働者の処遇水準の改善にもより力を入れる必要がある。最近は物価上昇に対する対策として賃上げを実現する企業が増えたものの、海外の企業と比べると賃上げの水準はそれほど高くなく、賃金格差はますます広がっている。労働者の立場からは雇用の安定も重要であるが、賃金など処遇水準が高い企業をホワイト企業だと思い、選択する傾向が多い。従って企業としては投資を増やし、生産性を向上させ、海外企業との処遇水準の差を縮めないと多様で優秀な人材を確保することがいっそう難しくなるだろう。日本の企業がどのような形で社員が健康で生き生きと働くことができるホワイト企業を作って行くのか、今後の動きに注目したいところだ。

付録3：人的資本経営と健康経営

—人的資本経営の施策・実行面でけん引が期待される健康経営—

１．人的資本の概念

　2020 年 9 月に経済産業省が「持続的な企業価値の向上と人的資本に関する研究会報告書〜人材版伊藤レポート〜」を発表したのを皮切りに、人的資本経営について関心が高まっている。これまでは人材は「人的資源（Human Resource）」という考え方が一般的だった。人的資源とは、「ヒト・モノ・カネ・情報」の 4 つの経営資源の中の 1 つで、人材に投じる資金は「費用（コスト）」として捉えられていた。人事部門は、募集・採用、配置・異動・昇進、人事考課、退職、賃金・労働時間、教育訓練、福利厚生などといった、組織運営を担当しており、人材の価値を最大化するという考えはあまりなかった。

　しかし、近年、経済のグローバル化、少子化による生産年齢人口の減少、新型コロナウイルス感染症やロシアによるウクライナに対する軍事侵攻など予測できない出来事が発生することにより、企業のビジネス環境は大きく変わることになった。モノやカネ、そして情報があっても人がいないと企業は事業を拡大することが難しい。つまり、企業が優秀な人材を確保することは企業のサステナビリティ（持続可能性）経営を強化すると共に事業の拡大にもつながると考えられる。

　そこで、最近は人的資本（Human Capital）という言葉がよく使われるようになった。人的資本（Human Capital）とは、従業員が持つスキル、知識、ノウハウ、資質などを資本だと考える概念だ。人的資本を推進する企業は人材を投資の対象とみなし、最適な配置や教育などの投資をしてその価値を磨き、将来的に企業価値の向上につなげようとする。

　一方、経済産業省では、「人的資本は、人材を資本として捉え、その価値を最大限に引き出すことで、中長期的な企業価値向上につなげる経営のあり方」だと定義している。人材をコスト（費用）と見るか、資本（投資）と見るかにより企業の経営方針は大きく変わることになる。

2．「人的資本経営と健康経営」

　経済産業省の前商務・サービス審議官であった畠山陽二郎氏は、「Ａ
ＣＴＩＯＮ！健康経営」ポータルサイトで公開された一橋大学の伊藤邦
雄教授との座談会で「人材を企業のコスト要因ではなく、競争力の源泉
として企業価値向上につなげようという考え方は当初から健康経営の
コンセプトでした。コロナ禍によるテレワークの普及や職場と家庭の関係
の変化、また健診データ等の蓄積による健康情報把握が容易になってい
く中で、健康経営と人的資本経営の関連性に注目が集っていますね。」
と説明している。「健康経営」とは、従業員等の健康保持・増進の取組が、
将来的に収益性等を高める投資であるとの考えの下、健康管理を経営的
視点から考え、戦略的に実践することだ。企業が健康経営を引き続き進
めることは人的資本経営の推進に繋がると考えられる。
　実際、経済産業省が 2014 年度から上場企業を対象に「健康経営銘柄」
を選定し、2016 年度からは「健康経営優良法人認定制度」を推進した
結果、日本企業や経営者に健康経営が少しずつ定着している。経済産業
省が毎年実施している調査結果によると、経営トップが健康経営の最高
責任者を担う企業は 2014 年度の 5.3％から 2021 年度には 77.2％まで増
加した。また、2022 年 9 月に実施されたニッセイ景況アンケートの調
査結果[85] によると、回答企業の 75.6％が健康経営に関心があり、関心が
ある企業の 22.6％が①健康宣言をしている、②健康経営優良法人の認
定を受けている、③健康経営銘柄の選定を受けている、④健康経営格付
融資を利用しているのうち、いずれかの取組みをしていることが確認さ
れた。

85　金 明中・斉藤 誠・村松 容子（2022）「ニッセイ景況アンケート調査結果−
　全国調査結果 2022 年度調査（2022 年 9 月）」

3. 「人材版伊藤レポート」、日本企業に求められている人的資本経営の変革の方向性を提示

　経済産業省の「持続的な企業価値の向上と人的資本に関する研究会」が2020年9月に発表した最終報告書、いわゆる「人材版伊藤レポート（以下、「レポート」）」では、日本人の視点で日本の経営陣と人事部門に必要な意識改革や取り組み方法などを示しており、日本企業に求められている人的資本経営の変革の方向性を一つの付録図表3-1にまとめて説明している。

　付録図表3-1の左側は日本企業の従来の人材戦略を、右側は今後の目指すべき姿を表しており、付録図表3-1では人材マネジメントの目的を「人的資源（コスト）・管理」から、「人的資本（投資）・管理」に、雇用コミュニティを「終身雇用や年功序列などによる人材の囲い込み型の雇用コミュニティ」から「専門性を土台にした多様でオープンな雇用コミュニティ」などに変える変革が必要だと強調している。また、「レポート」では経営陣が果たすべき役割・アクションを次のように提案している。

①企業理念、企業の存在意義（パーパス）の明確化
②経営戦略における達成すべき目標の明確化
③経営戦略上重要な人材アジェンダの特定
④目指すべき将来の姿（To be）に関する定量的なKPIの設定
⑤現在の姿（As is）の把握、「現在の姿（As is）と将来の姿（To be）のギャップ」の定量化
⑥アジェンダごとに定量化した「現在の姿（As is）と将来の姿（To be）のギャップ」を埋め、企業価値の向上につながる人材戦略の策定・実行
⑦CEOとともに人材戦略を主導するCHROの設置・選任
⑧CEOを中心にCSO、CHRO、CFO、CDOといった主要な経営陣（5C）との密接な連携
⑨従業員への積極的な発信・対話
⑩投資家への積極的な発信・対話

付録図表 3-1　日本企業に求められている人的資本経営の変革の方向性

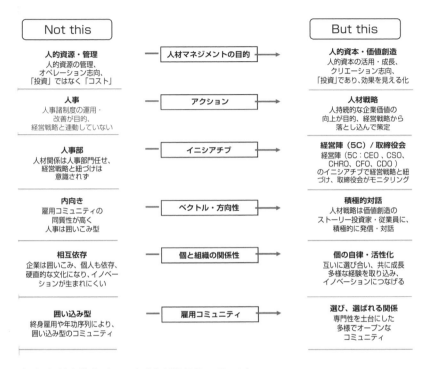

出所：経済産業省（2020）「人材版伊藤レポート」

　また、「レポート」では、人的資本経営のポイントを３つの視点と５つの共通要素にまとめている（付録図表3-2)。３つの視点とは、①経営戦略と人材戦略の連動、②「現在の姿（As is）と目指すべき姿（To be）のギャップ」の定量把握、③人材戦略の実行プロセスを通じた企業文化への定着で、５つの共通要素は、①動的な人材ポートフォリオ、②知・経験のダイバーシティ＆インクルージョン、③リスキル・学び直し、④従業員エンゲージメント、⑤時間や場所にとらわれない働き方だ。

付録図表 3-2　人的資本経営の取組進捗（経営陣の意識）全体像

出所：経済産業省（2022）「人的資本経営に関する調査　集計結果 令和4年5月」より筆者作成

　さらに、経済産業省は2022年5月に人材版伊藤レポートの実践版とも言える「人材版伊藤レポート2.0」を発表した（付録図表3-3）。「人材版伊藤レポート2.0」は人的資本経営を本当の意味で実現させていくには、「経営戦略と連動した人材戦略をどう実践するか」と、「情報をどう可視化し、投資家に伝えていくか」の両輪での取組が重要であると説明している。また、「3つの視点・5つの共通要素」という枠組みに基づいて、それぞれの視点や共通要素を人的資本経営で具体化させようとする際に、実行に移すべき取組、及びその取組を進める上でのポイントなどを紹介している。

付録図表 3-3 　「人材版伊藤レポート 2．0」

・「人材版伊藤レポート2.0」では、「3つの視点・5つの共通要素」という枠組みを具体化させようとする際に、実行に移すべき取組、その重要性、及びその取組を進める上で有効となる工夫を記載。
・各項目についてチェックリスト的に取り組むことを求めるものではなく、アイディアの引き出しとして提示。

「人材版伊藤レポート 2．0」の全体像

1．経営戦略と人材戦略を連動させるための取組

①CHRO の設置
②全社的経営課題の抽出
③KPI の設定、背景・理由の説明
④人事と事業の両部門の役割分担の検証、人事部門のケイパビリティ向上
⑤サクセッションプランの具体的プログラム化
　(ア) 20・30 代からの経営人材選抜、グローバル水準のリーダーシップ開発
　(イ) 候補者リストには経営者の経験を持つ者を含める
⑥指名委員会委員長への社外取締役の登用
⑦役員報酬への人材に関する KPI の反映

2．「As is -To beギャップ」の定量把握のための取組

①人事情報基盤の整備
②動的な人材ポートフォリオ計画を踏まえた目標や達成までの期間の設定
③定量把握する項目の一覧化

3．企業文化への定着のための取組

①企業理念、企業の存在意義、企業文化の定義
②社員の具体的な行動や姿勢への紐付け
③CEO・CHRO と社員の対話の場の設定

4．動的な人材ポートフォリオ計画の策定と運用

①将来の事業構想を踏まえた中期的な人材ポートフォリオのギャップ分析
②ギャップを踏まえた、平時からの人材の再配置、外部からの獲得
③学生の採用・選考戦略の開示
④博士人材等の専門人材の積極的な採用

5．知・経験のダイバーシティ&インクルージョンのための取組

①キャリア採用や外国人の比率・定着・能力発揮のモニタリング
②課長やマネージャーによるマネジメント方針の共有

6．リスキル・学び直しのための取組

①組織として不足しているスキル・専門性の特定
②社内からのキーパーソンの登用、当該キーパーソンによる社内でのスキル伝播
③リスキルと処遇や報酬の連動
④社外での学習機会の戦略的提供（サバティカル休暇、留学等）
⑤社内起業・出向起業等の支援

7．社員エンゲージメントを高めるための取組

①社員のエンゲージメントレベルの把握
②エンゲージメントレベルに応じたストレッチアサインメント
③社内のできるだけ広いポジションの公募制化
④副業・兼業等の多様な働き方の推進
⑤健康経営への投資と Well-being の視点の取り込み

8．時間や場所にとらわれない働き方を進めるための取組

①リモートワークを円滑化するための、業務のデジタル化の推進
②リアルワークの意義の再定義と、リモートワークとの組み合わせ

出所：内閣官房（2022）「非財務情報可視化研究会　人的資本可視化指針令和 4 年 8 月」より筆者作成

4．「人的資本経営と ESG」

　人的資本経営は ESG とも関連がある。ESG とは、環境（Environment）、社会（Social）、ガバナンス（Governance）を指すが、人的資本経営は「社会」と関わりが強く、企業にとって最も重要な社会に関する課題の一つが従業員だと言える。

　日本企業の人材への投資額は他の先進国と比べて大幅に少ないと言

われている。厚生労働省の資料[86]によると、日本の国内総生産（GDP）に占める人材投資額は0.10％に過ぎず、アメリカの2.08％、フランスの1.78％、ドイツの1.20％を大きく下回っている（付録図表3-4）。松田（2022）[87]は「多くの統計では人材投資に職場内訓練（OJT）は含まれていませんが、日本企業の人材育成はほとんどOJTに限る」ことを日本企業の人的資本投資が低い理由として説明している。

　しかし、2012年時点における日本のOJTの実施率は男性が50.7％、女性が45.5％でOECD平均である男性55.1％、女性57.0％を下回っており、ある業務を遂行するに当たって、労働者の能力不足に直面している企業の割合が81.0％で調査対象国の中で最も高いことが明らかになった[88]。

付録図表 3-4　企業の人材投資（OJT以外）の国際比較（対GDP比）

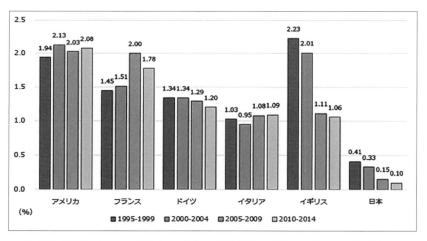

出所：厚生労働省（2019）「平成30年版　労働経済の分析　ー働き方の多様化に応じた人材育成の在り方についてー」より筆者作成

86　厚生労働省（2019）「平成30年版　労働経済の分析　ー働き方の多様化に応じた人材育成の在り方についてー」

87　松田　千恵子（2022）「学び直し講座「コーポレートガバナンス」ー〔第48回〕ー人的資本と人事機能を考えるーＥＳＧが変える日本型人事」『日経ＥＳＧ』2022年4月8日

88　厚生労働省（2019）「平成30年版　労働経済の分析　ー働き方の多様化に応じた人材育成の在り方についてー」

５．投資家は健康経営など人的資本のデータを確認しながら、企業価値を評価

　健康経営は人的資本経営を進める上で最も重要な項目の１つだ。「人材版伊藤レポート２.０」では、「健康経営への投資とWell-beingの視点の取り込み」について「ＣＥＯ・ＣＨＲＯは、社員の健康状況を把握し、継続的に改善する取組を、個人と組織のパフォーマンスの向上に向けた重要な投資と捉え、健康経営への投資に戦略的かつ計画的に取り組む。その際、社員のWell-beingを高めるという視点も取り込んでいく。」と説明している。また、この取組を進める上で有効な工夫として、「多様な健康課題に対応した施策の提供」、「ステークホルダーへの情報発信」、「組織体制の構築」、「Well-beingの視点の取り込み」を挙げている。

　米国証券取引委員会（SEC）は、2020年11月、アメリカの全ての上場企業に対して人的資本経営に関する情報開示を義務づけた。日本でも2021年６月に東京証券取引所が上場企業の経営に関するルールをまとめた企業統治指針「コーポレートガバナンス・コード」を改訂したことにより、人的資本の情報開示を強化することになった。従って、今後投資家は財務諸表のみならず、健康経営などを含めた人的資本の状態を確認しながら、企業価値を評価することになると考えられる。今後、企業は健康経営の重要性を認識しながら、人的資本経営の実現に向けた取組を広げていく必要がある。「人材版伊藤レポート２.０」で提案された人的資本経営がより早く企業に定着することを望むところだ 。

参考文献

日本語文献

一般社団法人キャッシュレス推進協議会「キャッシュレス・ロードマップ 2022」

株式会社 AlbaLink（2022）「ホワイト企業だと思う職場の特徴に関する意識調査」

株式会社オーネット （2023）「2023 年「新成人の恋愛・結婚に関する意識調査」」

金 明中 （2012）「ハネムーンプア、エデュプア、そしてハウスプア、その次は？
—— 終わらない貧困の連鎖 ——」研究員の眼、2012 年 10 月 31 日

金 明中 （2019a）「70 歳雇用推進の背景と今後の課題」基礎研レター 2019 年 6
月 26 日

金 明中 （2019b）「曲がり角の韓国経済 第４５回 定年延長に対する社会的関
心が高まる韓国」東洋経済日報 2019 年 7 月 12 日

金 明中 （2019c）「日本における外国人労働者受け入れの現状と今後の課題」ニッ
セイ基礎研究所

金 明中 （2019d）「韓国でも外国人労働者が増加傾向 – 外国人労働者増加のきっ
かけとなった雇用許可制の現状と課題を探る」『ニッセイ基礎研究所所報』Vo.63

金 明中 （2019e）「鬱憤社会、韓国：なぜ多くの韓国人、特に若者は鬱憤を感じ
ることになったのか？」ニューズウィーク日本版、2019 年 11 月 11 日

金 明中 （2020a）「日韓を読み解く：新型コロナウイルス、世界は「ドライブスルー
検査」活用の流れ」2020 年 03 月 23 日

金 明中 （2020b）「日韓を読み解く：日本が韓国の新型コロナウイルス対策から
学べること——（1）検査体制」ニューズウィーク日本版 2020 年 04 月 02 日

金 明中 （2020c）「日韓を読み解く：日本が韓国の新型コロナウイルス対策から
学べること——（2）マスク対策」ニューズウィーク日本版 2020 年 04 月 10 日

金 明中 （2020d）「日韓を読み解く：韓国を読み解く：日本が韓国の新型コロナ
ウイルス対策から学べること——（3）情報公開」ニューズウィーク日本版 2020
年 04 月 21 日

金 明中 （2020e）「日韓を読み解く：日本が韓国の新型コロナウイルス対策から
学べること——(4)軽症者の隔離・管理対策：「生活治療センター」」ニューズウィー
ク日本版 2020 年 05 月 11 日

金 明中 （2020f）「日韓を読み解く：韓国政府、ポストコロナ対策として「国民
皆雇用保険」の導入に意欲」ニューズウィーク日本版 2020 年 5 月 20 日

金 明中 （2020g）「日韓を読み解く：韓国を読み解く：韓国ではなぜ新型コロナ

第2波のリスクが高まったのか」ニューズウィーク日本版 2020 年 06 月 05 日

金 明中（2020h）「日韓を読み解く：コロナ不況を乗り切るカギ？　韓国で「ベーシックインカム」導入論が盛んに」ニューズウィーク日本版 2020 年 08 月 06 日

金 明中（2020i）「日韓を読み解く：韓国政府、所得税の最高税率を 45％に引き上げ」ニューズウィーク日本版 2020 年 08 月 28 日

金 明中（2020j）「日韓を読み解く：韓国の新型コロナウイルスの勝者は自営の小さなフライドチキン専門店？」ニューズウィーク日本版 2020 年 12 月 04 日

金 明中（2020k）「韓国社会における世代間・世代内の格差や葛藤を経済的要因から考察する」『現代韓国朝鮮研究』第 20 巻、2020 年 12 月号

金 明中（2021a）「日韓を読み解く：ポストコロナの韓国版ニューディールは成功するか？」ニューズウィーク日本版 2021 年 01 月 04 日

金 明中（2021b）「日韓を読み解く：韓国における新型コロナワクチン接種が加速、接種開始 7 日目で累計接種者数が 22.5 万人を超える」ニューズウィーク日本版 2021 年 03 月 05 日

金 明中（2021c）「日韓を読み解く：韓国で不動産価格が高騰し続ける理由」ニューズウィーク日本版 2021 年 03 月 29 日

金 明中（2021d）「日韓を読み解く：異常な人口減少で韓国は「消滅」する？」ニューズウィーク日本版 2021 年 07 月 09 日

金 明中（2021e）『韓国における社会政策のあり方―雇用・社会保障の現状とこれからの課題』旬報社

金 明中（2022a）「カーボンニュートラルにどう取り組むべきか‐待ったなしの温暖化対策 社会全体の意識改革が必要」東洋経済日報 4 面、2022 年 01 月 01 日

金 明中（2022b）「日韓が最低賃金を引き上げ‐引き上げ率は日本が 3.3％、韓国が 5％‐」研究員の眼、2022 年 08 月 10 日

金明中（2022c）「【アジア・新興国】韓国の生命保険市場の現状‐2020 年と 2021 年のデータを中心に‐」保険・年金フォーカス、2022 年 7 月 5 日

金 明中・斉藤 誠・村松 容子（2022）「ニッセイ景況アンケート調査結果‐全国調査結果 2022 年度調査（2022 年 9 月）」

金 明中（2023a）「韓国の出生率 0.78 で、7 年連続過去最低を更新‐少子化の主な原因と今後の対策について‐」2023 年 03 月 09 日

金 明中（2023b）「日本の少子化の原因と最近の財源に関する議論について」2023 年 08 月 17 日

金 明中（2023c）「少子化対策の財源に関する最近の議論について基礎研ＲＥＰ

ＯＲＴ（冊子版）11 月号 [vol.320]」

金 明中（2023d）「韓国における女性の労働市場参加の現状と若者世代の男女間の対立」『アジア研究所紀要』第 49 号

金 明中（2023e）「韓国における働き方の多様化と分配政策」Vol. 42 2023 年 07 月号 ,20−30P

金 明中（2023f）「日韓比較でみる少子化対策（1）　韓国出生率、7 年連続で低下」日経ヴェリタス 51 面、2023 年 06 月 11 日

金 明中（2023g）「日韓比較でみる少子化対策（2）　韓国、若者の高失業率続く」日経ヴェリタス 51 面、2023 年 06 月 18 日

金 明中（2023h）「日韓比較でみる少子化対策（3）　兵役・就活が晩婚化を加速」日経ヴェリタス 51 面、2023 年 06 月 25 日

金 明中（2023i）「日韓比較でみる少子化対策（4）　子育ての経済的負担大きく」日経ヴェリタス 51 面、2023 年 07 月 02 日

金 明中（2023j）「日韓比較でみる少子化対策（5）　日本でも進む未婚化・晩婚化」日経ヴェリタス 51 面、2023 年 07 月 09 日

金 明中（2023k）「日韓比較でみる少子化対策（6）　財源確保、負担増に反対多く／意識改革や賃上げが重要に」日経ヴェリタス 51 面、2023 年 07 月 16 日

金 明中（2023l）「韓国における労働市場の現状と格差（2）韓国の不安定労働の現状（1）」『厚生福祉』2023 年 01 月 13 日号 2−6P

金 明中（2023m）「韓国における労働市場の現状と格差（3）韓国の不安定労働の現状（2）」『厚生福祉』2023 年 02 月 10 日号 2−7P

金 明中（2023n）「韓国における労働市場の現状と格差（4）韓国の不安定労働の現状（3）」『厚生福祉』2023 年 04 月 25 日号 2−5P

金 明中（2023o）「韓国における労働市場の現状と格差（5）なぜ韓国の失業率は低いのか−コロナで雇用の実態は悪化」『厚生福祉』2023 年 06 月 16 日号 2−4P

金 明中（2023p）「韓国における労働市場の現状と格差（6）政府の労働市場改革の現状−「週 52 時間勤務制」見直しの方向」『厚生福祉』2023 年 08 月 04 日号 2−5P

金 明中（2023q）「韓国における労働市場の現状と格差（7）世代間の格差と対立（1）−深刻化する格差と葛藤」『厚生福祉』2023 年 11 月 07 日号 2−6P

金 明中（2023r）「韓国における労働市場の現状と格差（8）世代間の格差と対立（2）−社会保障、雇用・労働政策と若者の鬱憤」『厚生福祉』2023 年 11 月 10 日号 12−16P

金 成垣（2023）『韓国福祉国家の挑戦』明石書店

厚生労働省（2016）「平成 28 年版労働経済白書（労働経済の分析）」

厚生労働省（2019）「平成 30 年版労働経済の分析－働き方の多様化に応じた人材育成の在り方について－」

厚生労働省（2022）「「外国人雇用状況」の届出状況まとめ【本文】（令和 3 年 10 月末現在）」

厚生労働省（2023）「「外国人雇用状況」の届出状況まとめ【本文】（令和 4 年 10 月末現在）」

厚生労働省「毎月勤労統計調査　令和 4 年 10 月分結果確報」

厚生労働省「労働照合基礎調研究」

厚生労働省「人口動態統計」

厚生労働省「地域別最低賃金改定状況」各年

国立社会保障・人口問題研究所（2017）「日本の将来推計人口（平成 29 年推計）：出生中位（死亡中位）推計」

国税庁企画課（2022）「令和 2 年度分会社標本調査結果について（報道発表資料）」令和 4 年 5 月

国税庁（2022）「令和 3 年分 民間給与実態統計調査」

経済産業省（2020）「人材版伊藤レポート」

経済産業省（2022）「人的資本経営に関する調査　集計結果 令和 4 年 5 月」

佐野孝治（2017）「韓国の「雇用許可制」にみる日本へのインプリケーション」『日本政策金融公庫論集』第 36 号

総務省統計局「人口推計（2021 年（令和 3 年）10 月 1 日現在）結果の要約」

総務省統計局「労働力調査」（各年 10 月、原数値）

総務省「国勢調査」

出入国在留管理庁（2023a）「特定技能在留外国人数（令和 5 年 6 月末現在）」

出入国在留管理庁（2023b）「新たな外国人材の受入れ及び共生社会実現に向けた取組」

出入国在留管理庁（2023c）「最終報告書の取りまとめに向けた論点とたたき台（提言部分）に関する委員意見一覧」

帝国データバンク（2022）「企業の価格転嫁の動向アンケート（2022 年 9 月）」

定年後研究所（2019）「70 歳定年に関する調査」

独立行政法人労働政策研究・研修機構「早わかり　グラフでみる長期労働統計」

独立行政法人労働政策研究・研修機構（2020）「企業における福利厚生施策の実

態に関する調査— 企業／従業員アンケート調査結果 —」JILPT 調査シリーズ No.203

内閣府：e−stat「人口推計：長期時系列データ」

内閣官房（2022）「非財務情報可視化研究会　人的資本可視化指針令和 4 年 8 月」

日本生産性本部（2022）「労働生産性の国際比較 2022」

法務省入国管理局（2019）「新たな外国人材の受入れについて」平成 31 年 3 月

法務省出入国在留管理庁（2023）「技能実習制度・特定技能制度の見直し」

松江　暁子（2023）『韓国の公的扶助―「国民基礎生活保障」の条件付き給付と就労支援』明石書店

松田　千恵子（2022）「学び直し講座「コーポレートガバナンス」−〔第 4 8 回〕−人的資本と人事機能を考える−ＥＳＧが変える日本型人事」『日経ＥＳＧ』2022 年 4 月 8 日

韓国語文献

アゴ（2017）『コンデの発見』人物と思想社【아거『꼰대의 발견』인물과 사상사】

イムホンテク（2018）『90 年生が来る』ウェイルブック【임홍택（2018）『90 년생이 온다』웨일북】

韓国銀行「経済統計システム」【한국은행「경제통계시스템」】

韓国貿易協会「貿易統計」【한국무역협회「무역통계」】

韓国統計庁「一人当たり国民総所得（名目）」【한국통계청「1 인당 국민총소득（당해년가격）」】

韓国銀行（2014）「国民会計（1953 〜 99 年）改編結果」『Quarterly National Accounts Review』4th 2014【한국은행（2014）「국민회계（1953 〜 99 년）개편결과」『Quarterly National Accounts Review』4th 2014】

韓国職業能力開発研究院（2017）「過去 10 年間の 4 年制大卒者の労働市場の変化」『KRIVET Issue Brief』2017 年 126 号【한국직업능력개발연구원（2017）「지난 10년간 4년제 대졸자 노동시장의 변화」『KRIVET Issue Brief』2017년 126호】

韓国生命保険協会（2021）「第 16 回生命保険性向調査」【한국생명보험협회（2021）「제 16 회 생명보험성향조사」】

韓国経営者総協会（2021）「わが国の大卒初任給の分析および韓・日大卒初任給の比較と示唆点」【한국경영자총협회（2021）「우리나라 대졸초임 분석 및 한 · 일 대졸초임 비교와 시사점」】

韓国雇用情報院・雇用労働部（2022）「2022 年プラットフォーム労働者の規模と

勤務実態」【한국고용정보원 – 고용노동부 (2022)「2022 년 플랫폼 노동자 규모와 근무 실태」】

韓国放送公社 (2022)「2022 年大統領選挙出口調査結果」(2022 年 3 月 9 日)【한국방송공사 (2022)「2022 년 대통령선거 출구조사 결과」(2022 년 3 월 9 일)】

関係部処合同 (2022)「新政権のエネルギー政策方向」2022 年 7 月 5 日【관계부처합동 (2022)「새정부 에너지정책 방향 (안)」2022 년 7 월 5 일】

キムジュヨン・その他 (2015)「外国人人材導入の現況と課題」産業研究院(【김주영 외 (2015)「외국인인재도입의 현황과 과제」산업연구원】

キムミゴン (2014)「社会統合実態診断及び対欧方案研究」韓国保健社会研究所【김미곤 (2014)「사회통합 실태진단 및 대응방안 연구」한국보건사회연구소】

キムゾンフン 他(2019)『386 世代遺憾』ウンジン知識ハウス【김정훈 외 (2019)『386 세대 유감』웅진지식하우스】

キムウンゾン・イヘスック (2016)「嬰幼児保育支援の政策評価と政策課題」韓国保健社会研究院【김은정・이혜숙 (2016)「영유아보육 (돌봄) 지원 정책평가와 정책과제」한국보건사회연구원】

国家人権委員会 (2020)「2020 差別に対する国民認識調査」【국가인권위원회 (2020)「2020 년 차별에 대한 국민인식조사」】

国会人権調査処 (2022)「「第 4 次低出産・高齢社会基本計画」の問題点と改善方向」2022.05.17【국회인권조사처 (2022)「제 4 차 저출산고령사회 기본계획의 문제점과 개선 방향」2022.05.17】

国会予算政策処 (2020)「4 大公的年金の長期財政見通し」【국회예산정책처 (2020)「4 대공적연금의 장기재정전망」】

国税庁「国税統計年鑑」各年度【국세청「국민통계연감」각년도】

警察庁「犯罪情報管理システム」【경찰청「범죄정보관리시스템」】

雇用労働部 (2020)「2020AA 男女労働者現況分析報告書」【고용노동부 (2020)「2020AA 남녀노동자 현황분석 보고서」】

雇用労働部 (2023)「労働時間制度改編案」2023 年 3 月 6 日【고용노동부 (2023)「노동시간제도개편안」2023 년 3 월 6 일】

雇用労働部 (雇用保険 DB 資料)【고용노동부 (고용보험 DB 자료)】

京郷新聞 (2018)「外国人労働者人権侵害事例公開」2018 年 8 月 1 日【경향신문 (2018)「외국인노동자인권침해사례공개」】

教育部・韓国教育開発院 (2021)「2020 年高等教育機関卒業者就業統計」【교육부・한국교육개발원 (2021)「2020 년고등교육기관졸업자취업통계」】

最低賃金委員会「年度別最低賃金決定現況」【최저임금위원회「연도별 최저임금 결정현황」】

ソウル大学保健社会研究所フォーラム（2019）「韓国の鬱憤」2019 年 10 月 7 日 ～ 11 日【서울대학보건사회연구소포럼（2019）「한국의 울분」2019 년 10 월 7 일 ~11 일】

ソウル特別市（2019）「世代均衡指標開発のためのソウル青年実態調査結果」【서울특별시（2019）「세대균형지표개발을 위한 서울청년실태조사결과」】

ゾンヘシキ　他（2016）「社会統合実態診断及び対欧方案（Ⅲ）」韓国保健社会研究所【정해식 외（2016）「사회통합 실태진단 및 대응방안（Ⅲ）」한국보건사회연구소】

生命保険協会『生命保険 Factbook』各年【생명보험협회『생명보험 Factbook』각년】

大韓商工会議所（2020）「韓国企業の世代葛藤と企業文化総合診断報告書」【대한상공회의소（2020）「한국기업의 세대갈등과 기업문화 종합진단 보고서」】

チェスルギ・チェセウン（2022）「青年が認識する結婚年齢規範と結婚意向」韓国開発研究院 KDIS Working Paper22-13【최슬기・최세은（2022）「청년들이 인식하는 결혼 연령규범과 결혼의향（Marriage Age Normality and Marriage Intention among Korean Young Adults）」한국개발연구원 KDIS Working Paper22-13】

チェスクヒ（2022）「韓国と OECD 加盟国の性別賃金格差の比較分析と示唆点」『女性経済研究』Vol.19、No.1、pp.1-20、韓国女性経済学会【최숙희（2022）「한국과 OECD 국가의 성별 임금격차 비교분석과 시사점」】

中小企業研究院（2021）「大中小企業間労働市場格差変化分析」【중소기업연구원（2021）「대・중소기업간 노동시장 격차 변화 분석」】

中小企業庁「中小企業実態調査」各年【중소기업청「중소기업실태조사」각년】

中央防疫対策本部「新型コロナウイルスワクチンの対象者別接種時期（案）」【중앙방역대책본부「신종 코로나바이러스 백신 대상자별 접종시기（안）」】

中央日報（2022）「ソウルの「ギャップ投資」割合がさらに上昇 53％・・・」2022 年 10 月 13 日【중앙일보（2022）「서울 ' 갭투자 ' 비율 더 높아져 53％・・・」2022 년 10 월 13 일】

統計庁「雇用動向」【통계청「고용동향」】

統計庁「人口動向調査」【통계청「인구동향조사」】

統計庁「経済活動人口調査」【통계청「경제활동인구조사」】

統計庁「経済活動人口調査付加調査」各年【통계청「경제활동인구조사부가조사」】

統計庁（2019）「2019 年家計金融福祉調査結果」【통계청（2019）「2019 년가계금융복지조사결과」】

統計庁（2021）「2020 年人口住宅総調査」【통계청（2021）「2020 년인구주택총조사」】

統計庁（2022a）「2021 年出生統計」【통계청（2022a）「2021 년 출생통계」】

統計庁（2022b）「2022 年人口出生統計」【통계청（2022b）「2022 년인구출생통계」】

統計庁（2022c）「2022 年家計金融福祉調査結果」【통계청（2022c）「2022 년 가계금융복지조사 결과」】

統計庁（2022d）「2022 年 5 月経済活動人口調査青年層付加調査結果」【통계청（2022d）「2022 년 5 월경제활동인구조사 청년층부가조사결과」】

統計庁（2023a）「2023 年第 1 四半期家計動向調査結果」【통계청（2023a）「2023 년 1/4 분기 가계동향조사 결과」】

統計庁（2023b）「2022 社会意識調査結果」【통계청（2023b）「2022 사회의식조사결과」】

ハンギョレ新聞(2019)「鬱憤を進める社会」2019 年 10 月 12 日朝刊【한겨레신문(2019)「울분을 권하는 사회」2019 년 10 월 12 일 조간】

ハンガンフン（2020）「初職場の離脱要因分析」『労働経済論集』第 43 巻第 2 号、pp.41−74、韓国労働経済学会、【한광훈（2020）「첫 일자리 이탈 영향요인 분석」『노동경제논집』제 43 권제 2 호 , pp.41−74, 한국노동경제학회】

朴用鎮（2021）『朴用鎮の政治革命』オープンハウス、【박용진（2021）『박용진의 정치혁명』오픈하우스】

保健福祉部（2020）「2020 年国民基礎生活保障事業案内」【보건복지부（2020）「2020 년 국민기초생활보장사업안내」】

保健福祉部（2023）「2023 年度保育事業案内」【보건복지부（2023）「2023 년도보육사업안내」】

保険研究院「保険動向」各号【보험연구원「보험동향」각호】

文化体育観光部（2018）「2018 年韓国の宗教現況」【문화체육관광부（2018）「2018 년 한국의 종교 현황」】

medifonews（2020）「中央事項収集本部指定生活診療センター 16 カ所運営」2020 年 3 月 20 日【메디포뉴스（2020）「중수본 지정 16 개 생활치료센터 운영」2020 년 3 월 20 일】

労働日報（2017）「昨年、外国人労働者の給料未払い 687 億ウォン…4 年間で 3 倍も増加」2017 年 10 月 3 日【노동일보（2017）「작년 , 외국인노동자의 급여미

지불 687 억원…4 년간 3 배 증가」 2017 년 10 월 3 일】

ユミョンスン (2019)「鬱憤について]『ソウル大ジャーナル』2019 年 6 月 11 日
【유명순 「울분에 대해서」『서울대저널』 2019 년 6 월 11 일】

データ

OECD Data：Average annual wages

OECD Data: Employment rate

OECD Data：Gender wage gap”

OECD Data：Hours Worked, Average annual hours actually worked

OECD Data：Unemployment rate

OECD Data：Unemployment rate by age group

OECD Data：Self Employment Rate

THE WORLD BANK, Fertility rate, total（births per woman）

THE WORLD BANK, GDP per capita（current US$）

ホームページ

韓国疾病管理本部ホームページ

国税庁ホームページ

統計庁ホームページ

韓国不動産院ホームページ

韓国銀行ホームページ

韓国雇用労働部「雇用許可制ホームページ」

あとがき

　最近、日韓両国では、低成長、少子高齢化、人口減少と労働力不足、財政赤字の拡大等、同じ問題が起きており、両国政府はこれらを解決するために労働改革や社会保障制度の改革等に乗り出している。特に、日本は韓国より先にこれらを経験しており、韓国政府が日本の経験から学ぶところは多いと考えられる。

　2022 年から発足した尹錫悦（ユン・ソンニョル）政権は、公約で「教育改革」、「労働改革」、「年金改革」のいわゆる「三大改革」を実施すると宣言したものの、履行は遅々として進まない。一方、出生率は 2022 年に 0.78 まで低下し、2015 年の 1.24 を記録して以降、7 年連続で過去最低を更新した。

　韓国における少子化の原因は、子育て世帯の経済的負担の問題だけではなく、未婚化や晩婚化の影響も受けている。しかしながら、韓国政府の少子化対策は、出産奨励金や保育費の支援、そして教育インフラの構築など主に子育て世帯に対する所得支援政策に偏っている。韓国政府がこのような少子化対策を実施したことにより結婚した世帯の出生率は少し改善され、子育て世帯も少しは経済的に助けられた可能性はあるものの、他の先進国と比べると対策が十分だとは言えない。さらに少子化の他の要因である未婚化や晩婚化に対する対策はあまり行われていない。

　従って、今後は子育て世帯に対する対策だけではなく、未婚率や晩婚率を改善するための対策により力を入れるべきであり、そのためには何よりも雇用の安定性を高める必要がある。特に、男女間における賃金格差、出産や育児による経歴断絶、ガラスの天井など結婚を妨げる問題を改善し、女性がより安心して長く労働市場に参加できる環境を作ることが大事である。少子化対策が子育て支援政策に偏らないように注意する必要がある。

　さらに、教育システムの改革が必要である。韓国における 4 年制大卒者の就職率は 64.3％（2021 年）で、およそ大卒者 3 人のうち 1 人は就職ができないという状況に追い込まれている。大卒者の労働市場は供給過剰状態であり、さらに大卒者が就職を希望する企業や職種、そして地域

には偏りがあり、そのため雇用のミスマッチが生じている。少子化を防ぐためには専門学校を増やすなど若者が選択できる選択肢を増やし、無駄な競争による子育て費用の増加とミスマッチを減らす必要がある。韓国政府は、ジャン＝ジャック・ルソーの「教育とは、機械をつくることではなく、人間をつくることである。」に基づいて、子供が自ら考え、判断し、そして行動してその結果に対する責任を自ら引き受けられるような教育が受けられるように一から教育制度を見直す「教育改革」を実施すべきである。

　また、「労働改革」も重要だ。労働市場の柔軟性を高めることも重要だが、公的年金の支給開始年齢に合わせて、高年齢者の雇用を延長する必要があり、日本の「改正高年齢者雇用安定法」を参考することは良策であるだろう。日本政府は 2004 年に高年齢者雇用安定法を改正し、65 歳までの雇用確保を義務化した（施行は 2006 年）。但し、雇用確保（延長）に対する企業の負担を最小化するために、① 65 歳までの定年引き上げ、②定年制の廃止、③ 65 歳までの継続雇用制度（再雇用制度・勤務延長制度）の導入という多様な選択肢を提供した。また、雇用確保（延長）する年齢を公的年金の支給開始年齢に合わせて段階的に長期間にわたり引き上げた。さらに、2021 年 4 月から施行された「改正高年齢者雇用安定法」では、70 歳就業確保を努力義務化し、企業が選択できる選択肢を既存の 3 つから 5 つに増やした（70 歳までの継続雇用制度（再雇用制度・勤務延長制度）の導入、70 歳までの定年の引き上げ、定年制の廃止、70 歳まで継続的に業務委託契約を結ぶ制度の導入、70 歳まで企業自らのほか、企業が委託や出資等する団体が行う社会貢献活動に従事できる制度の導入のうち、いずれかの措置を講じることが努力義務として追加）。このように時間をかけて制度を定着したことや収入が減少しないように公的年金の支給開始年齢に合わせて雇用を延長したことは韓国政府に示唆するところが大きい。

　そして、「労働改革」の一環として、非熟練労働者に偏っている外国人労働者の受け入れ政策を見直さなければならない。外国人労働者に占める専門人材の割合を見ると、韓国は 2022 年時点で 6.0% で、同時点の日本の 26.3% を大きく下回っている。今後、経済成長や国家競争力を高めるためにも外国人専門人材は欠かせない。日本や他の先進国の事例を参考して外国人専門人材の受け入れに力をいれる必要があるだろう。

　最後に保険料率の引き上げやマクロ経済スライドの導入を中心とする

「年金改革」を迅速に実施する必要がある。韓国政府は1988年に公的年金制度である「国民年金」を導入してから、制度への加入を促進するために1988年から5年間3％に抑制していた保険料率を1993年には6％に、1998年には9％に段階的に引き上げたものの、それ以降は政治的な理由等により保険料率を引き上げていない。さらに年金財政の枯渇などを理由に2004年から2007年までの所得代替率は55％に、2008年以降は50％に、2028年までには40％までに引き下げることを決めている。しかしながら、このような所得代替率はあくまでも定まった期間（40年）の保険料を納め続けた被保険者を基準として設計されており、実際、加入期間の短い多くの被保険者が手にする所得代替率はそれほど高くないのが現実である。韓国の保健福祉部の発表による2017年基準の国民年金受給者の平均加入期間は約17年で、これに基づいて計算した所得代替率は24％にすぎず、国民年金の給付だけで老後を過ごすことは難しいのが現実である。従って、保険料率を段階的に引き上げて、年金財政の安定化を図ると共に、産前産後、育児、兵役期間における社会保険料を免除する制度を拡大する等、所得代替率を引き上げる対策を急いで実施する必要がある。さらに、社会全体の保険料負担能力の伸びを年金改定率に反映させることで、給付水準を調整するマクロ経済スライドの導入も積極的に検討すべきだ。

　今後、経済のグローバル化が進む中で失われつつある国民の幸福度をどうすれば維持・向上できるかを韓国政府は常に考えるべきである。また、政権が変わっても政策が続けられるように政党を超えた委員会等を設ける必要がある。政治的不安が続く中で韓国政府が国民の幸福度や生活への満足度を高めるために今後どのように少子化対策・教育改革・労働改革・年金改革等を実施するのか今後の動きに注目したい。

略　歴

金　明中（キム・ミョンジュン）ニッセイ基礎研究所上席研究員

　　1970年韓国仁川生まれ。慶應義塾大学大学院経済学研究科前期・後期博士課程修了（博士、商学）。独立行政法人労働政策研究・研修機構アシスタント・フェロー、日本経済研究センター研究員を経て、2008年からニッセイ基礎研究所。日本女子大学現代女性キャリア研究所特任研究員、日本女子大学、横浜市立大学、日本大学、慶應義塾大学非常勤講師、亜細亜大学都市創造学部特任准教授等を兼任。株式会社MINOSYS顧問。東洋経済日報、時事通信社『厚生福祉』、『金融財政ビジネス』、韓国の明日（ネ・イル）新聞のコラム等を執筆中。専門分野は労働経済学、社会保障論、日韓社会政策比較分析。最近の著書は『韓国における社会政策のあり方——雇用・社会保障の現状とこれからの課題』旬報社2021年。

韓国における社会政策のあり方Ⅱ
― 韓国における少子化、格差、葛藤の現状―

2024年3月20日　初版第1刷発行

著　者：金　明中
発行人：松田健二
発行所：株式会社 社会評論社
　　　　東京都文京区本郷2-3-10 お茶の水ビル
　　　　電話：03-3814-3861 Fax:03-3818-2808
　　　　https://www.shahyo.com
装幀・組版：株式会社カテナ
印刷・製本：倉敷印刷株式会社

関根友彦 著　　亀﨑澄夫、岡本英男、櫻井毅／編

私が学んできた経済学
新古典派理論から宇野理論へ
定価＝本体 2600 円＋税　　A5 判上製 312 頁

山本哲三 著

宇野理論とパレート最適
さらば古典、されど古典
定価＝本体 2500 円＋税　　A5 判並製 208 頁

白川真澄 著

脱成長のポスト資本主義
定価＝本体 2500 円＋税　　A5 判並製 256 頁

福留久大　著

リカード貿易論解読法
『資本論』に拠る論証
定価＝本体 2600 円＋税　　A5 判並製 292 頁

高橋一行 著

脱資本主義
S. ジジェクのヘーゲル解釈を手掛かりに
定価＝本体 2500 円＋税　　A5 判並製 272 頁

熊坂敏彦 著

循環型地場産業の創造
持続可能な地域・産業づくりに向けて
定価＝本体 2000 円＋税　　A5 判並製 224 頁